教育部人文社会科学研究项目（13YJA840030）研究成果

Policy Innovation of Reservoir
Resettlement under Urban-Rural Integration

移民研究文库·水库移民系列

城乡一体化背景下
水库移民政策创新

余文学 ◎著

社会科学文献出版社
SOCIAL SCIENCES ACADEMIC PRESS (CHINA)

丛书总序

移民已经成为世界性的难题，也已经成为世界性的科学研究前沿领域之一。在国内，移民问题已经成为中国改革开放 30 多年以来最热点的社会问题研究领域之一。

移民是人口在不同地区之间迁移及其社会经济恢复重建活动的总称。移民包括工程移民、生态移民、灾害移民、扶贫移民、环境移民、经济移民等多种类型。

移民学是一门运用人口学、社会学、经济学、管理学、工程技术科学、资源科学、环境科学、数学、统计学、心理学、人类学、政治学等多学科理论与方法，专门研究各类自愿性及非自愿性移民活动的科学。移民学研究的对象是工程建设、生态、环境、自然灾害、战争、社会冲突、经济、扶贫等各种原因引起的人口迁移活动及其相关的社会、经济、文化、生态、环境、资源、政治系统。研究内容包括各类原因引起的人口迁移、社会经济系统恢复重建问题，以及移民的经济、管理、政策、社会、文化、资源、环境、心理、民族、宗教及工程技术等问题。移民学可以揭示移民活动全过程及相关人口、社会、经济系统的变迁、恢复、重建、发展的机理与客观规律，为移民系统的识别、调查、分析、解释、预测、规划、评价、监测、控制、管理提供理论和方法，从而为移民活动的管理和移民系统建设提供科学依据。移民学是一门综合性很强的由多学科交叉产生的边缘学科，是自然科学、工程技术科学与社会科学交叉产生的一门新兴科学，极具复杂性、长期性和系统性，正受到越来越广泛的重视。

从全世界范围看，在 1990～1999 年的 10 年中，约有 1 亿因为开发活动导致的非自愿移民，而在 2000～2009 年的 10 年中，这一数字则增加到 1.5 亿。

1949 年以来，中国已经产生工程建设征地拆迁移民 7000 多万人其中 1949～2008 年动迁水库移民 1930 万人。1998 年长江大水后进行了 246 万人移民建镇活动，黄河滩区和淮河行蓄洪区均需要通过移民方式解决防洪问题。汶川地震、玉树地震，舟曲泥石流以及全国各地大量的地质灾害也造成了大量灾害移民安置问题。2011 年，全国有 2.2 亿农村人口正在逐步向城市（镇）和发达地区流动与迁移。国家正在实施的生态移民，计划 2030 年前约迁移 1000 万人。根据估计，移民也是人类适应和应对气候变化问题的重要手段。许多大中城市正在开展污染企业搬迁，河流、湖泊、海洋、草原等自然环境保护也导致人类经济活动形式的变化。

按照能否自愿选择，移民可以分为自愿性移民和非自愿性移民。

非自愿移民是尚未很好解决的世界性难题。从全球视野看，无论是中国、印度、巴西、俄罗斯等社会经济发展迅速的人口大国，还是非洲、东南亚、南美、中亚等大量发展中或者欠发达国家和地区，非自愿移民问题的解决都步履维艰。欧美发达国家已经进入后现代化阶段，其在现代化过程中虽然也积累了一定的非自愿移民政策、经验与教训，但是由于政治、社会、经济、文化、宗教、资源、环境等差异，这些政策和经验也并不能够为发展中国家所照搬甚至借鉴。

非自愿移民活动极为艰巨复杂，尤其当它与以年轻人或有专门技能的中年人为主、为寻求新的发展或者生活质量提高的机会而自主进行人生选择的自愿移民比较时。人口的非自愿迁移对任何人来说均非一个简单的过程，它要求人们迁离世代居住的家园，离开熟悉的土地、社区和环境，解体原有的社会经济系统和社会网络，重构个人和家庭可持续的生计系统，改变千百年世代形成的生产和生活方式，经历与亲邻分离的精神痛苦和心灵煎熬。它具有利益相关人群的不可选择性，其群体由各种年龄、不同性别、多种社会阶层的人组成，其观念与谋生能力各不相同。非自愿移民的迁移、安置与生计恢复工作是一项庞大而复杂的系统工程，涉及社会、经济、政治、文化、人口、资源、环境、民族、宗教、心理、工程技术诸多领域。随着人口的增加，各种资源减少，人地关系更加紧张，社会阶层分化加剧，非自愿移民的迁移与妥善安置也越来越困难，已经并将继续成为世界性的难题。

在各类非自愿移民活动中，水利水电工程移民尤其是水库移民的问题最复杂、影响最深远、涉及面最广、实施难度最大。

水利水电工程所导致的大规模移民活动，涉及永久征地、临时占地、房屋拆迁、个人或者家庭财产被征收、公共性设施与其他财产拆迁、工矿企业拆迁、城集镇迁建等实物损失型影响，需要进行物质系统恢复与重建；水库淹没和征收土地产生的使移民丧失了土地等各类资源、经营性资产、收入机会、生计和获得财产机会等经济损失型影响，需要进行经济系统恢复与重建；它导致移民丧失教育、医疗卫生、文化、宗教场所、社区中心、商业贸易等公共服务机会，丧失或损失人力资本、政治地位、社会网络、劳动技能、生活环境等产生的社会损失型影响，需要进行社会系统恢复与重建。水利水电移民安置活动涉及人口迁入和迁出地区人口功能区的重新划分，自然资源转换与重新配置，公共设施与基础设施功能的调整与恢复，社会系统的恢复、调整、重建，经济系统的恢复、调整与重建。因此，移民是十分复杂的"人口－资源－环境－社会－经济系统"的破坏、修复、调整和重建的系统工程。

水利水电移民问题非常复杂。移民涉及土地、房屋、林地等有形资产损失及其补偿和重置，社会网络、人力资本、社会资本、政治资本等无形资产损失及补偿和重置，区域社会经济系统和移民家庭可持续生计系统重建，移民与安置区非移民的社会整合。水利水电移民问题具有以下特点。①非自愿移民本质。工程建设征地和水库移民在是否受征地与淹没影响和是否搬迁方面没有自由选择权，属于非自愿性移民。②移民规模大。水利水电移民尤其是水库移民，往往涉及整村、整乡、整县人口，迁移人口规模大。③系统再造复杂。水库移民涉及区域人口－资源－环境－社会－经济系统的功能调整、恢复、重建，十分复杂。④利益关系复杂。坝区与库区、上游与下游、左岸与右岸，可能涉及不同（省、市、县、乡）行政区域，政策法规、政治、经济、社会、文化体系等均可能有差异，"界河"工程利益关系复杂，具有冲突易发性。⑤社会经济整合不易。异地安置和后靠安置均涉及移民与安置区非移民在土地资源、公共设施、社会服务、就业机会、政治权利、发展机会等方面进行机会公平、资源分享、利益调节、均衡发展的社会经济整合难题。⑥移民家庭系统性损失严重。移民家庭失去土地、职业、生计、收入来源、住房、财产、社会网络、社区生产生活、宗教文化场所，损失严重。⑦移民安置意愿各异。移民家庭人口、资源、社会、经济条件不同，在迁移去向、安置方式、生计与收入恢复、房屋重建等安置方面需求各异，许多移民具有一定的选择权。⑧移民精神压力大。在补偿、迁移、安置、重建中，移民的生产生活和精神受到巨大的冲击。⑨移民社会适应不易。生活和生产方式调整不容易，语言环境适应不容易，社会网络重构不容易。⑩计划性与市场性并存。移民活动与工程建设在时间、空间上需要匹配，移民活动的复杂性、系统性、长期性、跨区域性、多利益主体性，都决定了移民活动要有中长期规划和具体实施计划，需要政府的强力介入、主导、组织、协调、实施和监督。移民活动处于市场经济环境中，各类财产（土地、房屋等）征收补偿和重置、各类资源（生产安置和住宅用地）调整和补偿、公共设施建设等必须符合市场经济自愿、等价、公平交换的原则。

移民问题明显制约了水利水电工程的经济与社会可行性。移民投资在工程总投资中占有相当大的比重，且呈增加趋势。移民工作在工程建设中占有决定性地位，移民必须先行于工程。移民在社会发展中具有重要的地位。移民是世界上水电开发最具有争议的影响之一。

新中国成立后，前35年的水库移民造成了大量的遗留问题。大部分水库移民存在吃水难、用电难、上学难、就医难、行路难、住房难、种地难、收入低等诸多遗留问题，以至于在1985年后处理20年仍然难以彻底解决。水库建设导致了大规模的移民次生贫困，产生了"负示范效应"。许多水库建设形成了"先进的工程、落后的库区、贫困的移民"。1985 年后移民政策法规、规划设计和实施管理虽然不断完善，移民生产生活条件不断改善，特别是 2006 年水利水电移民新政策实施后显著改善了移民安置状态，但由于中国人多地少的国情、城乡二元结构的差异、欠发达地区城市化与农民非农化转移不易，以及社会经济快速发展等多种因素，"移民难"这一社会现象仍然没有根本改变。水利水电移民成为工程建设最主要的制约因素，成为重大社会问题之一，水利水电移民成为导致社会失稳的最主要活动之一，而移民群体也成为当今中国社会最不稳定的群体之一。

在可以预见的未来一段时间里，水利水电工程移民仍然无法避免。中国的城市化将从 2011 年的 49.6% 提高到 70% ~ 80% 甚至更高比例，城市需要淡水供应、防洪、排水、电力供应、污水处理设施；能源短缺，节能减排，需要尽可能开发利用清洁的水电能源；水土保持需要调整土地利用方式。水环境保护需要调整湖泊、河流利用方式；应对气候变化需要建设更多的水利基础设施：灌溉水源工程、城市和工业供水、海堤建设、河道防洪设施。而这些工程建设无疑需要占用大量的土地，征收土地、拆迁房屋及其产生的人口迁移和社会经济恢复重建活动就成为必然。

移民问题的解决，必须依靠科学的理论指导，采用科学的方法，有大批高素质的专业人才具体筹划、决策与实施。因此，移民科学研究、学科建设和人才培养作为基础性工作就极为重要了。

20 世纪 80 年代后期，河海大学在国内率先开展了移民科学研究活动，1992 年经水利部批准创建了世界上第一个非自愿移民研究机构——（水利部）水库移民经济研究中心，后创建河海大学中国移民研究中心。20 多年来，该中心既承担大量的移民基本理论、方法的研究，也结合三峡、小浪底、南水北调、西部水电开发、首都机场扩建、高速公路和铁路等大型基础设施建设和生态移民、扶贫移民、城市污染企业迁移等进行应用研究。完成的研究成果在国内外产生了广泛的学术影响。目前，在国际上，河海大学被认为是研究非自愿移民问题，特别是在工程移民、生态移民和环境移民等方面最好的大学之一；中国移民研究中心已成为世界银行、亚洲开发银行推荐的贷款项目移民业务咨询机构，以及移民业务培训方面在中国最主要的合作机构。

河海大学在不断推动移民科学研究的同时，不断加强学科建设和人才培养，逐渐创立、开拓和初步形成了移民学学科体系。1988～1992 年培养了中国乃至世界上第一批移民专业本科毕业生（水资源规划与利用专业水库移民专门化），1992 年开始首创移民学博士、硕士研究方向，先后在技术经济与管理二级学科内设立了工程移民科学与管理方向，在社会学学科设立移民社会学方向，在人口学学科设立人口迁移与流动方向，在土地资源管理学科设立建设征地拆迁管理方向，在行政管理学科设立移民管理学方向，在社会保障学科设立移民社会保障方向，形成了不同学科的移民分支研究领域。2004 年，经过国务院学位办公室备案同意，在国际上首次在管理科学与管理学科设置了移民科学与管理二级学科。我于 1999 年在国际上首次提出建立水利水电移民学的学科设想，2002 年在南京举行的移民与社会发展国际研讨会上进一步系统地提出了"移民学"建设总体框架。20 多年来，河海大学不仅在移民科学学科创立和建设方面做出了自己的贡献，也为政府部门、研究机构、规划设计单位、咨询机构、大中型建设项目单位、实施机构、高等学校和科研机构等培养了一大批移民专业或者方向的博士、硕士和本科毕业生，这些毕业生活跃在中国各个行业的移民领域，已经成为中国移民行业的专业学（技）术带头人或者学（技）术骨干。

河海大学在移民科学领域的国际学术交流与合作方面，有广泛的影响和合作。河海大学建立了与世界银行、亚洲开发银行、欧洲投资银行、国际水电协会、国际水资源学会、英国海外开发署等多边和双边合作国际机构的长期合作关系，与德国、英国、美国、法国、南非、加拿大、荷兰、印度、土耳其、日本、韩国、印度尼西亚、哥伦比亚等国家移民机构或者学者开展学术联系，并进行了多次富有成效的双边或多边国际学术交流，与世界银行、亚洲开发银行合作举办了20多次移民研讨会（班）。

为了进一步推动具有中国特色的移民学学科的建立和发展，推动移民科学研究为中国社会经济可持续发展、以人为本的和谐社会的建设服务，在社会科学文献出版社的大力支持下，河海大学中国移民研究中心决定以"水利水电移民系列专著"的形式，将近年来在中心工作的学者及毕业的博士研究生有关水利水电移民的研究成果予以出版，以供国内外从事移民研究的学者、政府官员、规划设计人员、实际工作者和相关专业的研究生、本科生分享和参考。

施国庆

河海大学中国移民研究中心主任、教授、博士生导师

2011 年 6 月 8 日于南京

前　言

　　水库是水利水电枢纽工程的重要组成部分，水库移民是水利水电枢纽工程建设的关键。随着我国社会主义市场经济的快速发展，水利水电工程建设投资主体多元化，经济体制不断改革和深化，农村土地以及经营体制不断改革，带来利益主体、利益关系和利益诉求的多元化和复杂化，各种社会矛盾逐渐凸显，加之政策环境不断变化，尽管各级政府都十分重视移民工作，但移民问题仍然越来越多。移民工作面临着难度大、投资大、社会敏感性越来越强的局面。移民的社会稳定问题和贫困问题不解决，将影响和谐社会和全面小康社会建设。

　　水库移民政策创新是水库移民改革、发展和稳定的基本条件。创新水库移民政策，长远地解决水库移民问题，是一项重大、前瞻性课题，既是实践需求，也是理论需求。纵观水库移民实践历程，政策改革往往滞后于实践和外部环境，基本是"问题导向性"的"修修补补"，受现行政策的约束，很难有大的突破；理论研究受现行制度制约，缺乏前瞻性和系统性，不能对实践问题进行有效指导。现行的"前期补偿，后期扶持"方针，在实践中导致交换的不平等、安置的不充分、思想认识的差异等问题；"政府领导，分级负责"的管理体制，在实践中导致行为主体不明、政府的推力与市场的驱动力不能形成合力等问题。政府看的是公平和发展，移民看的是市场和眼前，二者在现行政策的价值观上很难统一。以上政策问题，加之社会经济快速发展中，水库移民活动利益关系复杂化、多变化，以至于水库移民问题始终得不到有效解决。十八大城乡发展一体化战略，尤其是"改革征地制度"、"要素平等交换"和"公共资源均衡配置"等措施，给水库移民政策创新打开了思路：抓住机遇，遵循社会主义市场经济和现代社会发展规律，前瞻性地研究符合我国社会经济发展趋势的水库移民政策，是解决水库移民问题的基本条件，对于长期、有效解决困扰我国社会经济发展的水库移民问题具有理论指导意义。

本书从推进城乡发展一体化大背景出发，针对水库移民现行政策实施困境，结合典型地区和典型工程调研，分析政策实施问题症结所在；通过土地制度、保障制度以及城乡统筹发展规划等变革对水库移民活动的影响，分析我国水库移民安置方式的变革趋势；结合城乡要素平等交换、公共资源均衡配置和城乡互动关系变化，分析我国农村的经济结构、社会结构、生产方式、社会关系、文化认同、生活方式的变革趋势，以及这些变革给水库移民带来的机遇和阻力；在城乡新型关系以及相互交融的情况下，移民对土地、就业、财产的认知和需求产生变化，分析这些变化对现行政策的影响，从底层角度分析政策需求；根据社会经济发展趋势，以及城乡一体化发展进程中政策环境的变革，提出了与我国社会经济发展规律相适应的水库移民政策创新框架以及实施步骤、措施。

本研究受到教育部人文社科基金的资助。调查研究工作得到了河南省人民政府移民工作办公室、贵州省水库和生态移民局、江苏省水利厅、江苏省水利勘测设计研究院有限公司等部门的支持，得到了河海大学人文社科处的支持，在此一并致谢。

目　　录

图 目 录

表 目 录

第一章
绪　　论

一　研究背景及意义

（一）研究背景

我国是水旱灾害频发、能源短缺的国家，水库是调蓄水资源和利用水能资源的重要工程，建设水库是社会经济发展的客观需求。水库移民是水库建设的主要内容和关键工程，是我国水利水电工程建设面临的长期而艰巨的任务。

水库移民的产生源于水库淹没。水库是建设坝、堤、水闸、堰等工程拦蓄水，于山谷、河道或低洼地区形成的人工水域，用于径流调节、水位提高，以改变自然水资源分配、利用过程的工程措施。水库形成的淹没区及其影响区范围内的居民，都需要迁移，易地安置。水库一般淹没影响区比较大，淹没土地和影响人口众多，产生大量移民，移民安置所需时间长，对区域社会经济发展影响较大、持续时间长。如三峡水利枢纽工程的库区范围影响长江干流近 600 千米及相应支流区域，形成水库面积 1084 平方千米，其中淹没土地面积 632 平方千米，涉及湖北省、重庆市共 21 个县（区）、356 个乡、1711 个行政村、6530 个村民组，全部或部分淹没县级以上城镇（城市、县城）13 座、集镇 114 座。淹没耕地（含旱地、水田、菜地）1.72 万公顷、河滩地 0.39 万公顷、园地（柑橘地及其他园地）0.37 公顷、林地（含经济林、用材林）0.33 万公顷；移民迁移线下 84.75 万人，其中非农业人口 48.47 万人，农业人口 36.15 万人；共淹没房屋面积 3479 万平方米，其中城镇 1611 万平方米，农村 1086 万平方米，工矿企业 751 万平方米，其他 31 万平方米。整个水库计入人口自然增长和机械增长及城镇迁建占地等多种因素，规划最终（2009 年）需要搬迁安置的人口将达 120 万人，其中城镇人口（含工矿）约 80 万人，农村人口约 40 万人。水库移民安置从 1993 年安置规划开始到 2009 年完成安置，实际搬迁安置 129.64 万人，其中农村移民 56 万人，农村移民外迁 19.6 万人，持续了 17 年，安置区除了涉及湖北、重庆外，还涉及上海等沿海发达地区的 11 个省（市）。①

土地的基本特性主要包括自然特性和经济特性两个方面。土地的自然特性是土地自然属性的表现，是土地所固有的，与人类对土地的占有和利用状态无关。而土地的经济特性则是在人类利用土地的过程中产生的，是人类社会的各种经济关系在土地方面的反映。从自然角度考察土地有以下几个特性：土地总量的有限性、土地区位的差异性、土地位置的固定性、土地利用的可持续性（永久性）。从经济角度考察，土地有以下几个特性：土地的稀缺性、土地的区位可变性、土地的报酬递减性、土地利用方向变更的困难性、土地利用后果的社会性。② 水库淹没的结果，一是使土地利用方向发生了根本性改变，原先被用于农业和工业等方面的土地，如今只能用于承载水，变为水面，而水面和水量都不能为原先居民提供生产资料，只能为水电站或下游居民提供生产资料或服务（防洪、供水等），使原先土地对人的承载功能和生产功能消失，失去土地的居民必须寻找新的居住地和新的生产资料或就业岗位；二是淹没后由于土地的有限性，淹没影响区土地与人口密度剧增，在我国人口和土地矛盾尖锐的背景下，农民重新获得耕地是非常困难的，必须进行区域耕地资源的重新分配。在区域耕地资源有限的情况下，部分居民必须扩大区域远迁

---

① 蒋建东、吕涛：《三峡工程移民安置规划创新性总结》，《人民长江》2012 年第 17 期；齐美苗等：《三峡工程移民安置规划工作总结与启示》，《人民长江》2015 年第 19 期。

② 毕宝德：《土地经济学》（第七版），中国人民大学出版社，2016，第 4~5 页。

异地安置，而且，受水库淹没影响区域土地的稀缺程度决定移民规模和移民安置方式。也就是说，水库淹没后，局部土地自然特性和经济特性发生变化，土地利用方式发生变化，引起区域人口承载力下降是人口迁移的首要因素。水库一般建设在偏远的山区，淹没区经济和社会发展水平又决定了农村移民必须以土地为主的安置模式；高山峡谷地区耕地资源与人的矛盾更加突出，淹没后这个矛盾将更加激化，区域大规模的人口就业将是十分困难的，异地迁移是水库移民的一大特征。水库移民需要特定的政策指导。

从水库移民实践和研究发展趋势看，水库移民安置的两个关键因素，一是地（立足之本），二是钱（生存之本）。因此，制约水库移民安置的主要原因也来自两个方面：一是补偿标准及其定价准则，现行补偿标准是政府主导的"固定单价法"，无法反映区域经济发展水平和土地的价值，也和市场经济客观要求不一致，这是引起争议和冲突的主要原因；二是农村人地矛盾的制约，本就人多地少的村落被水库淹没后，失去耕（园、牧草）地的农（牧）民很难再获得同样质量和数量的土地，以至于失去土地的移民很难以地妥善安置。从水库移民政策供给来看，政府制定水库移民政策和土地政策、人口政策以及城乡关系政策密切相关；从政策实施环境条件和影响移民思想和行为的因素来看，也和上述三大政策直接相关。因此，水库移民政策制定必须和实施环境相适应，必须不断改革创新。

城乡一体化的推动和深化，势必带来城乡发展水平和结构的变化，势必带来一系列制度改革，既给水库移民带来有利条件，也会使水库移民工作面临更加复杂、多变的环境。征地制度的改革能否解决"补偿标准"问题，城乡协调发展能否解决移民就业问题，公共资源均衡配置能否解决移民生活保障问题，水库移民政策必须进行哪些与之相适应的改革，是一个重大研究课题，也是本研究的出发点。

从历史和现实来看，我国的城乡经济社会发展一直处于失衡状态。在新中国成立初期，基于严峻的国际政治、经济环境，以及国内落后的社会经济发展水平和条件的约束，我国选择和实施了重工业优先发展的特殊战略。为保障短时期能够动员起工业化发展所需的大量资源，我国构建了一个中央集权的计划经济体制，并通过强制性的农业集体化和工农业产品价格"剪刀差"，以农业生产剩余最大限度的牺牲为代价完成了"工业原始积累"和早期"城市化"进程。为加强社会管理，降低社会管理成本，同时实行的最严格的人口迁移管理和城乡户籍管制制度，又将农村劳动力束缚在土地之上，形成了城镇和农村单一的生产方式和交换方式。这种服从和服务于重工业优先发展的"城乡分治、重城轻乡"的体制和制度安排及其系列政策支持，导致历史上已然形成的城乡差距进一步演化为体制内生型城乡分割的二元经济社会结构。即便在改革开放之后，体制惯性和城市偏向的政策仍然继续强化了这种二元结构。1978 年改革开放以后，国家的发展战略和工作重心很快将始于农村联产承包责任制的改革转向了城市，农村仍未摆脱服从城市需要的"被动附属物"的定位，加之城乡土地二元所有制的确立，农村继续成为政府非市场交易获取工业化和城市化发展的"财库"，如以土地征收为主要特征的城市和工业迅速扩张，被一些学者称为"国家垄断一级市场的制度和征地廉价剪刀差（土地市场价）"。作为身份识别的城乡户籍制度以及与此相关联的系列维权问题，如教育、就业、医疗和养老保险等，阻隔了城乡要素、经济互动的通道，剥夺了农民分享工业化、城市化、市场化等社会经济发展和文明进步成果的应有权益。①

长久以来的城乡二元经济社会结构对农业、农村和农民（三农）带来了长远而深重的影响。为了打破这种城乡失衡的结构，实现城乡一体化发展，国家在战略思路上不断探索与创新。2002年十六大提出"各级党委、政府必须更多地关注农村、关心农民、支持农业，把解决好农业、农村和农民问题作为全党工作的重中之重"。2007 年十七大指出"要建立以工促农、以城带乡长效机制，形成城乡经济社会发展一体化新格局"。2008 年十七届三中全会指出，当前中国总体上已进入"着力破除城乡二元结

---

① 李萍：《统筹城乡发展中的政府与市场关系研究》，经济科学出版社，2011，第 3 页。

构、形成城乡经济社会发展一体化新格局的重要时期"。2012 年十八大仍一如既往地提出"城乡差距还存在",解决好"三农"问题仍然是全党工作的重中之重,而城乡一体化则是消除"二元结构",解决农业、农村和农民问题的根本途径。促进城乡一体化发展,要坚持"工业化、城镇化、信息化、农业现代化四化同步"。要加大统筹城乡发展力度,促进城乡共同繁荣。实施强农、惠农、富农政策,让广大农民平等参与现代化进程、共同分享现代化成果。同时要求"加快完善城乡发展一体化体制机制,促进城乡要素平等交换和公共资源均衡配置,形成以工促农、以城带乡、工农互惠、城乡一体的新型工农、城乡关系"。城乡一体化将是我国未来很长一段时期内的基本国策和战略方针,但城乡一体化的最终形态并非简单地用"城镇化"消灭"三农",而是城市与农村并存,统筹考虑工业和农业、城市和农村以及市民和农民,通过城乡资源共享、人力互助、市场互动、产业互补,通过城市带动农村、工业带动农业,通过改革土地制度、户籍制度、社会保障制度及其他与城乡居民切身利益相关的一系列制度政策,来实现土地、劳动、资本、管理以及各种公共资源在城乡经济、社会、政治、环境等各个领域的合理分配。城乡一体化是我国社会经济发展的趋势,为我国"三农"问题的解决提供了可行方向。

我国水库移民多是农村移民,城乡一体化发展无疑给水库移民带来了诸多机遇和挑战。城乡一体化的过程是市场经济的发展过程,是政策环境、经济环境、政治环境等各个方面变迁的过程,一系列连锁反应对水库移民的补偿标准、生活保障、生产方式、社会结构、社会关系等都将产生巨大冲击。研究城乡一体化背景下的水库移民政策创新不仅是为了突破我国水库移民问题长期得不到有效解决的"政策瓶颈",同时反过来,水库移民政策创新也将为我国城乡一体化的发展起到积极促进作用。

本书从推进城乡发展一体化大背景出发,结合典型地区和典型工程调研,分析水库移民问题症结所在;通过土地制度、保障制度以及城乡统筹发展规划等变革对水库移民活动的影响,分析我国水库移民安置方式的变革趋势;结合城乡要素平等交换、公共资源均衡配置和城乡互动关系变化，分析我国农村的经济结构、社会结构、生产方式、社会关系、文化认同、生活方式的变革趋势，以及这些变革给水库移民带来的机遇和阻力；在城乡新型关系以及相互交融的情况下，移民对土地、就业、财产的认知和需求发生变化，分析这些变化对现行政策的影响，从底层角度分析政策需求；根据社会经济发展趋势，以及城乡一体化发展中政策环境的变革，提出与我国社会经济发展规律相适应的水库移民政策创新框架以及实施步骤、措施，以突破水库移民问题长期得不到有效解决的"政策瓶颈"，为水库移民政策调整提供依据。

（二）研究意义

水库移民政策创新是水库移民改革、发展和稳定的基本条件。创新水库移民政策，长远地解决水库移民问题，是一项重大、前瞻性课题，既是实践需求，也是理论需求。纵观水库移民实践历程，政策改革往往滞后于实践和外部环境，基本是"问题导向性"的"修修补补"，受现行政策的约束，很难有大的突破；理论研究受现行制度制约，缺乏前瞻性和系统性，不能对实践问题进行有效指导。现行"前期补偿，后期扶持"的方针，在实践中导致交换的不平等、安置的不充分、思想认识的差异等问题；"政府领导，分级负责"的管理体制，在实践中导致行为主体不明、政府的推力与市场的驱动力不能形成合力等问题。政府看的是公平和发展，移民看的是市场和眼前，二者在现行政策的价值观上很难统一。以上的政策问题，加之社会经济快速发展中，水库移民活动利益关系复杂化、多变化，以至于水库移民问题始终得不到有效解决，急需新的理论指导。十八大城乡发展一体化战略，尤其是"改革征地制度"、"要素平等交换"和"公共资源均衡配置"等措施，给水库移民政策创新打开了思路，抓住机遇，遵循社会主义市场经济和现代社会发展规律，前瞻性地研究符合我国社会经济发展趋势的水库移民政策，既是解决水库移民问题的基本需要，也是对公共政策研究领域的拓展和内容的丰富。

水库移民安置是水利水电工程建设的重要组成部分，是水利水电工程建设的关键，涉及社会、经济和生态环境等诸多领域，是个复杂问题。研究解决水库移民问题，不仅是水利水电建设的客观需求，也是维护社会稳定、构建和谐社会，全面建设小康社会的战略任务。随着我国社会主义市场经济的快速发展，水利水电工程建设活动主体日趋多元，带来利益主体、利益关系和利益诉求的多元化和复杂化，各种社会矛盾逐渐凸显，加之政策环境不断变化，尽管各级政府都十分重视水库移民工作，但水库移民问题仍然越来越多，移民群体性事件的发生频率和强度不断增加，较典型的有四川瀑布沟水库（2004 年）、贵州瓮安构皮滩水库（2008 年）、云南绥江向家坝水库（2011 年）。[1] 随着经济体制改革深化和政策执行环境的复杂化，我国水库移民面临着难度大、投资大、社会敏感性越来越强的局面。水库移民的社会稳定问题和贫困问题不解决，将影响和谐社会、精准扶贫和全面小康社会建设，水库移民问题已成为党中央、国务院和社会关注的重大社会问题，研究水库移民政策创新具有现实意义。

二　目前国内外研究现状和对本研究的贡献

（一）关于城乡发展一体化研究

改革开放以来，中国经济发展举世瞩目，但城乡差距非但没有缩小，反而呈不断扩大之趋势。我国在 20 世纪 80 年代提出"城乡一体化"概念，并得到众多学者的关注。党的十八届三中全会明确提出，形成"城乡一体的新型工农城乡关系"，城乡一体化成为缩小城乡差距的最终战略目标。"城乡一体化"成为人们议论的热点问题，也成为学术界关注和研究的重要课题，后者在城乡一体化方面进行了大量的研究。主要研究成果围绕城乡一体化理论及内涵、城乡一体化背景下的城乡关系、城乡一体化实现路径及模式、城乡一体化对农村的影响四个方面进行。

1. 城乡一体化理论提出背景及其内涵

20 世纪 50 年代初我国实行优先发展重工业的方针，将投资重点倾向于城市，并从农村收取积累支援城市建设，在一定程度

---

[1]　林苇：《法治视角下水库移民类群体性事件的思考》，《中国人民公安大学学报》（社会科学版）2011 年第 3 期。

上造成了城乡经济与社会的巨大差异，加之 50 年代末政府实施户籍制度，限制了城乡之间人口流动，对农村和农民的长期性制度忽略，逐步形成了城乡二元结构。随着时代的发展，城乡二元结构越来越成为我国经济健康发展的障碍，我国认识到城市和农村协调发展是我国全面建成小康社会的重要步骤，城乡一体化研究被提上日程。20 世纪 80 年代首次提出了城乡一体化概念，这一概念的提出，并不是理论工作者经过学术论证得出的结果，而是在苏南地区的实际工作者根据改革实践中出现的新情况、新经验总结出来的。①

总体来说，城乡一体化理论研究共分三个阶段，第一个阶段是从改革开放到 2002 年中共十六大的探索突破城乡二元制度的阶段。第二个阶段，以 2003 年落实中共十六大提出的"统筹城乡经济社会发展"的方针为起点，是由上而下主动地从多方面突破城乡二元制度、设计城乡一体化制度的阶段。到 21 世纪中叶，中国将进入城乡一体化的第三个阶段，即全面实现城乡一体化的阶段。城乡一体化是要消除城乡之间由制度因素造成的多方面差距，而并非消除城乡之间的一切差别。②

具体地讲，第一阶段主要阐述造成限制城乡一体化发展的因素和关于城乡一体化相关概念的辨析，如孙自铎分析了城乡一体化的约束因素——城乡之间利益结构的差异、传统体制的障碍、固化的城乡二元关系等，认为这些因素造成城乡联系渠道的狭窄及城乡重复建设和低水平竞争，从而极大地阻碍了城乡一体化战略的实施，进而提出要加速城乡一体化进程，打破城乡传统界限和旧体制的障碍。③ 伍新木则从区域生态系统的角度，认为城乡一体化就是城乡融合，但不是现有水平城市和乡村的简单叠加，也不是简单地把农村水平提高到现有城市水平，而是一种区域生

---

① 李冰:《城乡一体化:二元经济结构理论在中国的延续》,《人文杂志》2014 年第 2 期。

② 张强:《中国城乡一体化发展的研究与探索》,《中国农村经济》2013 年第 1 期。

③ 孙自铎:《城乡一体化新析》,《经济地理》1989 年第 1 期。

态经济良性平衡系统的高境界。[①] 费孝通则以农村发展乡镇工业为突破口，认为不同条件的地区发展模式也不一样，继而从模式研究进入区域发展研究，提出"城乡发展一体化"的整体设想。[②] 周加来认为研究"城乡一体化"必须清晰地理解和区分城市化、城镇化、农村城市化、城乡一体化等概念，[③] 在实践中遵循城市化内在发展规律，基于我国国情和发展小城镇的众多优势，城镇化和农村工业化又是推进农村城市化的重要途径，从而达到城乡共享高度发达的物质文明与精神文明。

进入 21 世纪以来，面对城乡发展严重失衡的状况，破除城乡二元结构、推进城乡发展一体化的建设势在必行，这一阶段主要围绕城乡一体化内涵展开，城乡统筹、城乡一体化等内容渐渐被提上日程。自十六大将解决"三农"问题视为重中之重，到党的十八届三中全会提出的"城乡一体化的新型城乡关系"，党中央制定了一系列统筹城乡发展以实现城乡一体化的政策措施。学术界也围绕城乡一体化内涵展开了新的讨论。冯雷从城乡经济社会发展规划、城乡关系、城乡全方位融合、城乡建设过程四个方面论述了城乡一体化内涵。[④] 洪银兴和陈雯认为："城乡一体化应当包含体制一体化、城镇城市化、产业结构一体化、农业企业化和农民市民化等内涵。也是指在保持城市与乡村特色的同时，从经济、社会、空间等方面融合城乡发展。"[⑤] 近些年来，城乡一体化内涵研究从经济、政治等方面的一体化又扩展到以人为本的分析角度。王桂新认为："城市化的发展，应该以人为本，体现城乡平等，体现人类社会的进步和所有公民（或居民）社会福祉能

---

① 伍新木：《城乡一体与区域生态经济系统》，《武汉大学学报》1990 年第 5 期。
② 费孝通：《中国城乡发展的道路——我一生的研究课题》，《中国社会科学》1993 年第 1 期。
③ 周加来：《城市化·城镇化·农村城市化·城乡一体化——城市化概念辨析》，《中国农村经济》2001 年第 5 期。
④ 冯雷：《中国城乡一体化的理论与实践》，《中国农村经济》1999 年第 1 期。
⑤ 洪银兴、陈雯：《城市化和城乡一体化》，《经济理论与经济管理》2003 年第 4 期。

够共同提高。"① 有的学者从全球化、经济新常态的崭新角度进行分析。杨桓认为："城乡一体化是一种空间生产的过程，是以一种全新的方式将城市与乡村、边缘与中心连接起来的过程。促进城乡一体化发展，绝不是要消灭乡村，把乡村变成城市，而是要建成城市与乡村紧密联系、有机融合的一体化的空间结构，通过促进城市与乡村的空间融合，实现城乡资源整合和经济社会一体化发展。"② 李泉认为面对全球化时代知识经济的创新发展成果与城市化演进的新趋势，我国应当突破更加广阔的空间寻求自己的城乡一体化发展道路，并把各级各类城镇体系融合到世界城乡网络体系之中，使城乡经济发展参与到国际经济的大循环中，更好地参与国际分工与合作，争取未来更多正当合理的发言权和发展权。③ 面临经济进入以"增速减缓、结构优化、动力多元、质量提升"为基本特征的新常态后，魏后凯认为城乡一体化格局已呈现新的趋势，即城镇化增速和市民化意愿下降，城乡收入差距进入持续缩小时期，要素从单向流动转向双向互动，政策从城市偏向转向农村偏向。④ 我国学者主要从国际经验、全球化视野和新常态背景下的城乡一体化关系展开讨论，为城乡一体化理论发展提供了崭新的视角、注入了新鲜血液。

综上所述，尽管每个学者都根据自己的研究需求和视角提出了不同层面的城乡一体化内涵，而且存在一些认识差异，但学者们在城乡一体化问题上还是达成了如下基本共识：首先，城乡一体化以生产力发展达到较高水平为前提条件，应建立在工业化、城镇化、农业现代化以及信息化发展到一定阶段的基础上；其次，城乡一体化是与城乡二元结构相对应的、属于制度层面的概念，其实质就是废除或者改变城乡二元体制机制，消除由城乡有

① 王桂新：《城乡一体化发展的一般规律与中国困境——当前我国城市化的六大主要问题与健康发展建议》，《人民论坛·学术前沿》2014 年第 2 期。

② 杨桓：《空间融合：城乡一体化的新视角》，《社会主义研究》2014 年第 1 期。

③ 李泉：《全球化时代的城乡一体化发展——兼论中国城乡一体化发展中的新型城乡形态》，《贵州社会科学》2014 年第 3 期。

④ 魏后凯：《新常态下中国城乡一体化格局及推进战略》，《中国农村经济》2016 年第 1 期。

别的制度和政策造成的城乡差距，保障城乡居民权利和义务的平等；再次，城乡一体化是双向的互动发展过程，是城乡双方发挥各自优势、互为资源、互为市场、互相服务，从而达到城乡协调发展的过程；最后，城乡一体化是一个系统工程，包括城乡经济一体化、城乡政治一体化、城乡社会一体化、城乡文化一体化、城乡生态一体化等方方面面。① 结合我国城乡一体化实践，中国城乡一体化发展的路径和改革方向是：城乡双方以各自发挥优势和功能分工为条件，改革体制、平衡城乡资源配置，实现城乡在政治、经济、文化、社会、生态等方面协调发展和融合的双向互动。一方面，要形成有利于城乡一体化的政策和制度措施，另一方面，要关注"三农"问题，让城乡居民都能享受改革发展的成果，促使城乡共同繁荣。这样一个发展背景下，水库移民安置中的核心和关键任务——农村移民安置，就应该顺应社会经济发展条件和发展方向，适时调整安置方式，由此政策的供给必须先行。

2. 城乡一体化下的城乡关系

从历史的发展角度来说，城乡关系经过了农村孕育城市、城乡关系对立、城乡差距扩大再走向融合的历程，呈现合—分—合的特征。我国城乡关系也大致经历了上述发展过程。第一个阶段为城市形成之初，城市是在农村和农业的基础之上产生和发展起来的，一方面，农村规模扩大、功能分化变为城市，另一方面，城市的生存与发展是建立在农业较大发展的基础之上的，农产品的相对剩余使不从事生产的城市人的生存成为可能。一旦城市建立就进入了第二个阶段——城乡对立，城市是统治者的政治和军事统治中心，城乡对立是建立在政治和军事统治之上的，统治者通过权力对农村进行经济剥夺和政治压迫。这主要集中在我国古代封建社会，城乡之间形成了尖锐的对立。② 第三个阶段，城乡差距扩大时期主要形成于新中国的计划经济时期，我国实行的户

---

① 孙来斌、姚小飞：《中国城乡一体化研究述评》，《湖北社会科学》2016 年第 4 期。

② 王思斌：《社会学教程》（第三版），北京大学出版社，2010，第 178~180 页。

籍制度、人民公社和统购统销制度使城市不断在农村获得剩余，使城乡居民在经济收入、社会福利和发展机会等方面存在巨大差距，巩固了我国城乡二元结构。改革开放后，随着家庭联产承包责任制和乡镇企业的发展，户籍制度有所松动，城乡流动日渐频繁。2007 年，十七大还提出了"形成以工促农、以城带乡、长效增长机制，形成城乡经济社会一体化新格局"，标志着"城乡一体化"在党的文件中正式提出，城乡关系走向融合，即第四个阶段，在将来最终实现城乡一体化。① 城乡一体化中的城乡关系首先是城乡发展的高级阶段，是城市化发展到最成熟阶段才出现的关系，石忆邵将城乡一体化看作发生在城市化水平较高地区的、渐进的、城乡互动的双向过程，是城市化的高级阶段。② 其次，从空间角度来看，城乡一体化下的城市与乡村紧密联系，城市和农村空间有机融合。③ 城市和乡村能在地理空间上相互融通，在政策上能够规划一致，将两者看作一个整体中的部分。再次，城乡一体化阶段下，城乡之间能够取长补短，城乡关系是平等和协调的关系。两者依据自己的特色与长处实现城乡资源整合和经济社会统筹发展，城乡居民平等地享受现代化发展成果。最后，城乡关系是开放、和谐的。人口和劳动力在城乡自由迁徙和有序流动，并形成统一开放的劳动力市场，打破城乡封闭隔绝的二元结构和区域壁垒，摒弃传统意义上"强城市－弱乡村"的不对等格局。④

3. 城乡一体化实现路径与模式

城乡一体化问题研究的最终落脚点是实现路径。在现状发展路径的观点上，主要集中在促进城乡一体化过程中发展的重点在哪里，即重点发展城市，以城市发展带动农村发展，和重点发展

① 白永秀、王颂吉、鲁能：《国际视野下中国城乡发展一体化模式研究》，中国经济出版社，2013，第 67～135 页。
② 石忆邵：《城乡一体化理论与实践：回眸与评析》，《城市规划汇刊》2003 年第 1 期。
③ 杨桓：《空间融合：城乡一体化的新视角》，《社会主义研究》2014 年第 1 期。
④ 周志山：《从分离与对立到统筹与融合——马克思的城乡观及其现实意义》，《哲学研究》2007 年第 10 期。

农村以补齐农村这块短板两种途径。现实中各地实现城乡一体化的路径也就有所不同，发达地区是以城市为核心，城乡融合发展；欠发达地区和落后地区是重点发展城市，转移劳动力促进农村收入，再提升农村发展。对于重点发展城市，学者的观点是：如果没有城市的带动，落后的农村很难有较快的发展，所以要通过城市化与工业化促进城乡一体化。孙来斌和姚小飞认为城乡一体化并不是城乡同步或同等发展。作为一个发展中国家，我国解决城乡差距的根本途径是城市化和工业化，因此，要在城乡一体化目标的指引下，充分发挥城市的生产力先导和辐射作用。[①] 任保平和林建华认为都市区城乡一体化模式的实现在于大力发展都市区的城市工业，吸纳农村剩余劳动力向城市聚集；加强城市工业与成熟乡村工业的联系。[②] 对于重点发展农村的路径，一些学者认为：国家在政策和投资方面应该倾向农村，农村的发展状况是推进城乡一体化进程的关键。罗来军和王永苏在总结英、美、法三国的历史经验教训后，提出我国城乡一体化要注意如下几点：第一，高度重视对农业的保护；第二，构建合理的农业生产体系，促进农业现代化；第三，重视研发、应用农业技术与高新技术；第四，制定科学的规划，并严格执行；第五，建设高度发达的交通设施与交通网络；第六，强调环境保护。[③]

总结两种发展途径，一方面，优先发展城市虽然能设想很好，但是在现实中如何将城市和工业化发展成果传递给农村，涉及许多利益相关者，如何协调利益相关者的互动，真正将发展成果传递给农村是一个复杂问题，还有大力发展城市化会不会导致过度城市化从而降低居民生活质量，会不会导致农村出现更多留守儿童、留守老人等现象以及农村土地大面积撂荒等问题，所以如果不综合考虑以上问题，片面发展城市化、工业化就会产生大

① 孙来斌、姚小飞：《中国城乡一体化研究述评》，《湖北社会科学》2016 年第 4 期。
② 任保平、林建华：《西部城乡经济社会一体化新格局的模式选择及其实现路径》，《贵州社会科学》2009 年第 8 期。
③ 罗来军、王永苏：《城乡一体化实践的可操作"节点"：观照英法美》，《改革》2014 年第 3 期。

量社会问题，阻碍城乡一体化进程。另一方面，优先发展农村，如果不考虑农村外部环境，也无法紧跟时代潮流，也无法实现农村可持续性发展。应当将城市和农村放在一个系统内部全面综合地规划，让两者取长补短、相互连接，如农村发展休闲农业、乡村旅游，吸引城市人来农村观光，既拉动了当地经济发展，又让城市人体验到贴近自然的快感，丰富了他们的精神生活；城市可以为农村提供技术、资金支持，既可以促使农村产业结构转型，又可以通过促进剩余劳动力就地就业，缓解城市人地矛盾问题。所以在促进城乡融合的进程中，我国应该形成"城市、农村两条腿一起走路"的方案，结合不同地区的实际情况，发展有中国特色的城乡一体化道路。

除此之外，现有文献还从农村土地管理制度、户籍制度、农民工市民化、征地补偿标准、人地挂钩制度等具体角度来试图打破城乡二元结构，促进实现城乡一体化。具体来看，刘永强等从分析我国现存的农村土地管理制度的问题入手，通过设计农村土地管理制度改革的 Land-PPET 框架，研究制约城乡一体化发展进程的土地管理制度缺陷，探索城乡一体化发展背景下我国农村土地管理制度的创新路径。[①] 尤琳和陈世伟结合改革开放以来户籍制度改革的不同阶段的国家顶层设计和各地改革实践，阐述了在城乡一体化进程中，户籍制度改革主要围绕剥离户籍制度附加的社会福利功能、完善居住证的功能、缩小地区之间的福利级差、合理分担农民工市民化成本等几个核心问题展开，提出进一步健全城乡一体化的人口服务和管理机制、完善大城市落户积分制度、统筹农业人口向大中小城市均衡转移机制、构建公共服务成本分担机制等加快推进户籍制度改革的对策建议。[②] 宁光杰和李瑞基于 2014 年全国流动人口动态监测 8 个城市数据，估计了不同流动范围下农民工市民化意愿和市民化能力，利用回归分析法和

---

① 刘永强等：《城乡一体化发展背景下中国农村土地管理制度创新研究》，《经济地理》2013 年第 10 期。

② 尤琳、陈世伟：《城乡一体化进程中的户籍制度改革研究》，《社会主义研究》2015 年第 6 期。

Maddala 提出的处理效应模型，说明总体上农民工就近市民化的
意愿和能力较强，农民工有本地市民化的倾向，但地区间差异明
显的结论，提供地方政府应根据当地的财力最大限度地提供充足
的公共资源和社会保障以吸引农民工本地市民化的政策启示。①
马军成等采用文献法和对比分析法，以安阳市为例，对现行征地
补偿制度存在的问题进行研究，构建了城乡一体化土地市场下的
征地补偿构成测算方法，包括土地补偿费、地上附着物和青苗的
补偿费、社会保障费及发展权收益。采用城乡一体化土地市场下
的征地补偿标准可有效解决现行征地制度中存在问题，在一定程
度上缓解目前的征地矛盾。② 杨玉珍界定了人地挂钩制度的内涵
及创新性，分析了人地挂钩制度在宏微观定位、要素流动、主体
权益保障等方面的功能，提出了制度运行中城镇化率增长匹配的
行政配置模式、地随人走的市场化配置模式、考虑时空异质性下
市场与行政干预相结合的运行模式。③

我国东中部城乡发展一体化的模式和西部城乡发展一体化模
式处于不同路径。④ 东部模式包括：总结出珠江三角洲"以城带
乡"的城乡一体化模式、上海"城乡统筹规划"的城乡一体化模
式、北京"工农协作、城乡结合"的城乡一体化模式、以乡镇企
业发展带动城乡一体化的苏南模式等。东中部城乡发展一体化的
模式主要做法有三点。第一，发挥城镇对农村的带动作用，优化
城乡布局。如北京通过中心城市与郊区产业的双向互动，逐渐调
整了城市和郊区的功能分布，形成了各自利用优势分工合作的合
作体系，促进了城乡一体化进程。第二，以"三个集中"（农村
工业向园区集中、农村居民向新型居住社区集中、农村土地向规

① 宁光杰、李瑞：《城乡一体化进程中农民工流动范围与市民化差异》，《中国
人口科学》2016 年第 4 期。
② 马军成等：《城乡一体化土地市场下的征地补偿标准研究》，《中国农学通报》
2016 年第 1 期。
③ 杨玉珍：《城乡一体化下人地挂钩的制度创新与运行模式》，《经济地理》
2014 年第 7 期。
④ 白永秀、王颂吉、鲁能：《国际视野下中国城乡发展一体化模式研究》，中国
经济出版社，2013，第 67～135 页。

模经营集中）为重点，加快农业现代化、农村城镇化和农民市民化进程。苏州、嘉兴等地区采用"三个集中"，优化了生产要素，促进了城乡一体化。第三，在农村地区加强社区建设，推进城乡公共社区服务均等化。诸城等地构建了农村社区管理服务平台，加强了农村社区管理，改善了农村生产和生活条件，是统筹城乡发展的重要方式。东部地区与西部地区发展水平存在巨大差距，东部经济发达，具备了城乡一体化发展的前提条件，而西部地区相对落后，仍然要大力发展经济，待条件成熟后可以借鉴东部发达地区的经验，利用大城市拉动模式、产业拉动模式或生态旅游等模式推进城乡一体化。西北主要还是发展城市经济，转移劳动力和拉动农村发展，没有形成比较完善的模式。各地区根据自身实际选择发展模式，产业发展是推进城乡一体的重要依托。例如大城市拉动模式主要适合大城市周边的农村，特别是在西安、成都、银川等经济发达的省会城市周边的农村，在以上各大城市的经济辐射带动下，利用便捷的交通等实现农村地区发展，促进城乡一体化。产业拉动模式适合远离大城市，但自然矿产资源丰富的农村，这些地区具有优先发展资源产业的条件。第四，提高城乡公共服务，加强农村基层设施建设，完善公共服务的供给。结合东中西城乡发展一体化模式的阐述，虽然到现在为止有多种模式可以选择，但是各地区的经济发展基础、区位条件、产业结构多有不同，在推进城乡一体化发展的过程中，各地应该根据自己的实际情况因地制宜，城乡一体化进程也具有长期性，还需要不懈努力。

4. 城乡一体化对农村发展的影响

在城乡一体化对农村发展的影响上，我国学者的重点是从城乡一体化对农村发展的路径选择、发展趋势等方面进行研究。在一体化对农村发展的路径研究上，比较有代表性的观点是：政府把农村、城市看作一个整体，提出坚持在区域总布局中谋划发展目标、坚持在城乡产业一体化中壮大农村经济、坚持在生态环境一体化中建设农村基础设施、坚持共享发展成果提高民生保障、坚持创新体制统筹城乡综合管理。要以坚持科学发展观为统领，在统筹城乡发展、统筹区域发展的层面上聚焦"三农"、规划

"三农"、服务"三农"，突破农村发展的瓶颈。① 关于城乡一体化对农村土地制度和开发利用的影响，一些学者认为应该将政策倾向农村，改革土地制度，补偿农民的利益，提升农民、农村、农业的弱势地位；从城乡一体化发展的本质出发，就是要改变城市偏向政策，从制度上建立新型的城乡关系，让农村和城市具有均等的发展机会，通过将集体土地所有权归属具体落到实处，盘活农用地承包经营权和集体建设用地（主要指宅基地）的使用权，显现农民的资产价值，让农村土地权益、农民权益得到体现，让市场在农村的土地配置及利用上发挥作用，让土地要素可在城乡之间依照市场机制自由流动，打破长期形成的制约城乡统筹发展的二元土地制度，促进城乡一体化发展。② 农村土地制度改革与创新应从以下几个方面展开：①完善强农、惠农方式，优化耕地流转环境，为现代农业建设提供良好的土地条件；②改革农村建设用地使用制度，提升利用水平；③改革土地征收制度，完善城镇化土地资源的配置机制；④完善土地利用总体规划机制，真正发挥区域土地利用的宏观管制作用；⑤创新农村土地整治机制，推进城乡一体化的土地综合整治。③ 有学者提出，城乡规划应进一步完善，使农村发展定位更加明晰。④ 在城乡一体化促进农村发展趋势上，研究者指出城乡统筹就是要从整体考虑经济社会的各个方面，改革政策体制、平衡资源配置，改变城乡发展不平衡的现状，以实现城乡的协调发展。一方面，要形成有利于统筹兼顾、协调发展的政策机制和制度措施；另一方面，在过去长期偏向城市的情况下，要更多地关注农村、关心农民，使广大城乡群众共享改革开放与发展的成果，实现城乡共同发展与繁

①　王湘琳、夏雅俐：《城乡一体化视野下的农村发展——基于上海宝山的实践与思考》，《人民论坛》2010 年第 8 期。

②　刘永强等：《城乡一体化发展背景下中国农村土地管理制度创新研究》，《经济地理》2013 年第 10 期。

③　陈美球、刘桃菊：《城乡发展一体化目标下的农村土地制度创新思考》，《中国土地科学》2013 年第 4 期。

④　王一铭、王中原：《荆州区城乡一体化的现状及发展对策》，《经济研究导刊》2015 年第 3 期。

荣。充分发挥城市对乡村的带动作用，使城市和乡村相互促进，促进城乡各类资源要素的优化配置，密切城乡关系，实现城乡良性互动，最终实现全体人民共同富裕的目标。①

5. 国外城乡一体化研究

从世界范围来看城乡一体化，很多国家城乡发展都经历了漫长的过程。在众多国外相关研究成果中，日本和韩国资源禀赋和发展进程类似，又同属于亚洲，更具借鉴意义。

日本城乡一体化是以二战为时间节点，而且推进进程快速，对我国具有借鉴意义。冈部守和章政指出，日本城乡发展经历了城乡差距先扩大后缩小的过程，认为健全的地方自治制度，发达的农民经济组织，完备的支农、强农和惠农政策以及完善的法律体系是构成日本从城乡二元对立到一体化治理成功转型的基本动力。② 桥本寿郎等认为日本两次新农村建设为促进日本农村的经济发展，缩小行业和城乡间的贫富差距起到了积极推动作用，他们从政府提供扶持政策、大力发展农业金融、积极推广地方特色产业等方面对日本一体化过程进行了分析。③ 总的来说，日本城乡一体化的发展是"市""町""村"合并的过程，市是城市地区，村是农村地区，町介于城市和农村之间，市、町、村的合并推动田园城市的发展，最终达到城乡一体化的发展目标。通过上述学者的描述可以发现，日本在城乡一体化过程中制定了很多政策，政策以实践为基础，实践又以政策为导向，是作用与反作用的过程，同样，在我国社会经济发展新形势下，探索城乡一体化下水库移民政策创新，将为我国解决好水库移民所面临的新老问题，促进我国城乡协调发展提供政策依据。

20世纪70年代，韩国"新村运动"把韩国从一个以农业为主的贫困国家发展成为"亚洲四小龙"之一。朴振焕指出："新村运动"从改善环境、提高农民收入展开；到发展中期，开始发

---

① 余文学、范云：《城乡统筹背景下的水库移民安置方式》，中国水利水电出版社，2010。
② 冈部守、章政：《日本农业概论》，戴晓芙译，中国农业出版社，2004。
③ 桥本寿郎等：《现代日本经济》，戴晓芙译，上海财经大学出版社，2001。

挥农民自主建设新农村的主动性和创造性；到 20 世纪 90 年代末，韩国农民收入达到城市居民平均收入的 85%，开始注重提高农民的道德水平和农村文明建设。[①] 从韩国城乡一体化的发展历程中不难看出，其内涵也是动态发展的，从最初的经济收入到 20 世纪末的精神文明，也是一个不断补充和完善的过程，因而不管是国外还是国内，城乡一体化都是一个复杂、系统的概念。同时与日本发展城乡一体化的过程类似，韩国在协调城乡关系时，也把农村发展的自主性交给农民，政府没有对农村发展进行包干。韩日两国在农村建设过程中的政府角色定位值得我国学习，同时又要结合我国特殊的国情，在我国市场经济体制下发展城乡一体化，要将计划经济体制下的政府主导变为政府辅助，将过渡时期市场经济起基础性作用变为起决定性作用，形成市场和政府协同发展的局面。

就国内外城乡一体化研究成果来看，在城乡一体化发展背景下，农村发展将在以下几个方面发生变化：一是农村经济结构将发展根本性变化；二是土地制度应适应城乡一体化要求改革和创新，以满足城乡一体化发展资源要素配置的需求，将进一步深化改革；三是农民就业和收入结构发生变化，非农就业和收入不断提高；四是农村劳动力非农转移对农村现行家庭承包经营制度提出挑战，农村土地经营模式将发生变化；五是农村和农民收入提高较快，将对农民发展期望产生很大影响。这些研究成果对水库移民政策创新研究的启迪在于：农民对土地补偿期望和要求将提高、农民就业对土地的依赖减少、农民发展期望值提高，这"两高一少"，既给水库移民工作提出了挑战，也给水库移民工作带来了机遇。

（二）水库移民政策研究

1. 水库土地征收和移民安置补偿政策

水库土地征收和移民安置补偿（以下简称水库移民补偿）是我国移民政策的核心内容，主要包含两个方面的内容，一是水库淹没和影响土地的征收、征用补偿，二是土地征收引致的受影响群众生产、搬迁安置的费用。解决好水库移民补偿问题，不仅关

---

① 朴振焕：《韩国新村运动——20 世纪 70 年代韩国农村现代化之路》，潘伟光等译，中国农业出版社，2005。

系到库区和移民安置区的经济发展，也是整个移民安置的基础，对库区和安置区社会的和谐与稳定有着重要影响。就现有文献来看，对水库移民补偿的研究主要集中在补偿政策变迁、补偿标准以及补偿模式等几个方面。

针对我国水库土地征收和移民安置补偿政策的演变，李若瀚把它划分为三个阶段，1950~1957 年的"土地互换补偿"是第一阶段，这一阶段，政府在土改之后掌握部分共有土地，通过划拨或调剂土地给予安置；1958~1985 年的"集体补偿"是第二阶段，这一阶段农地归集体所有，补偿费由集体统一分配，个人补偿仅限私人损失；第三阶段是 1986 年以来的"开发性补偿"阶段，提倡前期补偿、补助与后期生产扶持、经济补偿与政策补偿并重。[①] 梁福庆把水库移民补偿政策的演变划分为六个阶段，第一阶段是1950~1957 年以土地互换为主补偿阶段；第二阶段是 1958~1978年依靠行政手段低补偿阶段；第三阶段是 1979~1985 年初步规范土地征用补偿阶段；第四阶段是 1986~1990 年实施开发性移民阶段；第五阶段是 1991~2000 年规范移民补偿阶段；而 2001 年以来的"以人为本，建设移民和谐社会"阶段是第六阶段。[②]

一个时期的移民补偿政策以当时的土地制度与政治经济制度为基础，20 世纪 90 年代以前，在计划经济体制的背景下，水库征地补偿和移民安置并没有单独的政策安排，土地征收（用）制度就是水库移民补偿政策。20 世纪 90 年后，随着计划经济向市场经济的转变，以及土地制度的法治化、规范化和完善，土地征收法规完善，水库移民补偿政策做出单独安排。[③] 现有研究政策

---

① 李若瀚、甄璐：《我国水利工程移民补偿存在的问题及出路》，《人民长江》 2013 年第 19 期。

② 梁福庆：《中国水库移民补偿政策演变及创新》，《三峡大学学报》2009 年第 5 期。

③ 1986 年 6 月 25 日第六届全国人民代表大会常务委员会第十六次会议通过，1986 年 6 月 25 日中华人民共和国主席令第四十一号公布，自 1987 年 1 月 1 日起施行。第五十一条大中型水利、水电工程建设征收土地的补偿费标准和移民安置办法，由国务院另行规定。根据《土地管理法》，国务院令第 74 号《大中型水利水电工程建设征地补偿和移民安里条例》已经 1991 年 1 月 25 日国务院第七十七次常务会议通过，现予发布，自 1991 年 5 月 1 日起施行。自此，独立的水库移民补偿政策形成。

演变基本划分都是根据学者自己的研究目的和需要来划分的，但独立政策划分的时点和主线依据基本为：经济体制改革上，计划经济、计划经济转型市场经济、市场经济；水库移民政策安排上，土地管理法、移民条例。

1991 年颁发了《大中型水利水电工程建设征地补偿和移民安置条例》（国务院令第 74 号），确定了水库移民方针：国家提倡和支持开发性移民，采取前期补偿、补助与后期生产扶持的办法。在土地征收补偿上规定："大型水利水电工程建设征用的土地，由建设单位按下列标准支付土地补偿费和安置补助费：（一）征用耕地的补偿费，为该耕地被征用前三年平均年产值的三至四倍；每一个需要安置的农业人口的安置补助费标准，为该耕地被征用前三年平均每亩年产值的二至三倍……依照本条例第五条规定支付土地补偿费和安置补助费，安置移民仍有困难的，可以酌情提高安置补助费；但是，土地补偿费和安置补助费的总和不得超过土地被征用前三年平均年产值的下列倍数：（一）库区（含坝区）人均占有耕地一亩以上的，不得超过八倍；（二）库区（含坝区）人均占有耕地零点五亩至一亩的，不得超过十二倍；（三）库区（含坝区）人均占有耕地零点五亩以下的，不得超过二十倍。"

随着土地管理法的修订以及社会经济发展变化，2006 年，国务院修订了水库移民条例，重新颁布了《大中型水利水电工程建设征地补偿和移民安置条例》（国务院令第 471 号）。大中型水利水电工程建设征收耕地的，土地补偿费和安置补助费之和为该耕地被征收前三年平均年产值的十六倍，如果不能使安置移民保持原有生产生活水平，经批准可以增加，但最高不超过三十倍，其他土地的土地补偿费和安置补助费根据省、自治区、直辖市自行制定；按照"原功能、原规模、原标准"的原则对移民和库区淹没损失（地上附着物及青苗）进行补偿。

但随着我国城镇化以及城乡一体化进程的快速推进，库区和移民安置区移民获得的补偿与日益增加的物质和发展需求间的矛盾逐渐激化，水库移民补偿问题还是不断出现和演化。刘灵辉等认为以年产值倍数法制定补偿标准，补偿标准偏低，忽略了潜在经济成本、社会成本和环境成本，不能体现农地的市场和非市场价值。① 王琼雯认为移民补偿存在差别补偿，这种差别体现在移民与安置区居民之间、农村移民与城镇移民之间以及同类移民不同地区之间。② 胡宝柱、钟水映等通过多种现有长期补偿方式，诸如入股分红、年产值分年支付、留底开发安置等的总结与归纳，以定性与定量方法研究其在不同条件下的实现形式，试图探索出各种长期补偿方式的一般规律，以此创新与项目自身特点相适应的补偿方式。③ 段跃芳等从投资性补偿模式着手，以价值转移理论为基础，强调移民参与工程效益的分享即利益共享机制。④

通过水库征地补偿研究，可以发现：一是按照年产值倍数制定的水库移民补偿标准已经满足不了移民的各项需求，补偿标准是水库移民补偿的问题，也是水库移民问题产生的根源之一；二是实践中不断出现的一些补偿模式创新已引起学者的关注，但没有得到政府认可，没有形成水库移民政策；三是水库移民补偿改革要和土地改革相适应。对水库移民政策研究的启示在于：一是水库移民政策改革思路要立足市场，统筹考虑社会、经济等各项影响因素，积极创新能够体现移民土地价值的补偿标准；二是建立公开、公平、公正的补偿管理机制，真正做到移民与安置区居民和谐发展；三是从宏观角度以发展的眼光看待问题。

2017 年 5 月，为使水库移民快速达到原生产生活水平，加快库区和移民安置区社会经济发展的步伐，促进社会的和谐与稳定，国家又一次调整水库移民补偿标准，修改并重新颁布《大中型水利水电工程建设征地补偿和移民安置条例》（国务院〔2017〕679 号），该条例规定：大中型水利水电工程建设征收土地的土地补偿费和安置补助费，实行与铁路等基础设施项目用地同等补偿

① 刘灵辉等：《潘口水电站移民安置区土地流转补偿标准研究》，《中国人口·资源与环境》2011 年第 5 期。
② 王琼雯：《移民为何贫困——非自愿移民补偿制度的规范分析》，《云南行政学院学报》2009 年第 2 期。
③ 胡宝柱：《水库移民长期补偿安置实施方式与效果分析》，《人民长江》2011 年第 7 期；钟水映、刘驰：《移民长期补偿模式及其风险分析》，《人民长江》2011 年第 17 期。
④ 段跃芳等：《投资型补偿与安置模式：概念、制度创新及应用前景》，《湖南社会科学》2009 年第 1 期。

标准，按照被征收土地所在省、自治区、直辖市规定的标准执行。将水库移民征地补偿标准又回归到土地管理法的统一规定，以及地方征地统一补偿标准上。但在水库移民补偿改革上，并没有按照市场经济思路和土地改革的趋势进行改进。

2. 水库移民安置政策

水库移民工作中，除了移民补偿外，另一项重要工作就是移民安置，包括失去土地农民的生产安置和失去住房的移民搬迁安置。移民安置规划是政策规定水库移民安置必备的设计文件，也是移民安置工作的重要纲领，对移民安置非常重要。学者研究主要关注移民安置规划工作及规划实施管理工作，研究的重点在于安置规划目标、水库移民安置规划内容以及安置方式选择等。

陈萍认为安置规划目标不仅要客观评价人均纯收入现状，还要综合考虑未来的发展情况即收入增长情况。[1] 马福全以安置地居民人均纯收入和规划增长率为制定移民安置规划目标的主要依据，同时把安置地消费水平作为参考，以保证库区和移民安置区移民收入满足消费支出的需要。[2] 蒋建东认为在规划中还必须以环境容量分析为支撑，环境保护规划为重点。[3] 刘东认为移民安置规划目标的制定主要以搬迁地和安置区移民人均纯收入为基础。[4]

从研究顺序上看，对安置目标确定的研究结论是以增长率的形式，对库区和移民安置区未来发展的预见。水库移民生产、生活水平的提高，生活观念的转变，生活期望值的增加以及生活成本的改变构成了一系列连锁反应。而且，不以安置区的社会经济发展水平对安置标准进行修正，容易使决策者产生政策制定已经

---

[1] 陈萍等：《谈水利水电工程建设征地农村移民生产安置规划》，《水力发电》2006 年第 8 期。

[2] 马福全：《论水电工程移民安置规划目标拟定条件和方法》，《水电移民政策技术管理论坛论文集》，2012。

[3] 蒋建东、吕涛：《三峡工程移民安置规划创新性总结》，《人民长江》2012 年第 17 期。

[4] 刘东、孔文斌：《农村移民安置规划优化设计》，《人民长江》1995 年第 11 期。

充分考虑了移民发展需求的误判，进而使移民得不到更为合理的
安置。对移民安置目标的研究主要集中在人均收入方面，切入点
较为单一，没有全面考虑水库移民安置所要达到的各项目标要
求。安置目标的确定，更要考虑全面的影响因素，诸如资源、生
产水平、收入水平、消费水平、基础设施条件、居住环境、安置
区生态环境、社会发展等。

受水利水电工程项目影响范围最广、最深的是农村，农村移
民安置区经济社会的发展对区域整体经济发展、移民稳定以及和
谐社会的构建有着举足轻重的作用。因此，做好农村移民安置规
划是设计整个项目移民安置规划的关键。农村移民安置规划牵涉
面广、政策性强、技术要求高，是一项复杂而艰巨的设计工作。

移民安置方式是移民就业方式、生计资源获得方式、搬迁方
式、居住方式的统称，在移民安置方式上，研究者大多是移民工
作实践一线的设计技术人员和规划实施管理者以及政府官员，主
要是根据研究需求来划分不同安置方式。自 20 世纪 50 年代以来，
对各项水利水电工程项目的研究与分析表明，目前国内已总结出
多种水库移民安置方式，大致可以归纳为以下几类。

王应政从移民搬迁居住聚集形式划分，把移民安置分为分散
安置和集中安置。[1] 罗用能从安置所依照的主题划分，把移民安
置分为经济安置、社会安置和生态安置，其中经济安置又可分为
补偿性移民安置、开发性移民安置和投资性移民安置。[2] 马巍和
支雪莲从移民安置后所从事的产业划分，将其分为农业安置、非
农业安置、兼业安置以及自谋出路安置。[3] 曾建生、马德峰等从
迁移距离划分，把移民安置分为就近后靠安置、异地近迁安置和

---

① 王应政、吴贵胜：《对贵州省"大分散、小集中"水库移民安置模式的理性
思考》，《贵州水力发电》2005 年第 3 期。

② 罗用能：《我国水利水电工程移民安置主题变迁》，《武汉理工大学学报》（社
会科学版）2013 年第 6 期。

③ 马巍等：《水电工程移民安置方式研究综述》，《中国水能及电气化》2011 年
第 4 期。

异地远迁安置。①

从文献来看，水库移民多样化安置方式是水库移民安置的实践探索，也是水库移民安置的基本要求，尤其是随着社会经济发展水平提升和城乡交融，农民就业非农转移，移民安置诉求也多元化；人地矛盾的愈加尖锐，库区和移民安置区环境容量的不足性以及土地承载力的有限性，农业安置资源的不足和收入增加缓慢，促使农业安置也不再是移民唯一的选择。

3. 水库移民后期扶持政策

1991 年水库移民单独政策出台，确立了前期补偿、补助，后期扶持，保障水库移民生产生活水平不降低的安置政策。后期扶持成为移民安置后的期盼，但在 2006 年前，一直没有统一的水库移民后期扶持政策，国家依靠分别于 1981 年、1986 年设立的库区维护基金、库区建设基金，对中央直属水库移民进行了遗留问题处理。② 1996 年，国家计委等四部委以计建设（1996）526号文下发了《关于设立水电站和水库库区后期扶持基金的通知》，对后期扶持基金收取的范围、标准、使用、管理、责任等都做出相应的规定，但由于没有全国统一，库区后期扶持基金实施情况很不理想，尤其是以防洪、供水等水利为主的公益性水库，没有收入来源，基本筹集不了后期扶持资金。水电和水利移民、新水库和老水库移民、中央水库和地方水库移民的后期扶持政策不一致，使移民不能在整体上受益。完善后的水库后期扶持政策兼顾水电和水利移民、新水库和老水库移民、中央水库和地方水库移民，对大中型水库移民后期扶持实行统一的政策。对水库移民后期扶持政策的研究基本上是根据政策演变的时序开展的，

---

① 曾建生：《现代水利水电工程移民安置的趋势》，《广东水利水电》2002 年第8 期；马德峰：《中国水库外迁移民置换安置模式研究——来自大丰市三峡移民安置点的考察》，《华东理工大学学报》2006 年第 1 期。

② 1986 年前建设的水库，对移民安置工作的复杂性认识不足，偏重于生活安置，而且组织管理不善，补偿标准偏低，缺乏优惠政策，有些地方将移民费挪作他用，没有安排好移民的生产、生活出路，遗留下许多问题。特别是一部分移民的温饱问题尚未完全解决，成为一些地区社会不安定的因素，也影响水利水电建设事业的发展［《关于抓紧处理水库移民问题报告的通知》（国办发〔1986〕56 号）］。

2006 年完善水库移民后期扶持政策以前，大多是从水库移民遗留问题处理来关注政策，2006 年《国务院关于完善大中型水库移民后期扶持政策的意见》颁布后，学者才真正开始关注水库移民后期扶持政策问题。

张春美、仲秋等指出扶持群体的范围界定的不全面，部分利益受直接或间接影响的群体未被列入扶持范畴，加剧了库区和移民安置区利益相关群体的矛盾。[①] 丛俊良指出扶持方式异化，受我国水库移民人数多、范围广、地区差异大等问题的影响，一刀切式的扶持方式加剧了移民与非移民间，移民内部之间的生产、生活条件差距，成为滞缓城乡一体化发展的绊脚石。[②] 宋红霞指出，一些水库历史遗留问题繁重，表现为耕地不足、基础设施薄弱、移民自身知识水平有限、生产技能不足等，现行后期扶持政策并不能解决这些根本性问题。[③]

4. 国外水库移民文献综述

目前对于国外水库移民政策的讨论主要以不同的研究主体为基础，大致分为世界银行、发达国家、发展中国家。其中发达国家以美国、日本为典型，发展中国家以土耳其、印度为主要代表。分别从目标、原则、现行补偿政策、安置政策方面进行了相关研究。

在长期的实践经验指导下，世界银行针对工程移民已经形成了一套相对比较完善的政策体系。世界银行移民政策指出：以保证移民从工程项目中受益，收入和生产、生活水平至少不低于搬迁前标准为目标，以尽量减少和避免移民问题，将移民安置作为开发项目实施并为移民提供资金和从工程中受益的机会；搬迁前获得全部重置补偿费用；同等对待长期居住居民；鼓励移民参与规划和实施过程为原则，通过制订移民安置行动计划，检查安置

---

① 张春美、施国庆：《对水库移民后期扶持范围问题的探讨》，《江西社会科学》2007 年第 9 期；仲秋、施国庆：《安徽丁县水库移民后期扶持政策实施的调查与思考》，《河海大学学报》（哲学社会科学版）2010 年第 3 期。

② 丛俊良等：《我国现行水库移民后期扶持政策刍议》，《黑龙江水利科技》2011 年第 3 期。

③ 宋红霞：《库区移民后期扶持思路与对策》，《湖南水利水电》2013 年第 1 期。

实施过程，最后监测评估，包括业主和移民安置实施机构的内部监测以及由第三方移民安置监测评估机构进行的外部监测的步骤要求对世界工程移民工作起到了引领和约束作用。在补偿方面，直接经济损失以重置价格给予补偿；对于失去公共社会服务、基础设施服务、相关就业机会等间接隐形损失不以简单金钱方式估价或补偿。

在安置政策方面，贷款方承担移民安置责任，设立移民安置机构；将移民安置以开发项目来规划和实施，必须编制移民安置规划或移民安置政策框架；鼓励"以土地换土地"的方法，强调非农业收入来源。在后期扶持方面，就业方案多样化；为移民生产提供专项扶持；积极开展移民安置监测评估工作。

对于发达国家，以美国、日本为例。美国在补偿政策方面，补偿价的评定要求三家评估机构利用相同数据以不同方法进行评估，取最高价，审查后以不低于其合理市场价格给予补偿。在安置政策方面，引入平等协商机制，辅以强制手段；移民在接受补偿后，政府可让移民自行购置土地，寻找安置途径，也可政府出钱购买土地，完善各项基础设施后提供给移民。日本在水库移民补偿政策中将移民补偿分为个人补偿和公共补偿；只对土地所有权以正常市场价格进行补偿；对其他土地权利给以适当补偿；对因征租用土地引发的一般损失进行补偿。[①] 在安置政策方面，基本采取就地后靠方针；辅之以库区各项基本建设。[②] 发展中国家以土耳其为例，土耳其的移民补偿采用一次性补偿方针，移民生产生活水平的恢复一方面依靠政府的投资和扶持，另一方面要求政府积极完善健全社会保障、金融等社会服务体系。[③] 有学者在研究非洲移民政策时指出，非洲地区国家的移民安置通常是以社

---

① 蔡频：《国外及世界银行对非自愿移民的基本做法》，《水力发电》2002 年第 4 期。

② 张俊生：《国外水库移民的费用补偿》，《世界经济与政治论坛》2002 年第 6 期。

③ 胡兴球、赵楠：《世界银行及国外水库移民管理经验总结》，《水利规划与设计》2008 年第 3 期。

区为单位,以整体搬迁、集中安置为主。①

国外工程移民政策基本上是补偿和安置并行,而且以移民生计恢复和可持续发展为安置目标,在补偿上,注重损失分析和影响分析,补偿范围以影响范围为基础。

(三)水库移民政策创新研究

1. 政策创新的内涵及外延

创新理论早在 19 世纪末 20 世纪初由美国经济学家熊彼特提出,他将创新看成是企业家对生产要素的新的结合,创新分为五种类型:采用一种新的产品、采用一种新的生产方法、开辟一个新的市场、掠取或控制原材料或半制成品的一种新的供应来源和实现任何一种工业的新的组织。② 政策创新理论最初是从传播学、社会学、地理学等(而非政治科学或政策科学)学科中衍生而来的,并借鉴了解释个人与组织创新行为的相关理论,所以对政策创新内涵的理解必须从"创新"一词开始。相对于创新理论,公共政策的创新一开始就没有严格的定义。政策创新是指一个政府采纳一个对它而言是"新"的项目,而不论该项目以前是否在其他时间、其他地点被采用过,③ 这个概念被西方学界普遍认作公共政策的创新最早的研究起源。

政策创新是一个非常宽泛的概念,它包括了经验汲取、政策模仿、政策协调、系统政策理念替代、政策渗透、外部影响、直接强迫转移、政策扩散、政策合并和跨国界的政策学习等。④ 对政策创新概念使用上的模糊状态,一方面反映了政策创新研究繁荣背景下的政策创新内涵的复杂性,另一方面也给政策理论研究者之间的交流与沟通制造了障碍,制约着政策创新理论分析框架的解释力,也阻碍了公共政策创新理论的拓展。创新就是生成、

---

① 傅志华、刘德雄:《国外水库移民与开发的经验和启示》,《经济研究参考》2001 年第 36 期。

② 朱红恒:《熊彼特的创新理论及启示》,《社会科学家》2005 年第 1 期。

③ Walker, J. L. , "The Diffusion of Innovations among the American States," *American Political Science Review*, 1969, 63 (3): 880 – 899.

④ Stone, D. , "Learning Lessons and Transferring Policy across Time, " *Space and Disciplines Politics*, 1999, 19 (1): 51 – 59.

接受和执行新的项目、产品或服务,而这些项目或服务对这个组织环境来说是第一次。[1] 在这种视角下,创新就是成功地引进了应用于某种情形的工具和结果,而这些工具、结果对具体情境而言是新的。[2] 只要对某个政府(美国文献中一般指州)而言是新的政策就是政策创新。[3]

学者进一步对政策创新与政策发明加以区分。政策发明是指构建一些原创性的新的政策理念、政策项目、政策方案,[4] 而后对这些政策项目与方案的应用则可称为政策创新。西方学界研究的主要对象是政策创新而非政策发明,而且在一般情况下对政策创新与政策模仿、政策扩散之间却并没有做出严格的区分。原创的政策、改进的政策和转移的政策都属于创新,不强调创新的新颖程度,也不强调其是否曾经在某个政治系统内被采纳过。虽然原创性政策的创新程度比较高,亦成为"政策发明",但从创新的过程来看,发明只有经过传播、推广才能构成真正意义上的创新。[5]

国内对于政策创新的概念的界定众说纷纭,其中几种具有代表性的解释有:公共政策创新是指处于社会转型时期的执政党、政府、社会公共组织和公众,为实现新的利益分配与再分配,促使社会原有体制、规则和组织发生变革,最终构建新的社会建设模式的公共政策活动;[6] 公共政策创新是打破观念、制度和程序上的陈规,规定、执行与完善有创意、有价值的政策,有效地促

① Thompson, V. A., 1965. "Bureaucracy and Innovation," *Administrative Science Quarterly* 1.

② Mohr, L. B., "Determinants of Innovation in Organizations," *The American Political Science*, 1969, Review 63 (1).

③ Boehmke, F. J. &R. Witmer, "Disentangling Diffusion : The Effects of Social and Economic Competition on State Policy Innovation and Expansion," *Political Research Quarterly* 57 (1).

④ Savage, R. L., "Diffusion Research Traditions and the Spread of Policy Innovations in a Federal System," *Acoustics Speech & Signal Processing Newsletter IEEE*, 1985, 15 (4): 1 – 27.

⑤ 魏淑艳、路稳玲:《我国的政策转移与公共政策创新》,《理论探讨》2015 年第 6 期。

⑥ 胡宁生:《现代公共政策学》,中央编译出版社,2007。

进公共问题的解决的过程。① 公共政策是在国家总政策和基本政策稳定和相对稳定的前提下，在国家基本政策的总框架内，根据客观实际的需求，由国家或地方对政策所做的新政策的决策，原有政策向着科学化、合理化方向所做的调整和对整个政策过程所做的较优化或最优。②

综上，政策创新应包含五个方面的含义：首先，公共政策创新是政策主体实施的一种有意识的价值活动，一方面它是主体为了更为有效地实现政策目标而采取的主动变革活动，另一方面又是主体为了适应政策环境变化发展而进行的被动适应活动，因此它体现了政策主体和政策环境的动态统一；其次，根据创新理论，对于创新的要求在于将生产要素和生产条件进行新的组合，建立一种新的"生产函数"的过程，③ 可以认为公共政策创新就是对政策制定、执行、评估等各个环节的要素进行重新组合的过程；再次，公共政策创新需要支付一定的成本，这个成本包括政策创新本身的成本和克服旧政策阻力所需的成本两个方面，而创新成本过高则可能导致政策创新失败，因此，它又是一项有一定风险性的政策活动；又次，政策创新是一种具有强烈价值诉求的活动，它的最终目的是实现公共利益的最大化；最后，政策创新不是一个漫无边际的随意性活动，它具有一定的边界和限度。

从政策的构成要素角度来看，政策创新是政府对政策要素新的结合，即政府根据行政环境的新要求，主动改变既存的政策要素的组合形态，创立一种具有积极社会价值的、新颖而适宜的政策要素组合形式（政策安排）的过程；④ 从政策新旧更替角度来看，政策创新是包括打破观念、制度和程序上的陈规，规定、执行与完善有创意、有价值的公共政策，有效地促进公共问题的解决的过程；⑤ 从资源配置的角度来看，政府以新的理念为指导选

① 卞苏徽：《入世背景下的公共政策创新》，《中国行政管理》2002年第11期。
② 李庆钧：《公共政策创新的动力系统分析》，《理论探讨》2007年第2期。
③ 约瑟夫·熊彼特：《经济发展理论——对于利润、资本、信贷、利息和经济周期的考察》，何畏等译，商务印书馆，1990。
④ 汪永成：《试论政策创新能力》，《广东行政学院学报》2002年第4期。
⑤ 严荣：《公共政策创新与政策生态》，《上海行政学报》2005年第4期。

择突破传统的政策方案，及时有效地解决了社会公共问题以及对稀缺的社会资源进行最优化的配置。①

政策创新是以新的理念为指导对公共政策进行改革与完善的有价值的政府行为和活动。② 它不仅包括现有政策的要素重组，还包括政策问题构建方式的创新、政策议程设置的创新、政策高效执行的创新以及政策评估与监控等一系列创新活动。政策创新并非等同于政策发明，因此是一个构建原创的政策理念的过程。只要某一政策主体接受对它来说是新的政策观念或政策工具就是创新，政策创新可能发生在一个政治主体发布的一项新的计划或政策中，尽管这些计划或政策已经被其他政治主体采用过。

政策创新主要有三个特点：①在政府的领域内，政策创新不只是一种职能，而且是公共管理思维的变迁所形成的新模式；②政策创新是一种有价值的政府行为，其目的不是一般地实现治理的目标和责任，而是发现"创新机会"，获得"创新净收益"；③③政策创新是有成本的活动，其成本主要由设计、制定和组织实施新政策的费用，清除既存政策的费用，消除变革阻力的费用，政策创新的机会成本几部分构成。④ 公共政策创新的目的是公共政策制定更科学，公共政策程序更规范，公共政策目标更精确，公共政策手段更完善，公共政策灵敏度更高，公共政策内容更具体，公共政策效果更明显。

2. 政策创新的实现机制

政策创新的需求既包括外在需求驱动，也包内在需求驱动。外在压力主要产生于当其他政治系统采用创新策略形成外在强势时造成某一主体内在的相对弱势，或者由于其内在的弱势产生对外在强势的羡慕，从而产生期望与现实之间的差距，进而出现的政策创新需求。例如，全球化、信息化与社会转型都是促进政府

① 黄健荣、向玉琼：《论政策移植与政策创新》，《浙江大学学报》（人文社会科学版）2009 年第 2 期。

② 吴春华：《政策创新中的政策规划与传输》，《中国行政管理》2002 年第 2 期。

③ 吴春华：《政策创新中的政策规划与传输》，《中国行政管理》2002 年第 2 期。

④ 章荣君：《公共政策创新中合法性要素的制度分析》，《公共管理学报》2006 年第 1 期。

进行政策创新的外部压力，这种政府间的竞争力构成了外部动力的系统。内在压力产生于社会本身内在矛盾的加剧，当决策者意识到依凭现行政策无法实现预期目标时，就出现了政策创新的需求，而官员考核的激励力、组织变革的驱动力构成了公共政策创新的内部动力系统。同时，每一次政策创新都有其价值，体现在政策创新结果对社会需要的满足上。政策主体同政策客体的关系更重要的是一种价值关系，政策选择本身就是一种价值选择。①

因此，政策创新是一项十分复杂的系统工程，它既要在工具理性层面实现政策系统内部的利益均衡以及政策系统与政策环境系统的生态平衡，又要在价值理性层面体现公共性、公平性和科学性等基本价值规范要求。② 政策创新的实现需要一系列机制的综合保障，主要包括：动力机制、平衡机制、激励机制、监督机制和评价机制。推动政策创新的因素主要有制度安排、政策资源、路径依赖和利益集团。③ 政策创新过程中的实现机制是和以政策创新中的影响因素为关节点联系在一起的。它们相互间是一种正向的促进关系或反向的牵制关系。创新过程中的发展机制既依赖于扩散机制的支持，又对触发机制的作用有影响。不断产生出新的利益分化和调整，新的利益预期又会形成压力，这种压力经过催化就会激发出更多的群体去发挥创造精神，主动而持续地进行政策创新。④

对于政策创新实现的因素，在具体的政策决策中，不仅是一两个机制产生作用，而是很多机制在同一时间或不同时间，共同发挥着作用。在理论上，对政策创新起着根本性、决定性作用的因素包括：利益分化与协调、初始政策设计或发动、规则与组织

① 胡仙芝：《政策科学学科建设研讨会综述》，《中国行政管理》2000 年第 10 期。
② 陈杰：《公共政策创新的困境分析与路径选择》，硕士学位论文，湖南师范大学，2009。
③ 秦勃：《公共政策创新的实现机制及影响因子分析》，《行政论坛》2011 年第 1 期。
④ 陈东：《机理与模型：公共政策创新的规范理论研究》，《理论与改革》2014 年第 3 期。

的变换。① 在现实中，影响创新的社会因素包括教育、文盲率、城市化率、人口多样性和宗教等。② 对于政策创新影响最大的因素来自经济因素，其次是政治因素，而社会因素更多的是混合在它们中间。经济资源、政治机会，以及政府机构的专业化程度是主要的内在决定因素，拥有能干的立法者和行政机构的更富裕的地区有可能首先尝试新思想。③ 黄健荣则认为政策移植是政策创新的重要方式之一。政策移植能够加速政策议程建构，扩大政策供给的选择集，能以较低的成本和较高的效率形成优质政策要素的配置，这些都有利于避免政策创新的僵化与滞后，提升政策的科学性与有效性，有利于优化政策创新。从更高层面观之，政策移植促进优质政策创新的扩散，从而实现在更大范围内的政策变迁。④

中国诸多政策在实现扩散的实践中，"政策试验"可以说是最为典型和普遍的一种扩散形式，基于"政策试验"发展起来的"先行先试→典型示范→以点促面→逐步推广"经典模式，已成为中国绝大多数新政策在得到正式而全面实施之前所必须要经历的固定程式。通过把局部性政策方案进行逐步推广，使其扩散到更大乃至全国范围内的改革策略，使得经济社会转型可以在一个既保持可控性又富于创造性的过程中循序渐进地向前推进。这种政策试验成果的推广并非单纯的"水平扩散"抑或"垂直扩散"，而是呈现为一个在多层级间互动的立体化网络，即水平扩散过程中会受到政府层级结构的垂直性影响。⑤ 现阶段我国政策创新的动力来源于内外两个方面：社会转型是我国政策创新的外在驱动

① 胡宁生：《体制转轨过程中公共政策创新的实现机制》，《南京社会科学》2004年第1期。
② 弗吉尼亚·格雷：《竞争、效仿与政策创新》，《经济社会体制比较》2004年第1期。
③ 周望：《政策扩散理论与中国"政策试验"研究：启示与调适》，《四川行政学院学报》2012年第4期。
④ 黄健荣、向玉琼：《论政策移植与政策创新》，《浙江大学学报》（人文社科版）2009年第2期。
⑤ 王浦劬、赖先进：《中国公共政策扩散的模式与机制分析》，《北京大学学报》（哲学社会科学版）2013年第6期。

力；政策失效是政策创新的内在要求。当前我国政策有效性不足，不能满足相应主体的具体需要，不能很好地解决社会问题。政策创新的终极目标是通过政策创新，有效解决社会问题，优化社会资源的配置。①

3. 政策创新过程及扩散

政策评价理论研究成果丰富。多源流理论作为西方经典的研究公共政策过程，特别是研究政府政策决策过程，对政策创新评价具有指导意义。1972 年，詹姆斯·马奇等基于对于组织行为的观察，提出了组织决策的垃圾桶模型多源流理论。该模型认为组织的决策行为受到问题、治理方案、参与人员和机会策略四种源流的影响。② 1984 年，在借鉴垃圾桶模型基础之上，美国著名的公共政策学家约翰·W. 金登（John W. Kingdon），通过对卫生和运输领域接近政策层人员的 247 次访谈和 23 项实践案例，撰写了《议程、备选方案与公共政策》一书，系统地阐述了多源流理论，其主要内涵包括问题源流、政策源流和政治源流的界定及分析，揭示了在模糊性条件下的政策选择过程，并假定了一条暂时的原则："具体选择什么样的政策取决于政策制定的时间。"③ 多源流理论回答了三个重要的问题：政策制定者的注意力是如何分配的？具体问题是如何形成的？对问题及其解决方法的发现是怎样和在哪里进行的？④

问题源流是现实社会中存在各种各样的社会问题，但不是所有的问题都能得到政策制定者的关注，从而上升到政策议程的高度。约翰·W. 金登认为，问题是否为政策制定者关注，主要取决于：①反映项目情况和重要程度的指标；②重大事件或危机事件；③现行项目的反馈信息。一些重大事件等可以引起决策者对

---

① 杨芳：《现阶段我国公共政策创新的动力》，《管理科学文摘》2008 年第 3 期。
② 丁文、于水：《宅基地使用权确权及路径指向——基于多源流理论的分析范式》，《西北农林科技大学学报》（社会科学版）2017 年第 1 期。
③ 景安磊等：《多源流理论视域下的异地高考政策议程分析》，《全球教育展望》2014 年第 3 期，第 108～115 页。
④ 保罗·A. 萨巴蒂尔编《政策过程理论》，彭宇超等译，生活·读书·新知三联书店，2004。

某个或一些问题的关注，而现有项目的反馈信息可以推动人们对问题的关注。同时，价值观对问题的分类也发挥了重要作用。这些因素共同影响着政策制定者对问题和合适的解决办法的思考方式，是相关政策被关注并成为通过的关键因素。问题仅仅引起决策者的重视是不够的，还不能完全保证其能够排上决策者的政策议程，这就需要吸引人的备选方案和对策建议。在政策系统中，存在一个由官僚、学者、研究人员、利益团体的分析人员等组成的"政策共同体"。政策共同体中的专家学者们关注同一领域中的问题，围绕这个问题的解决会产生大量的备选方案和对策建议。在这个过程中，备选方案和对策建议不是一次性就能够完成的，它是一个不断提出议案、讨论、修改、然后再提出的反复过程，这个"软化"过程使得人们习惯并逐渐接受他们的对策建议。[①] 政治源流由国民情绪、利益集团、执政党的更迭、国会议席的重大变化、行政机构的重大人事调整等因素共同构成。在政治领域内，这些因素都能够促使政治家们在考虑问题时调整他们的侧重点，从而影响政策的制定。其中，国民情绪在某些时候更为重要，国民情绪可以让某些问题登上政策议程，甚至可以使这些问题居于议程的显著位置。而且，国民情绪和执政党更迭这两个因素的结合，会对议程产生强有力的影响。[②]

总而言之，多源流框架下的政策议程建立过程包含着三条相互分离的源流：问题源流、政策源流与政治源流，偶然的社会事件或政治事件能够促使政策之窗开启，这时已经发展得较为成熟的三条源流汇合在一起，政策企业家及时抓住这样的机会之窗来促使公共问题进入政策议程，新政策由此形成。

政策创新扩散研究起源于 Walker 在 1969 年进行的一项关于政策创新在美国各州政府之间扩散的研究，他发现美国许多州政府在政策制定方面并不完全遵循渐进决策路径，而是经常出现跳

① 陶学荣、陈霞：《浅议政策制定中的"软化"过程》，《企业家天地·理论版》2008 年第 7 期。
② 约翰·W. 金登：《议程、备选方案与公共政策》，丁煌、方兴译，中国人民大学出版社，2004。

跃性的创新，并且某些州政府的政策创新往往会被邻近州所仿
效。由于政策创新理论主要产生并发展于联邦分权体制下的美
国，因而政策创新理论具有很强的西方背景尤其与美国的联邦分
权体制紧密相关，甚至可以说其理论就是建立在美国联邦分权体
制基础上的。正因如此，在政策创新与政策扩散研究中，以地域
为中心的研究占据支配地位，尤其是政策创新的扩散理论往往自
然地集中关注州与州之间对创新的采纳。[1] 通过对 88 项政策创新
个案的研究发现，大而富的州比小而穷的州更容易采纳新政策，
而且许多州政府都接受来自同一地域的一个或多个作为领导者的
州政府的指引而采纳创新的政策。[2] Gray 作为 Walker 的追随者，
通过借鉴其他学科对于创新扩散研究的成果，提出了政策创新扩
散的经验模型。她认为在政策创新扩散的初期，政策采纳的发生
相对不频繁，随着各种因素的影响，采纳新政策的州政府的比例
会急剧上升。[3]

　　多数学者承认，单一的内部因素决定模型或区域扩散模型都
不足以解释政府对新政策的采纳。但是 20 世纪 90 年代以前，政
策创新扩散的经验性研究大多集中于这两种解释模型的单独应
用。贝瑞夫妇的一系列研究为政策创新扩散的发展做出了重要贡
献。在发现了以往政策创新扩散研究一个关键弱点，即内部决定
与区域扩散这两种解释的分离后，他们将已有的政策创新扩散研
究的影响因素明确划分为内部因素决定模型和区域扩散模型两种
类型，即内部决定模型认为导致州政府创新的决定因素是州内部
的政治、经济和社会特征，区域扩散模型强调相邻州政府产生的
影响，假设一个州政府在面临政策问题的时候，会模仿相邻的州

---

① Savage R. L. , "Diffusion Research Traditions and the Spread of Policy Innovations in a Federal System," *Acoustics Speech & Signal Processing Newsletter IEEE*, 1985, 15 (4): 1 – 27.

② Walker J. L. , "The Diffusion of Innovations among the American States," *American Political Science Review*, 1969, 63 (3): 880 – 899.

③ Virginia G. , "Innovation in the States: A Diffusion Study," *American Political Science Review*, 1973, 67 (4): 1174 – 1185.

政府的解决方案。①

我国水库移民政策实践和多源流理论以及政策扩散理论比较契合。自 20 世纪 80 年代初期水库移民遗留问题凸显，水库移民一直是经济社会热点问题之一。水库移民研究始终都是从制度、补偿标准、安置方式和管理体制几个方面来展开的，尽管学者和实践探索者一直都在致力解决这几个方面的问题，在研究理论层次上也有了很大的提高和突破，但这几个问题始终是存在的，而且还在不断地演化。导致这个局面的主要原因是水库移民的情况本身非常复杂：一方面，水库淹没土地量大，影响人口多；另一方面，移民安置处于中国社会经济快速变动的背景中。因此，水库移民政策决策和实践出发点就是：在持续复杂的局面下，优先解决现实问题。在政策创新研究方面，公开的研究成果比较少，指出问题的较多，提出对策的较少，没有形成系统观点。主要有以下观点。

第一，政策要进行"阶段性修改"。这些学者一般都是从宏观角度出发对水库移民政策进行总结，在此基础上提出相应建议，来不断完善我国水库移民政策。赵人骧等在总结 20 世纪 90 年代前我国水库移民工作的基本做法和经验的基础上，提出了诸如水库移民工作要适应市场经济发展，要进一步完善法规等一系列建议与对策，来满足新时期水库移民工作的需要。② 傅秀堂则把我国水库移民政策分为了建立、发展和完善 3 个阶段，并通过三峡移民政策的调整和创新，对国家移民政策提出了若干建议。③

第二，政策没有明确农村集体和移民对土地的财产权利，移民和政府、移民和开发商的冲突是来自权利不等造成的利益之争。廖蔚提出水库移民中的社会冲突包括利益冲突和文化冲突，他提出运用以政策性社会整合为基础、制度性社会整合提供约束

---

① Berry F. S., Berry W. D., "State Lottery Adoptions as Policy Innovations: An Event History Analysis," *American Political Science Review*, 1990, 84 (2): 395 –415.

② 赵人骧等：《中国水库移民工作展望》，《河海科技进展》1993 年第 9 期。

③ 傅秀堂、李世荣：《我国水库移民政策的回顾与思考》，《人民长江》2007 年第 12 期。

力、管理性社会整合为纽带的系统来解决利益冲突，利用教育性
社会整合来解决文化冲突，从而合理有效地使水库移民过程中的
冲突得到化解。① 赵姚阳强调水库移民问题的实质是权利问题，
从公民权利的视角出发对新中国成立后我国水库移民权利保障的
发展情况进行了分析与评价，指出现阶段我国水库移民的财产权
保障仍有较大提升空间，目前立法对发展权重视不够，移民的参
与权在政策上虽有提及，但其实现方式和实现途径尚需明确，移
民的社会保障权和申诉救济权在相关法律上还是空白，亟待立法
完善等。② 程军指出，正是在移民冲突的萌芽、形成、爆发和升
级以及结果的全过程中，移民冲突"实践的增量"不断被激活，
导致移民冲突的爆发和升级。③ 移民冲突归根结底还是移民的利
益诉求在现行移民政策体系下得不到满足而导致的利益冲突，这
就要求在移民政策过程中要充分考虑移民的各种权利，将移民的
切身利益表达出来。

　　第三，在提高移民补偿标准和生产生活保障水平的基础上，
可以积极探索多元化安置方式。水库移民多元化的安置方式是
水库移民改革与发展的趋势，是实践经验和理论研究成果的双
重结论。曾建生提出在改革开放形势下，以城镇为依托集中安
置或移民建镇应该是现代水利水电工程移民搬迁安置的首选方
式。④ 马德峰在调查三峡水利枢纽工程移民外迁安置情况后，
指出"选购旧房安置、置换土地生产"的社区安置模式，即置
换安置，不仅符合我国国情和法律法规的有关规定，更符合外
迁移民和当地居民的利益要求，是转型时期移民安置模式的一

---

① 廖蔚：《当前我国水库移民的社会冲突与整合研究》，《农村经济》2004 年第
　11 期。
② 赵姚阳：《我国水库移民权利保障发展评析》，《中国农村水利水电》2011 年
　第 2 期。
③ 程军、陈绍军：《水库移民社会冲突的过程模型探讨——"理"与"法"冲
　突的视角》，《河海大学学报》2015 年第 2 期。
④ 曾建生：《现代水利水电工程移民安置的趋势》，《广东水利水电》2002 年
　第 8 期。

大创新之举。[1] 杨荣华等强调要结合库区经济社会的发展，针对不同的安置条件，进行多元化安置。[2] 从文献来看，在不同的经济、社会、政策环境中，水库移民安置方式的选择及对未来安置方式发展方向的认识都是存在差别的，这种差异性是由不同地区、不同时代、不同移民需求的特征决定的。面对政策环境更为多变的未来，如何因地制宜、因人而异地选择恰当的移民安置方式既成为国内众多学者的研究内容，也是一个需要探索的现实问题。

第四，移民政策应从补偿制度和程序上着手改革。邓曦东、段跃芳指出水库移民补偿制度制定在程序上为保证程序的公开、透明，保障公民的知情权，要建立利益相关者参与机制。[3] 与之相呼应，梁福庆也强调，要引入专家咨询会、公开听证等方式。[4] 在补偿制度创新上，两位研究者都提出移民补偿要走市场化的补偿模式，同时要注重移民补偿的长效机制，并在此基础上逐步完善移民的社会保障体系。

总体而言，有关水库移民的研究文献不少，对研究时段的移民问题分析比较透彻，也提出了解决问题的对策，对解决水库移民实际问题具有指导意义，但对长远解决水库移民问题缺乏系统、持续性指导，基本上是就问题分析问题，对"问题的发展趋势"和"发展中有何解决途径"缺乏研究。在政策创新研究上，缺乏对我国社会经济快速发展趋势的把握，没有系统性、前瞻性研究成果去指导实践和政策创新，以至于困扰水库移民的几个问题始终得不到有效解决，水库移民改革难以突破政策"瓶颈"。城乡发展一体化研究趋势和十八大推进城乡发展一体化的基本要

---

① 马德峰：《中国水库外迁移民置换安置模式研究——来自大丰市三峡移民安置点的考察》，《华东理工大学学报》2006 年第 1 期。

② 杨荣华等：《水利水电工程建设征地移民安置工作的几点思考》，《人民长江》2013 年第 2 期。

③ 邓曦东、段跃芳：《中国非志愿移民的补偿制度创新研究——基于利益相关者视角的分析》，《经济学家》2008 年第 3 期。

④ 梁福庆：《中国水库移民补偿政策演变及创新》，《三峡大学学报》2009 年第 5 期。

求是一致的，均提出改革征地制度，促进要素平等交换，统筹城乡发展规划，实现公共资源均衡配置，这几个方面既是水库移民政策改革的制约因素，也是水库移民政策创新必须研究的问题。因此，水库移民政策创新研究必须放在城乡发展一体化背景下，面对现实问题进行前瞻性研究。

（四）国内外研究现状价值发现

1. 城乡一体化发展对水库移民政策的影响

城乡一体化是城市与农村间各要素和公共资源的平等交换与均衡配置，它强调城市与农村、工业与农业、市民与农民的相互关系，涉及政治、经济、社会、文化等各个领域，是一个相对复杂且具有层次性的结构系统。从水库移民工作的实践经验和研究总结来看，水库移民过程中不仅要从底层考虑移民的生产、生活、心理等影响因素，也要从宏观角度分析水库移民对影响区域乃至整个社会所带来的经济、社会等影响。研究城乡一体化背景下的水库移民政策，换句话说就是研究两个庞大、复杂的子系统所包含的要素如何交叉继而统一的过程。就目前来看，水库移民以农村移民为主，两个子系统的统一并不代表就要把农村移民迁到城市中去，而是要促进城乡间协调发展，要顺应时代发展要求，在水库移民过程中让移民工作实现从"政府主导"到"以市场为主、政府为辅"的转变，打破长久以来城乡二元结构对工程征地和移民就业、社会保障等方面的束缚，消除移民因水库建设导致的与其他农村居民和城市居民间的差距，真正实现让移民一起协调、同步发展的目标，促进水库移民生计可持续发展。城乡一体化发展要求水库移民政策也要统筹考虑城乡资源的一体化配置，以及城乡社会经济的协调发展。

2. 动态把握深化改革和城乡一体化发展趋势

城乡一体化是动态发展的，在不同的时代，都具有与当时背景相一致的内涵。从其包含的内容中也能看出，在乡镇工业快速发展阶段，也就是提出城乡一体化发展的初始阶段，只有经济、社会等较为单一的内容；到了近几年，城乡一体化不仅是经济社会内容的一体化，同时也是政治、文化、生态系统等内容的一体化。因而，在把城乡一体化当作一种大背景研究水库移民政策创新时，要用长远的眼光去研究，随着改革深入、经济体制和发展态势的转变，社会的变革，城乡一体化的各项要素也在转变，只有动态地理解城乡一体化发展，才能更好地探索水库移民政策要解决"问题"的发展态势，用发展的眼光看待水库移民问题。我国水库移民都是在实践过程中发现问题，继而对当时已有政策进行修改来解决的，但随着经济社会的发展和环境的改变，很快就又导致新问题的产生。换句话说，我国移民政策创新都是对已有政策的"缝缝补补"。归根结底，这是由于当时的"现实问题解决的紧迫性"，大多是立足于当前问题的对策，而很少会对问题深层次原因、改革以及未来社会经济发展趋势做出合理判断，这也就带来了移民政策创新不具有前瞻性的特征，也是对"尽管政府和社会都十分重视和关注水库移民问题，也致力于解决问题，但移民问题始终存在，并不断演化"现象的很好诠释。

3. 水库移民政策创新存在的机遇和挑战

十八大报告中指出，我国总体上已进入"以工促农、以城带乡"的发展阶段，为了确保经济增长，确保文化教育、医疗卫生、社会保障等公共服务和社会事业不断改善和进步，我国正努力推进土地、户籍、社会保障等一系列制度安排的改革进程，这一系列改革必将给我国水库移民工作和水库移民政策研究带来重大机遇和挑战，这就要求对水库移民政策创新做出全面、系统地研究。城乡一体化是城乡统筹发展的最终目标，实现从城乡统筹发展到城乡一体化的转变，必然导致诸多因素产生变化，同时，水库移民征地补偿、安置方式也受经济体制、土地制度、经济发展水平、自然环境、社会等诸多因素影响。实现城乡一体化就是要打破我国城乡长期以来形成的二元体制结构，包括土地制度、户籍制度、社会保障制度等，以实现城乡的协调发展和社会公共资源的均衡配置。在我国水库移民多为农村移民的前提下，水库移民政策创新就是要寻求在移民过程中如何实现移民所获得的资源与能够得到的发展和城市居民相协调，即寻求移民补偿、安置、就业、保障等在打破城乡二元土地制度、户籍制度、社会保障制度等基础上的改革路径。

城乡一体化下，水库移民面临以下几个方面的挑战：①征地改革下，征地中交换关系和分配关系改变的挑战；②农村土地改革下，生产资料重新获取方式及使用方式的挑战；③城乡产业交融发展下，移民生计资本的获取方式和能力的挑战；④市场经济深化及经济快速发展下，移民生计风险的保障措施和能力的挑战；⑤分配理念和分配关系的改革，水库移民思想观念变化和价值观念变化、利益诉求变化（从追求补偿和恢复转为生计可持续发展）带来的征地补偿和安置期望不断提高的挑战。

城乡一体化发展，也给水库移民带来机遇：①移民有土安置的重要性降低、移民收入恢复和发展机会增加、农村生产方式变革，安置方式的多样化需求和供给取向一致；②小康社会、精准扶贫、乡村产业发展、政策供给上开始重视水库移民生计的可持续性；③社会保障的城乡统一供给，提高了移民抗击生计风险能力；④征地制度改革，城乡一体化下公平的利益共享理念，给水库移民带来资金、资本、就业和发展机会。

4. 城乡一体化和水库移民政策创新关联路径

城乡一体化下水库移民政策创新是水库移民政策研究一次大胆的尝试，但两者间通过何种方式关联还需要我们进一步的探讨。水库移民是区域社会重新构建和生产重新组织、建设和恢复发展的过程，将城乡一体化的概念融入水库移民，将使得移民社会更快更好地得以恢复与发展：首先，城乡一体化所要求的市场经济起决定性作用，政府发挥更好的作用，将改变原来农村内部市场的狭小局面，改善传统农村以农为生的温饱型经济，使原先单一的生产方式变得多元化，从而为农村移民的生产生活情况提供更快的恢复与发展动力；其次，打破城乡土地二元结构，二元土地制度使得农村移民土地权利弱化，移民利益被损害，打破城乡土地二元结构就是要打破现有城乡二元土地征收制度、土地储备制度等不利于城乡协调发展的土地制度，建立健全城乡统一的土地市场，充分体现农村土地的真实价值，让城市居民与农村移民享有同等的土地权利，换句话说就是要让移民获得更加合理的征地补偿；再次，要打破城乡二元户籍制度，隐藏在二元户籍制度背后的往往是城乡间在教育、就业和社会保障等一系列福利上的利益对立，随着社会经济的发展，受我国人地矛盾的约束，移民已不再局限于农村以土为生、以农为生，他们期望得到多元化的安置方式，获得培训、得到就业机会等都成为农村移民考虑的要素，打破城乡二元户籍制度无疑给多元化安置方式的发展提供了基础；最后，打破城乡二元社会保障制度，促进社会公共服务体系在城乡间的均衡配置也是实现农村移民长治久安的重要因素，社会保障是每个公民都享有的权利，不平等的社保制度是制约我国城乡协调发展的一大阻力，打破城乡二元社保制度，实现社会公共资源的均衡配置是促进移民更好地与城市居民享有平等资源与权利所提出的要求。

三　相关概念界定

（一）城乡一体化

从字面意义上理解，城乡一体化就是指城市和农村一体发展。城乡一体化的过程本质上就是城市与农村、工业与农业、市民与农民间通过城乡各要素在政治、经济、文化、环境各个方面的合理流通来寻求和谐发展的过程。根据十八大相关精神：城乡一体化是消除城乡二元结构，缩小城乡差距，解决"三农"问题的根本途径；为了促进城乡一体化的发展，要坚持"工业化、城市化、信息化、农业现代化四化同步"；要加大统筹城乡发展力度，促进城乡共同繁荣；实施强农、惠农、富农政策，让广大农民平等参与现代化进程、共同分享现代化成果；同时要求"加快完善城乡一体化体制机制，促进城乡要素平等交换和公共资源均衡配置，形成以工促农、以城带乡、工农互惠、城乡一体的新型工农、城乡关系"。到了十八届三中全会，提出健全城乡一体化体制机制的关键是"四个突破"，即"一要突破城乡分割的二元体制障碍，深化改革，加快户籍、土地、就业、公共服务等综合配套改革步伐，建立完善城乡统一的户籍登记管理制度、土地管理制度、就业管理制度、公共服务制度和行政管理制度，促进城乡要素自由流动、平等交换和公共资源均衡配置。二要突破城乡基本公共服务不均等制度约束，加大政府基本公共服务产品有效供给力度，确保城乡居民在公共教育、劳动就业、社会保险、医疗卫生等方面获得基本公共服务。三是突破农业转移人口向城市有序流动的制度约束，制定农村人口转移中长期规划，按照自愿、分类、有序的原则，推进农业转移人口市民化进程。四是突破城市转型升级困难的体制约束，推动城市向集约、智能、绿色、低碳、高效、和谐的方向发展，加快城市全面转型和产业升级步伐"。

城乡一体化是城市化发展的一个新阶段，是随着生产力的发展而促进城乡居民生产方式、生活方式和居住方式变化的过程，是城乡人口、技术、资本、资源等要素相互融合，互为资源，互为市场，互相服务，逐步达到城乡之间在经济、社会、文化、生态上协调发展的过程。我国城乡一体化发展还将面临城乡土地制度、户籍制度、社会保障制度以及城乡发展水平差距巨大的现实，因此，我国城乡一体化既是一个发展理念的调整，也是发展政策的改革，同时是实现城乡在政策上的平等、产业发展上的互补、国民待遇上的一致，让农民享受到与城镇居民同样的文明和实惠，使整个城乡经济社会全面、协调、可持续的发展目标。城乡一体化的必由之路：一是深化制度改革，消除城乡隔离，实现资源要素平等交换；二是稳步推进城市化，以城市和工业带动农村协调发展；三是逐步调整分配，建立公平分配机制；四是建立全国统一的劳动力市场，保障城乡劳动力收入均等；五是依靠科技和制度创新繁荣农村经济，缩小城乡差距；六是加强农村基础设施建设，逐步实现城乡公共产品供给均等化。

基于以上认识，本书的城乡一体化的概念，就是指相对较发达的城市和相对落后的农村，打破相互分割的壁垒，逐步实现生产要素的合理流动和优化组合，促使生产力在城市和乡村之间合理分布，城乡经济和社会生活紧密结合与协调发展，逐步缩小直至消灭城乡之间的基本差别，从而使城市和乡村融为一体。在此意义下，研究水库移民政策如何重新提出符合我国社会主义市场经济新时期发展基本规律的水库移民对策建议。

（二）水库及水库分类

从工程学上讲，水库是指在河道山谷、低洼地及地下含水层修建拦水坝（闸）、溢流堰或隔水墙所形成的拦蓄水量、调节径流的蓄水区。水库建设的目的是调蓄水量（水能），以达到防洪、城市供水、农田灌溉、水力发电、航运、旅游等作用。一般情况下，水库建设目的都是综合利用，既达到除害，又满足兴利。

在水库的功能分类上，每座水库建设都有其特定的主要目的，要求在建成后发挥特定功能。水库的选址、水坝的高程及建筑要求、水库的库容、建成后的运行调度等，都是根据其特定功能决定的。虽然水库建设可以实现多个目标，很多水库在实际上也具有多种功能，但仍然可以依据其主要功能，将其区分为发电水库、防洪水库、灌溉水库、供水水库、航运水库、旅游水库及综合利用水库几大类。以发电为主要功能的水库，一般被称为水电工程，其余防洪、供水等工程一般被称为水利工程。

与国际大坝委员会根据坝高的分类方式不同，我国根据水库的水体规模（即库容）将水库划分为大型、中型和小型水库，库容大于等于 10 亿立方米的，为大（1）型水库，库容介于 1 亿立方米和 10 亿立方米的为大（2）型水库，库容大小介于 0.1 亿立方米和 1 亿立方米的为中型水库，库容介于 0.01 亿立方米和 0.1 亿立方米的为小（1）型水库，库容介于 0.001 亿立方米和 0.01 亿立方米的为小（2）型水库。我国水库分类标准如表 1-1 所示。

表 1-1　我国水库分类标准

单位：亿立方米

水库分类	大型水库		中型水库	小型水库	
	大（1）型	大（2）型	中型	小（1）型	小（2）型
库容大小	≥10	10~1.0	1.0~0.1	0.10~0.01	0.01~0.001

和工程上的定义不同，本书所指的水库是根据我国《大中型水利水电工程征地补偿和移民安置条例》（以下简称《移民安置条例》）政策规定的包含水库建设的水利水电枢纽工程，既包括蓄水区，也包括大坝工程建设区，以及水库影响区。

（三）水库移民

移民是人口在不同地区或者同一地区不同地点之间的迁移。

移民作为名词，是指人或者人的集合（人群），即迁移人口的集合；作为动词，是指人口的迁移活动。

《水利水电工程移民术语》（SL967—2014）中指出：水库移民是在水库淹没影响区或工程建设区居住或生产，因水库建设用地的需要，必须离开原居住地迁移到新居住地定居谋生的人口和需要进行生产安置的农业人口。根据这一术语定义可知，水库移民是出于建设水库的需要，迁出地的区域范围为水库淹没及影响区和工程建设区，影响群体是一个具有一定特征即需要异地安置（生活和生产安置）的一类群体，同时活动过程带有强制性即受影响群体是非自愿的。

水库移民是一个复杂的社会、经济重组过程，不仅是土地生产资料的开发用途的改变，而且，搬迁和生产安置也是区域社会重新构建和生产重新组织、建设和恢复发展的过程。这个过程中，既涉及财产损失和补偿，又涉及生产资料（主要是土地）的重新分配，同时又关系到社区重建。经济活动和社会活动交织在一起，使得水库移民活动变得非常复杂。

本书所指的水库移民既是指水库移民群体现象，也指水库移民活动过程。主要是研究水库移民政策过程中发生的一切活动及其结果，并不仅仅指概念化的群体或个体。

（四）水库移民政策

政策一般是指公共政策，是公共权力机关经由政治过程所选择和制定的为解决公共问题、达成公共目标、以实现公共利益的方案。其作用是规范和指导有关机构、团体或个人的行动，其表达形式包括法律法规、行政规定或命令、政府规划等。公共政策作为对社会利益的权威性分配，集中反映了社会利益，从而决定了公共政策必须反映大多数人的利益才能使其具有合法性。因而，许多学者都将公共政策的目标导向定位于公共利益的实现，认为公共利益是公共政策的价值取向和逻辑起点，是公共政策的本质与归属、出发点和最终目的。而就政策过程而言，也有学者认为公共政策就是政府选择要做的或者不要做的事情。[①] 公共政

---

① 托马斯·R. 戴伊：《理解公共政策》，谢明译，中国人民大学出版社，2011。

策具有分配社会资源、规范社会行为、解决社会问题、促进社会发展的基本功能。

公共政策和有关国家的政治制度、社会制度、经济体制紧密相关，是一个国家的政治价值、社会价值、经济价值的均衡体现。因此，就我国国情来看，我国公共政策应该包括中国共产党的政治制度、全国人民代表大会决策和政府行政决策三个方面。中国共产党的政治制度包括执政理念、政治原则和方向、重大决策等；全国人民代表大会决策包括国家法律法规和地方性法规；政府行政决策包括政府规范性文件、依法颁布的规划、重大决策的实施方案（办法）等。因此，我国公共政策是一个以法律法规和党的政策为核心的多层级、相互协调一致的政策体系。

水库移民政策是为了解决水利水电工程移民问题，由国家颁布的一系列法律法规以及地方法规和政府决策的政策体系，是为了做好大中型水利水电工程建设征地补偿和移民安置工作，维护移民合法权益，保障工程建设的顺利进行。

1991 年国家根据《中华人民共和国土地管理法》和《中华人民共和国水法》，颁布了《大中型水利水电工程征地建设补偿和移民安置条例》（国务院令第 74 号），对我国水库移民做出单独的政策安排，规定"国家实行开发性移民方针，采取前期补偿、补助与后期扶持相结合的办法，使移民生活达到或者超过原有水平"。该条例经历了 2006 年修订和 2017 年修改。作为条例的补充，国务院于 2006 年发布了《国务院关于完善大中型水库移民后期扶持政策的意见》（国发〔2006〕17 号）。

根据水库移民活动的过程及行政管理需求，国家水库移民政策包括征地补偿和移民安置、后期扶持两个政策体系。因此，本书的水库移民政策主要是指国家水库征地补偿和移民安置政策以及水库移民后期扶持政策。

（五）政策创新

政策创新的含义比较宽泛，从政策解决实践问题来看，政策创新是指政策改进、完善、颁布新政策，政策移植，政策执行体制改进等，是由国家权力机关和政府来完成的。水库移民中的政策创新是指在水库移民过程中，为了使水库移民工作更加顺利，使移民的生产生活条件能够得到更好的改善，对现有政策中的不合理部分加以改进或者提出新的移民政策。因此，从研究的角度，本书水库移民政策创新主要指在城乡发展一体化背景下，针对我国水库移民中长期得不到有效解决的现实问题，从征地补偿、就业、社会保障、后期扶持、社会治理等几个方面提出政策需求和供给，以发展的观点提出能够与我国社会经济发展规律相适应的具有前瞻性的水库移民政策改革框架和政策性建议。

四 研究目标

从水库移民实践和研究发展趋势看，制约水库移民安置的主要原因来自两个方面：一是补偿标准及其定价准则，现行补偿标准是政府主导的"固定单价法"，无法反映区域经济发展水平和土地的价值，也和市场经济客观要求不一致，这是引起争议和冲突的主要原因；二是农村人地矛盾的制约，人多地少的客观环境使水库淹没后，失去耕（园、牧草）地的农（牧）民很难再获得同样质量和数量的土地，以至于失去土地的移民很难得到妥善安置。

城乡一体化的推动和深化，势必带来城乡发展水平和结构变化，势必带来一系列制度改革，既给水库移民带来有利条件，也会使水库移民工作面临更加复杂、多变的环境。征地制度的改革能否解决"补偿标准"问题，城乡协调发展能否解决移民就业问题，公共资源均衡配置能否解决移民生活保障问题，水库移民政策必须进行哪些与之相适应的改革，是本书研究的目的，也是出发点。

鉴于以上观点，本书研究的目标是：从推进城乡发展一体化大背景出发，结合典型地区和典型工程调研，分析水库移民问题症结所在；通过土地制度、保障制度以及城乡统筹发展规划等变革对水库移民活动的影响，分析我国水库移民安置方式的变革趋势；结合城乡要素平等交换、公共资源均衡配置和城乡互动关系变化，分析我国农村的经济结构、社会结构、生产方式、社会关系、文化认同、生活方式的变革趋势，以及这些变革给水库移民带来的机遇和阻力；在城乡新型关系以及相互交融的情况下，移民对土地、就业、财产的认知和需求发生变化,分析这些变化对现行政策的影响,从底层角度分析政策需求;根据社会经济发展趋势,以及城乡一体化发展下政策环境的变革,提出与我国社会经济发展规律相适应的水库移民政策创新框架以及实施步骤、措施,以突破水库移民问题长期得不到有效解决的"政策瓶颈",为水库移民政策调整提供依据。

五 主要研究内容

本书以"推进城乡发展一体化"为背景,以水库移民政策以及政策创新为主题,围绕国家水库移民政策的调整和完善所需要的改革方向、方针、原则、内容以及政策调整程序等方面进行了系统性研究。主要研究内容如下。

(一) 水库移民政策演变及评析

通过回顾水库移民政策出台背景、目标、方针、原则、主要内容以及演变过程,针对水库移民出现的问题以及问题演变、深化过程,分析我国水库移民政策演变特征、动力以及现行政策的缺陷,揭示旨在解决水库移民问题的政策为什么在实践中会出现偏差,是政策自身质量问题,还是政策环境变化问题,或者是政策执行问题。

(二) 典型地区调查研究

我国自改革开放以来,一系列政策创新是"摸着石头过河"探索出来的。一般是先找一个合适的地区进行试验,然后总结推广。从总体看,水库移民政策变迁频率和变迁程度不是很大,但从局部看,水库移民政策实践创新处于不断探索中,尤其是西部地区水电开发任务重大的云南、四川和贵州,一直在尝试着从安置方式、补充方式、保障政策等方面进行改革,试图解决水库移民问题。因此,本书拟选取贵州和河南两省,以两省水利水电工程为例,通过调查和总结水库移民实践,进一步揭示:水库移民政策的属性是什么,是公共政策或者是经济政策或是社会政策;从政策实施的底层角度,如何看待实践中出现的问题;影响水库移民长期稳定安置的因素到底是哪些,哪些是水库移民活动自身因素,必须从系统内部改革,哪些是政策环境从属因素,随着政策环境改革可以消除。

（三）城乡发展一体化对水库移民活动影响分析

十八大提出了推动城乡发展一体化的措施和途径，一些影响城乡协调发展的制度和政策，必然面临改革。本书从考察土地制度和公共资源配置制度的变革、农村生产方式变革、城乡相互促进、农村社会变革的角度，分析对水库移民活动的影响，阐述新形势下水库移民活动的特征、性质、要素流动等变化，探讨在此背景下，制约水库移民的主要原因能否消除或者能否逐步解除；分析政策环境变化下，哪些因素有利于水库移民，哪些因素依然制约水库移民；分析城乡一体化发展过程中，水库移民活动利益主体演变及其特征、利益关系和利益诉求的变化，以及现行政策实施中对这些变化的反映及其现象；水库移民安置环境条件变化，包括政策环境条件、经济环境条件和社会环境条件的变化，及这些变化对相关主体行动的影响；从水库移民活动内部客观要求，探寻水库移民政策改革的因素和方向，重新调整政策目标、原则、方针。

（四）水库移民政策创新框架及其实施步骤和措施

水库移民政策创新作为政策完善的结果实施于社会，必须由中央政府通过合法程序颁布。因此，本书的最终成果不是提出一个创新政策，而是为实现水库移民安置，达到水库移民长治久安的目标，提出水库移民政策改革的方向和创新框架，以及实现的步骤和措施，为水库移民政策调整提供参考。

六 研究重点和难点

（一）研究重点

水库移民政策与农村土地制度（使用制度和征地制度）变迁的协同性，以及对移民行为影响；城乡发展一体化下，制度、要素交换、公共资源配置等变革方向的把握，及其对水库移民安置的影响；利益主体多元化，关系复杂化，诉求多样化，如何体现在政策中；能否实现由"政府主导"移民活动，转向"市场主导，政府协调"移民活动，并提出实现这一转变的政策框架、步骤和措施。

（二）研究难点

首先，水库移民十分复杂，移民政策是国家从政治、经济和社会多方面综合均衡的结果，而这些要素仅仅通过一个局部地区的观察是难以概全的，如何运用区域研究和系统分析，达到对水库移民问题的全面认识有一定难度；其次，在市场经济下推进城乡发展一体化，对农村社会经济将是一个全面的、深远的影响，如何处理城乡一体化下社会、经济变革背景也是一个难题，必须在研究中逐步细化和明确。

七　研究思路、方法和技术路线

（一）研究思路

本书的总体思路是：文献分析—典型地区的实证研究—理论探讨。首先，通过文献研究来梳理我国水库移民政策的演变历程，从政策初始安排及变迁的背景，分析政策目的、原则、方针和具体内容；以发展的视角分析水库移民政策实施中的问题。其次，针对"水库移民政策存在地区性改革实践"和"对水库移民政策实践探索缺乏系统调查总结"的状况，本书拟选取贵州、河南等省作为典型地区，选择不同的水利、水电工程进行实地调研，力图通过典型地区和个案的实证研究揭示水库移民安置现状及存在问题，并深入分析水库移民政策实施的外部环境、实践创新的内在动因、政策实施的条件等问题，并剖析政策实施过程中遭遇困境的根源；再次，通过对各级政府官员、水库移民实施管理者、项目业主、水库移民、安置地居民等不同群体调查，分析政策实施在不同利益主体的反响，剖析他们的行为，从利益相关者视角看待出现的问题及其原因；最后，通过典型调查与全国各地区水库移民实践对比分析，在城乡发展一体化背景下，探讨水库移民政策改革的必要性和改革方向，提出政策调整基本框架、步骤和措施。技术路线如图 1 - 1 所示，研究框架如图 1 - 2 所示。

（二）研究方法

文献研究法。通过收集文献和相关政策资料，进一步认识水库移民问题，完善研究思路，对水库移民政策演变历程进行回顾、分

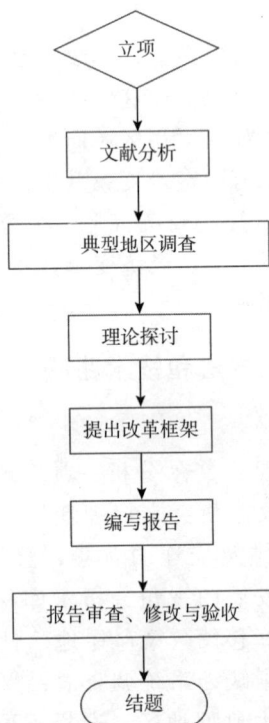

图 1 - 1　城乡一体化背景下水库移民政策创新研究技术路线

析和评价，并对不同历史阶段政策与外部环境进行对比分析，探究水库移民问题的深层次原因，归纳水库移民问题演变的趋势。

定量研究方法。通过设计、发放调查问卷来完成数据采集和分析，对水库移民政策效果进行评估。运用 SPSS 统计软件来分析影响水库移民安置活动的诸多因素以及不同层次对政策的认知，在此基础上分析水库移民机制创新与政策调整的适用条件及政策环境要求。

质性研究方法。通过实地调查、访谈和观察，了解水库移民问题症结所在；从现有理论入手，运用理论解释水库移民问题，归纳推理水库移民政策安排和调整的一般性规律，弥补问卷调查及统计分析过程中存在的缺陷，从而系统提出水库移民政策创新的框架和政策改进建议。

城乡一体化背景下水库移民政策创新研究

政策目的

政策内容

水库移民政策演变历程

政策原则

政策方针

发展视角分析水库移民政策实施中的问题

贵州、河南实地调查研究

水库移民安置现状及问题

政策实施外部环境

实践创新内在动因

政策实施条件

剖析政策实施遭遇困境根源

界定各利益相关主体

不同利益主体对政策实施反响

不同利益主体行为

利益相关者视角分析问题及原因

典型地区与全国各地水库移民事件对比分析

探讨城乡一体化背景下水库移民政策改革必要性和改革方向

提出水库移民政策基本框架、步骤和措施

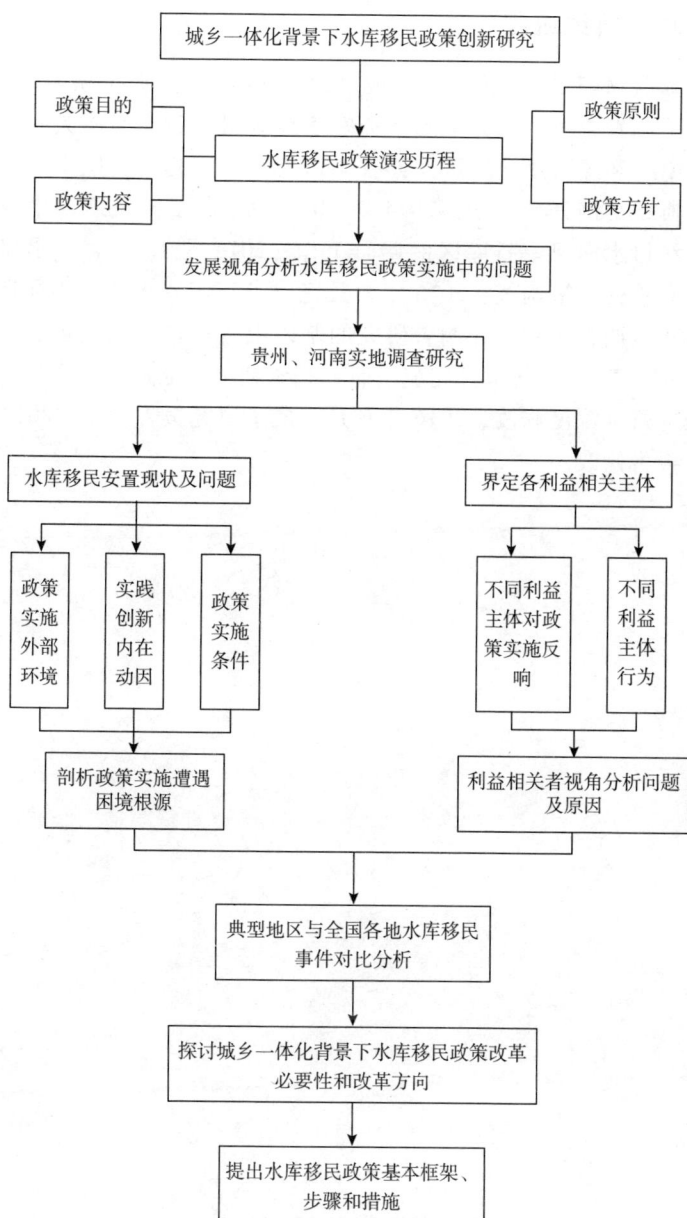

图 1 - 2 城乡一体化背景下水库移民政策创新研究思路

八 研究进程

本课题于 2013 年 5 月立项。2013 年 6 月完善了研究方案，制定了调查方案。选择了经济不发达地区贵州省、经济欠发达地区河南省和经济发达地区江苏省，以及水利工程、水电工程移民作为典型案例开展调研。2014 年 10 月，完成了南水北调中线工程丹江口水库河南省库区的调研工作；2014 年 12 月完成了贵州省水库移民政策调查；2015 年 6 月完成了江苏省水利工程征迁安置的政策调查研究。在调查研究的基础上，通过内业整理、分析和研究，于 2015 年 7 月完成了研究报告初稿，通过专家咨询，对报告进行了深度修改，2016 年 6 月完成了研究报告初稿，2017 年完成报告修改。

第二章
水库移民政策创新理论分析框架构建

一　城乡一体化下城乡交融的机制

（一）城乡一体化推进进程及政策框架

我国的城乡差异是计划经济发展的结果，究其原因可以归结为以下几个主要方面。一是发展战略因素。新中国成立以来，在计划经济时期，以牺牲农业保障工业，工农剪刀差的发展战略导致农村经济发展缓慢，城乡经济发展极不平衡。二是制度因素。社会主义公有制下的二元土地制度和二元户籍制度，割裂了城乡土地资源和劳动力资源市场，阻断了城乡社会交融，固化了城乡关系，导致城乡资源要素交换的极不平等和市场发展的极不平衡。三是体制因素。在改革开放过程中，逐步形成的城乡迥异的经济体制和社会保障体制，造成了城乡居民发展机遇不平等和社会保障待遇不平等，导致城乡公共设施、医疗、教育、文化以及技术的不平衡。

改革开放，尤其是社会主义市场经济的建立，促进了社会经济快速发展，尽管城乡发展水平都有了很大提高，但城乡差距的加大也进一步呈现，伴生的社会、经济问题也开始凸显。进入21世纪，针对城乡分割和农业养育工业所导致的"三农"问题越来越严重的状况，国家提出了扭转不利于"三农"问题解决的政策取向，战略上实施统筹城乡经济社会发展，核心解决收益分配不平等和城乡分治问题，目标上实现城乡一体化发展。在具体政策上，将农业养育工业调整为工业反哺农业。在具体路径上，持续、递升地推出建设社会主义新农村、美丽乡村、乡村振兴等一系列战略规划，实现城镇和工业带动农村，促进农村快速发展。政策上的战略调整，促进了粮食多年连续增产，农村产业结构不断优化，农村居民收入增幅低于城镇居民增幅的差距逐渐缩小，并于2010年有所超越，农村基础设施和生产、生活环境得到了显著改善，农村社会事业快速发展，社会保障体系逐步构建和完善，以非农就业和城市定居为特征的新型城镇化稳步推进，城乡劳动力统一市场逐步建立，实现劳动力市场化配置，户籍制度和土地制度不断深化改革，新型农民培育和成长步伐加快，农民生活逐步改善并向全面小康社会迈进。但城乡二元结构仍是制约城乡发展一体化的主要障碍，城乡在社会结构、经济体系、土地制度以及市场状况等方面还存在很大差异，城乡一体化发展目标的实现也到了攻坚克难的关键阶段。

2012年11月，十八大深刻认识到过去工作存在许多不足，前进的道路出现一些困难和问题，主要是：发展不平衡、不协调、不可持续问题依然突出；农业基础依然薄弱，资源环境约束加剧；城乡区域发展差距和居民收入分配差距依然较大；社会矛盾明显增多，教育、就业、社会保障、医疗、住房、生态环境、食品药品安全、安全生产、社会治安、执法司法等关系群众切身利益的问题较多。为解决这些问题，克服前进中的困难，十八大决策把解决好农业、农村、农民问题作为全党工作的重中之重，提出城乡发展一体化是解决"三农"问题的根本途径。提出要加大统筹城乡发展力度，增强农村发展活力，逐步缩小城乡差距，促进城乡共同繁荣；坚持工业反哺农业、城市支持农村和多予、少取、放活方针，加大强农、惠农、富农政策力度，让广大农民平等参与现代化进程、共同分享现代化成果；坚持把国家基础设施建设和社会事业发展重点放在农村，深入推进新农村建设和扶贫开发，全面改善农村生产生活条件；着力促进农民增收，保持农民收入持续较快增长；坚持和完善农村基本经营制度，依法维护农民土地承包经营权、宅基地使用权、集体收益分配权，壮大集体经济实力，发展农民专业合作和股份合作，培育新型经营主体，发展多种形式规模经营，构建集约化、专业化、组织化、社会化相结合的新型农业经营体系；改革征地制度，提高农民在土地增值收益中的分配比例；加快完善城乡发展一体化体制机制，着力在城乡规划、基础设施、公共服务等方面推进一体化，促进城乡要素平等交换和公共资源均衡配置，形成以工促农、以城带乡、工农互惠、城乡一体的新型工农、城乡关系的发展战略。并提出了具体措施：稳定农村土地承包关系并保持长久不变，在坚持和完善最严格的耕地保护制度的前提下，赋予农民对承包地占有、使用、收益、流转及承包经营权抵押、担保权能，允许农民以承包经营权入股的形式发展农业产业化经营；鼓励农村发展合作经济，扶持发展规模化、专业化、现代化经营，允许财政项目资金直接投向符合条件的合作社，允许财政补助形成的资产转交合作社持有和管护，允许合作社开展信用合作；鼓励和引导工商资本到农村发展适合企业化经营的现代种养业，向农业输入现代生产要素和经营模式；赋予农民更多财产权利。保障农民集体经济组织成员权利，积极发展农民股份合作，赋予农民对集体资产股份占有、收益、有偿退出及抵押、担保、继承权。保障农户宅基地用益物权，改革完善农村宅基地制度，选择若干试点，慎重稳妥推进农民住房财产权抵押、担保、转让，探索农民增加财产性收入渠道。建立农村产权流转交易市场，推动农村产权流转交易公开、公正、规范运行；推进城乡要素平等交换和公共资源均衡配置；维护农民生产要素权益，保障农民工同工同酬，保障农民公平分享土地增值收益，保障金融机构农村存款主要用于农业农村；统筹城乡基础设施建设和社区建设，推进城乡基本公共服务均等化；推进农业转移人口市民化，逐步把符合条件的农业转移人口转为城镇居民；创新人口管理，加快户籍制度改革，全面放开建制镇和小城市落户限制，有序放开中等城市落户限制，合理确定大城市落户条件，严格控制特大城市人口规模；稳步推进城镇基本公共服务常住人口全覆盖，把进城落户农民完全纳入城镇住房和社会保障体系，在农村参加的养老保险和医疗保险规范接入城镇社保体系。

2013 年 11 月，党的十八届三中全会以破解城乡二元结构、解决"三农问题"为着力点，继续推进农村改革，通过全局统筹、城乡互动来推动经济均衡发展，构建新型工农城乡关系。从政策和措施上要求：一是必须健全体制机制，形成以工促农、以城带乡、工农互惠、城乡一体的新型工业城乡关系，让广大农民平等参与现代化进程、共同分享现代化成果；二是要加快构建新型农业经营体系，赋予农民更多财产权利，推进城乡要素平等交换和公共资源均衡配置，完善城镇化健康发展体制；三是要建立公平、开放、透明的市场规则，完善主要由市场决定价格的机制，建立城乡统一的建设用地市场；四是要深化教育领域综合改革，健全促进就业、创业体制机制，形成合理有序的收入分配格局，建立更加公平可持续的社会保障制度，深化医药卫生体制改革。

2014年7月，国务院印发《关于进一步推进户籍制度改革的意见》，提出了：①进一步调整户口迁移政策，全面放开建制镇和小城市落户限制，有序放开中等城市落户限制，合理确定大城市落户条件，严格控制特大城市人口规模；②创新人口管理，建立城乡统一的户口登记制度，建立居住证制度，健全人口信息管理制度；③切实保障农业转移人口及其他常住人口合法权益；④完善农村产权制度，扩大义务教育、就业服务、基本养老、基本医疗卫生、住房保障等城镇基本公共服务覆盖面，加强基本公共服务财力保障等一系列户籍改革及相关政策和措施。

2015年11月，中共中央办公厅、国务院办公厅又印发了《深化农村改革综合性实施方案》，对农村改革提出更具体的目标：到2020年，农村各类所有制经济尤其是农村集体资产所有权、农户土地承包经营权和农民财产权的保护制度更加完善，新型农业经营体系、农业支持保护体系、农业社会化服务体系、农业科技创新体系、适合农业农村特点的农村金融体系更加健全，城乡经济社会发展一体化体制机制基本建立，农村社会治理体系和农村基层组织制度更加完善，农民民主权利得到更好保障，农业农村法律法规进一步完善并加强，农村基层法治水平进一步提高，农业现代化水平和农民生活水平进一步提升，农村经济社会发展更具活力。要深刻认识到，以土地集体所有为基础的农村集体所有制，是社会主义公有制的重要形式，是实现农民共同富裕

的制度保障。提出改革方向：目前在土地集体所有基础上建立的
农村集体经济组织制度，与村民自治组织制度相交织，构成了我
国农村治理的基本框架，为中国特色农业农村现代化提供了基本
的制度支撑。要以保护农民集体经济组织成员权利为核心，以明
晰农村集体产权归属、赋予农民更多财产权利为重点，探索社会
主义市场经济条件下农村集体所有制经济的有效组织形式和经营
方式，确保集体经济发展成果惠及本集体所有成员，进一步发挥
集体经济优越性，进一步调动集体经济组织成员积极性。由此给
出了深化农村综合改革的具体方案和措施。

　　第一是深化农村土地制度改革。坚守土地公有性质不改变、
耕地红线不突破、农民利益不受损"三条底线"，防止犯颠覆性
错误。落实集体所有权，稳定农户承包权，放活土地经营权。落
实集体所有权，就是落实"农民集体所有的不动产和动产，属于
本集体成员集体所有"的法律规定，明确界定农民的集体成员
权，明晰集体土地产权归属，实现集体产权主体清晰。稳定农户
承包权，就是要依法公正地将集体土地的承包经营权落实到本集
体组织的每个农户。放活土地经营权，就是允许承包农户将土地
经营权依法自愿配置给有经营意愿和经营能力的主体，发展多种
形式的适度规模经营。具体措施有以下几点。一是开展农村土地
征收、集体经营性建设用地入市、宅基地制度改革试点，及时总
结经验，不断完善，形成可复制、可推广的改革成果。农村土地
征收制度改革的基本思路是：缩小土地征收范围，规范土地征收
程序，完善对被征地农民合理、规范、多元保障机制，建立兼顾
国家、集体、个人的土地增值收益分配机制，合理提高个人收
益。集体经营性建设用地制度改革的基本思路是：允许土地利用
总体规划和城乡规划确定为工矿仓储、商服等经营性用途的存量
农村集体建设用地，与国有建设用地享有同等权利，在符合规
划、用途管制和依法取得的前提下，可以出让、租赁、入股，完
善入市交易规则、服务监管制度和土地增值收益的合理分配机
制。宅基地制度改革的基本思路是：在保障农户依法取得宅基地
用益物权的基础上，改革完善农村宅基地制度，探索农民住房保
障新机制，对农民住房财产权做出明确界定，探索宅基地有偿使

用制度和自愿有偿退出机制，探索农民住房财产权抵押、担保、转让的有效途径。二是深化农村土地承包经营制度改革。抓紧修改有关法律，落实中央关于稳定农村土地承包关系并保持长久不变的重大决策，适时就二轮承包期满后耕地延包办法、新的承包期限等内容提出具体方案。在基本完成农村集体土地所有权确权登记颁证的基础上，按照不动产统一登记原则，加快推进宅基地和集体建设用地使用权确权登记颁证工作。明确和提升农村土地承包经营权确权登记颁证的法律效力，扩大整省推进试点范围，总体上要确地到户，从严掌握确权、确股、不确地的范围。出台农村承包土地经营权抵押、担保试点指导意见。在有条件的地方开展农民土地承包经营权有偿退出试点。制定出台完善草原承包经营制度的文件，规范草原承包行为和管理方式，充分调动广大牧民保护和建设草原的积极性。引导农村集体所有的荒山、荒沟、荒丘、荒滩使用权有序流转。三是健全耕地保护和补偿制度。严格实施土地利用总体规划，加强耕地保护，全面开展永久基本农田划定工作，实行特殊保护。完善土地复垦制度，盘活土地存量，建立土地复垦激励约束机制，落实生产建设毁损耕地的复垦责任。加大中低产田改造力度，以增加高产稳产基本农田、改善农业生产条件和生态环境为目标，完善农村土地整治办法。依法加强耕地占补平衡规范管理，强化耕地占补平衡的法定责任，完善占补平衡补充耕地质量评价体系，确保补充耕地数量到位、质量到位。完善耕地和基本农田保护补偿机制。采取更有力的措施，加强对耕地占补平衡的监管，坚决防止占多补少、占优补劣、占水田补旱田现象，杜绝违规占用林地、湿地补充耕地。进一步落实耕地保护政府领导干部离任审计制度。按照有关法律法规，完善和拓展城乡建设用地增减挂钩、"地票"等试点，推动利用城乡建设用地增减挂钩政策支持易地扶贫搬迁。

第二是分类推进农村集体资产确权到户和股份合作制改革。在确认农村集体经济组织成员身份、全面核实农村集体资产的基础上，对土地等资源性资产进行确认，重点是抓紧、抓实土地承包经营权确权登记颁证工作；对非经营性资产，重点是探索有利于提高公共服务能力的集体统一运营管理有效机制；对经营性资产，重点是将资产折股量化到本集体经济组织成员，赋予农民对集体资产更多权能，发展多种形式的股份合作。健全农村集体"三资"管理监督和收益分配制度。明确集体经济组织市场主体地位。建立符合实际需求的农村产权流转交易市场，保障农村产权依法、自愿、公开、公正、有序交易。现阶段农村集体产权制度改革严格限定在本集体经济组织内部进行，切实防止集体经济组织内部少数人侵占、支配集体资产，防止外部资本侵吞、控制集体资产。

第三是完善城乡发展一体化的规划体制。加快规划体制改革，构建适应我国城乡统筹发展的规划编制体系，完善各类规划编制、审批和实施监管制度，健全县市域空间规划衔接协调机制。尽快修订、完善县域乡村建设规划和镇、乡、村庄规划，在乡镇土地利用总体规划的控制下，探索编制村土地利用规划，提高规划的科学性和前瞻性，强化规划的约束力和引领作用。

第四是完善农村基础设施建设投入和建管机制。进一步加大公共财政对农村基础设施建设的投入力度。加快基础设施向农村延伸，探索建立城乡基础设施和公共服务设施互联互通、共建共享的机制。创新农村基础设施和公共服务设施决策、投入、建设和运行管护机制，建立自下而上的民主决策机制，通过村民自选、自建、自管、自用等方式，更好地发挥农民的主体作用。积极引导社会资本参与农村公益性基础设施建设、管护和运营。

第五是推进形成城乡基本公共服务均等化的体制机制。完善县域城乡义务教育资源均衡配置的机制。建立城乡统筹的公共文化服务体系建设协调机制。建立覆盖城乡的基本医疗卫生制度，整合城乡居民基本医疗保险制度。健全全国统一的城乡居民基本养老保险制度，完善待遇确定和正常调整机制。推进最低生活保障制度城乡统筹发展。加强农村留守儿童、妇女、老人关爱服务体系建设。规范基本公共服务标准体系，促进城乡区域标准水平统一衔接可持续，完善综合监测评估制度。鼓励地方开展统筹城乡的基本公共服务制度改革试点。

第六是加快推进户籍制度改革。充分考虑各类城镇的经济社会发展水平、综合承载能力和提供基本公共服务能力，细化完善和实施差别化落户政策，促进有能力在城镇稳定就业和生活的常住人口有序实现市民化。加快建立和实施居住证制度，以居住证为载体，逐步实现基本公共服务对常住人口的全覆盖。构建政府、企业、个人共同参与的农业转移人口市民化成本分担机制，明确各级政府承担的相应支出责任，增强吸纳农业转移人口较多地区政府公共服务保障能力。切实维护进城落户农民的土地承包权、宅基地使用权、集体收益分配权。

第七是完善城乡劳动者平等就业制度。进一步清理针对农民工就业的歧视性规定，保障城乡劳动者平等就业的权利。加强覆盖城乡的公共就业、创业服务体系建设。完善就业、失业登记管理制度。落实鼓励农村劳动力创业政策。落实农民工与城镇职工同工同酬原则，解决好农民工工资拖欠问题。扩大农民工参加城镇社会保障覆盖面，把进城落户的农业转移人口完全纳入城镇社会保障体系。完善社会保障关系转移接续政策。

从以上我国城乡一体化推进进程和政策框架中，可以总结出我国城乡一体化的发展主要方向在以下方面：①建立二元土地制度下统一的建设用地市场，实现土地资源城乡的平等交换；②实行土地征收制度改革，缩小征地范围，提高征地补偿标准，实现失地农民多元保障；③实行城乡统一的户籍管理，促进城乡人口流动，促进城乡交融；④实行城乡统一的就业市场和服务平台，促进农村劳动力非农就业和平等待遇；⑤加强城乡基础设施一体化建设，改善农村基础设施，缩小城乡差异，为农村社会经济发展提供基础保障；⑥加强城乡社会保障一体化建设，提供农村社会保障水平，提供农村生活质量；⑦促进人口与就业城镇化、市民化，促进新型城镇化发展；⑧统筹城乡发展规划以及实施，以规划引领城乡一体化发展。这八个方向的改革、建设和发展，将深刻地、不断地影响水库移民工作以及政策制定和实施。

（二）城乡一体化发展状况

城乡一体化是我国社会经济现阶段的发展路径，也是未来社会经济协调发展的目标。就目前发展水平和成效来看，全国总体上已进入了"以工促农、以城带乡"的发展阶段，进入了加快改造传统农业、破除城乡二元结构、形成城乡经济社会发展一体化新格局的重要时期。但由于中国地域广阔，区域资源、生态环境、社会和经济发展水平差异巨大，城乡一体化发展水平也差异较大。主要体现在以下几个方面。

农村土地制度改革正在逐步打通城乡土地市场。一是利用农村土地确权、城乡建设用地增减挂钩政策，在现行行政体制框架下优化土地资源配置，改善城乡收入分配。如成都农村土地城乡一体化改革，制定了产权确认、登记、流转和分配一系列政策，设立了"农村产权交易所"，贡献了城乡土地市场一体化的成都样板。在产权确认上，成都市是全国率先完成农村集体土地确权登记颁证工作的城市，全市农村集体土地确权登记发证共计251.28万本，其中集体土地所有权 3.66 万本、集体建设用地（含宅基地）使用权 179.5 万本、集体农用地使用权 68.12 万本。在产权赋能上，成都市政府金融办牵头，市国土局、市农委、市房管局参与，共同制订和印发了《成都市农村产权抵押融资总体方案》《成都市集体建设用地使用权抵押融资管理办法（试行）》等文件，为农地抵押融资提供政策依据，实现了集体产权的担保、抵押融资，还原了集体产权的权能，为推进集体产权的流转提供了条件。在产权流转上，成都市在全面完成农村土地确权发证工作的基础上，积极推进产权流转。据统计，截至 2013 年底，全市参照国有建设用地使用权公开招标拍卖挂牌出让方式，通过成都农村产权交易所及其分所流转集体建设用地 79 宗 1958.83 亩，金额达 6.8 亿元。在收益分配上，成都市明确规定，集体建设用地使用权初次流转收益大部分归集体经济组织所有，在流转价款之外，由集体建设用地使用权受让人按规定标准向县级政府缴纳公共基础设施和公用事业配套费及耕地保护金（为了有利于在改革之初建立起收益分配制度，成都市确定了较低的政府分配比例，政府收取 12%）。[①] 二是建设农村土地交易所，探索土地资源市场配置市场化机制。如重庆市于 2008 年 12 月经重庆市政

---

① 王秀莲：《农村土地改革的成都实践》，http：// www. cnepaper. com/zgtd/html/201503/15/content_ 40_ 1. htm。

府批准挂牌成立了"重庆农村土地交易所"。2009 年 1 月，国务院发布《关于推进重庆市统筹城乡改革和发展的若干意见》（国发〔2009〕3 号），明确"设立重庆农村土地交易所，开展土地实物交易和指标交易试验（地票交易），逐步建立城乡统一的建设用地市场，通过统一有形的土地市场、以公开规范的方式转让土地使用权，率先探索完善配套政策法规。规范组织地票交易和其他农村产权流转交易活动"。主要职责是：探索建立产权交易制度、提供农村产权交易场所、提供农村产权交易信息和咨询服务。截至 2016 年 5 月上旬，整个重庆市累计交易地票 17.7 万亩，金额达 353.4 亿元，亩均成交价为 19.96 万元。地票交易价格逐年上升，2008 年为 4 万元/亩、2010 年为 13.6 万元/亩、2011 年为 17.8 万元/亩、2015 年为 20 万元/亩左右的水平。累计有 400 多万农民转户进城，其中相当一部分自愿退出宅基地，享受到地票带来的好处，农民每户获得 10 万元左右的地票收益。土地市场的发展，促进了城乡土地的交换，提高了农村土地价值和价格，提高了农村的财产和收益。[1]

户籍制度改革促进了城镇化，打通了城乡劳动力市场，促进了农村经济发展，增加了农民的收入来源，提高了农民的收入水平。目前全国 31 个省区市已全部出台地方版户改方案，多地放宽户口迁移条件，建立居住证制度成为"标配"。2016 年 1 月 1 日，《居住证暂行条例》正式施行，国家发改委表示，将全面实施居住证制度。"以居住证为载体，建立健全与居住年限等条件相挂钩的基本公共服务提供机制。"以连续居住年限和参加社会保险年限等为条件，居住证持有人还能逐步享有与当地户籍人口同等的中等职业教育资助、就业扶持、住房保障、养老服务、社会福利、社会救助等权利。据国家发改委发布的最新数据，2016 年，我国常住人口城镇化率达到 57.35%，户籍人口城镇化率达到 41.2%。[2] 作为城乡一体化发展改革试点的成都市进行了四次

---

[1] 《重庆地票争议中试点 9 年》，http://news.dichan.sina.com.cn/2016/07/11/1203611.html。

[2] http://cpc.people.com.cn/n1/2017/0725/c64387-29426155.html。

较大规模的户籍改革：2003 年取消城市入户指标限值，采用了条件准入制；2004 年取消了农业户口和非农业户口的划分，统一登记为居民户口；2008 年实行本市农民租住私人住房可入户城市；2010 年出台了"城乡统一户籍实现居民迁徙自由"的政策，用"统一户籍"代替"农业户口转为非农业户口"。重庆市于 2010 年 7 月启动户籍改革，到 2016 年 5 月，全市已有 436.6 万农民变成了市民。重庆市户籍人口城镇化率由改革前的 29.2% 上升到了 2016 年 5 月的 47.6%，常住人口城镇化率从 51.6% 上升到 60.9%。重庆市制定了"城乡统一的户口登记制度"、《户口迁移登记实施办法》、"人口信息管理制度"等制度，为农村居民转户进城设计了"八件衣服"，即针对农村承包地、宅基地、林地的"三件衣服"和城市就业、社保、住房、教育、医疗的"五件衣服"，形成了一套完整的政策体系，保障了农民的利益，确保转户居民与城镇居民享有同等待遇。①

初步构建了城乡一体公共就业服务平台。当前，全国各地从就业政策体系、就业服务平台、就业援助力度、职业技能培训、优化城乡就业环境等方面全方位地推进城乡一体化公共就业服务体系的建设。如江苏省苏州市按照"坚持同一政策、落实同一待遇、构建同一平台、提供同一服务"的总体要求，让城乡居民享有同样的就业机会。在 2009 年，苏州市农村劳动力的非农就业率已经达到 85%。2016 年，江苏省组织 143.59 万人参加企业职工岗位技能提升培训、66.45 万人参加城乡劳动者就业技能培训、26.9 万人参加创业培训，为 14.91 万名新生代农民工提供具有针对性的岗前、提升和转岗培训，新增转移农村劳动力 26.49 万人，累计转移 1901.59 万人，转移比重达 72.5%，帮助 5.77 万名建档立卡低收入农户劳动力实现稳定转移就业。②

加快乡村基础设施建设，缩小了城乡基础设施的差距。在公共设施、固定资产投资方面不断向农村倾斜，加快形成城乡

---

① http：//cq. people. com. cn/n2/2016/0628/c367697 - 28573814. html.
② 《2016 年度江苏省人力资源和社会保障事业发展统计公报》，http：//jsrlzyshbz. jiangsu. gov. cn/art/2017/9/12/art_ 51029_ 6179315. html。

一体化进程。如北京市统筹城乡基础设施发展规划，坚持问题导向，着重解决交通拥堵、环境污染等发展难题，推进基础设施建设与城市发展相协调，加强基础设施薄弱区域和薄弱环节建设，提高城乡一体化水平，实现城乡基础设施协调发展。不断加大对公共设施的投入，固定资产投向郊区的比例逐渐提高，城乡道路设施、饮水安全、清洁能源和环境卫生一体化建设加快。苏、锡、常各市便将为农村办实事列入每年政府的重点计划，以着力解决交通、水电气供应、环保基础设施为重点，统一布局，统一建设，力求形成"无缝对接"、城乡一体的基础设施网络。仅以无锡市为例，通过对市属农村公共班线实行彻底的公交化改造，城乡公交线路、票价、场站统筹对接，已初步构建了同城、同标准、同待遇的城乡公交一体化格局，并大幅度降低了农村公交票价水平；天然气管道也已基本覆盖全市所属的 33 个乡镇，所有乡镇开发区、居民集中区全部配套使用天然气；全面部署控源截污工作，全面梳理整治，控制全市所有污水源。

城乡社会保障一体化趋于均衡，城乡社会保障一体化，即在养老保险、农村合作医疗、福利养老金以及就业方面总体上趋于平衡。目前已基本形成了适合各地情况的城乡一体的养老、医疗保障体系，从根本上实现了农民老有所养的问题。经济发达的江苏省已实行城乡社会保障水平并轨，如企业职工养老保险、农村乡镇企业已全部纳入城保体系，失地农民全部纳入城乡统一的社会保障。2016 年，江苏省城乡居民基本养老保险参保人数1289.54 万人，比上年末减少 28.25 万人，领取基础养老金人数1045.79 万人，比上年末增加 21.23 万人。全省城乡居民基本养老保险基础养老金最低标准调整为每人每月 115 元，比上年增加10 元。被征地农民参加企业职工基本养老保险 304.14 万人，参加城乡居民基本养老保险 28 万人，享受被征地农民基本生活保障的有 259.41 万人；城乡居民基本医疗保险参保人数 2002.05 万人，比上年末增加 416.75 万人。城乡居民基本医疗保险财政补助标准调整为每人每年不低于 425 元，比上年增加 45 元。全省 430个街道、878 个乡镇，5058 个社区、15954 个村全部建立人力资源社会保障基层公共服务平台，配备专兼职工作人员 3.4 万人。[①]

城乡规划统筹力度逐步加强。全国各地以统筹城乡发展规划为引领，加大统筹发展措施，促进城乡一体化发展。如北京在城市总体规划和区县功能定位基础上，大力构建现代城镇体系，协调推进中心城区、新城和小城镇发展，实施城镇化与新农村建设"双轮驱动"。北京郊区总面积 1.53 万平方千米，占全市总面积的 93%，其中山区面积 1.04 万平方千米，占全市的 62%。由于山区规模太大，对传统农业的发展有极大限制，只有利用科技和创新优势、因地制宜地发展农业，农村才能进步、农业才有发展、农民才有出路。北京将郊区农村资源与市场需求结合起来，兴建现代农业产业园、农村工业园区，发展设施和特色农业，不断兴起集农业生产、旅游采摘、休闲观光等生态特色于一体的现代都市农业，加速农村经济发展方式的转变。据统计，2010 年北京市农业观光园就达 1303 个，经营总收入达到 17.79 亿元，且呈逐年上升的趋势。民俗旅游经营接待户少量增加，而总收入达到 7.3 亿元。设施农业播种面积逐年增大，经营收入达 40.7 亿元。2013 年城镇居民人均可支配收入超过 4 万元，农村居民人均纯收入超过 1.8 万元，分别增长 7.1% 左右和 7.5% 以上，农民收入增速高于城镇居民。从全国来看，北京城乡收入差距比全国最低。北京虽已连续 5 年农村收入增长速度高于城镇，但国家统计局北京调查总队住户调查数据显示：2016 年，北京市居民人均可支配收入 52530 元，同比增长 8.4%，比上年下降 0.5 个百分点，扣除价格因素，实际增长 6.9%。其中，城镇居民人均可支配收入 57275 元，同比增长 8.4%，扣除价格因素，实际增长 6.9%；农村居民人均可支配收入 22310 元，同比增长 8.5%，扣除价格因素，实际增长 7%。城乡收入实际增幅均比 2015 年下降 0.1 个百分点。从收入走势看，居民收入与经济增长基本同步，增速略高于 GDP 增速，农村居民增速继续高于城镇居民。在 21 世纪初，苏州就利用城市发展总体规划修编之机，彻底打破城乡地域分

---

① 《2016 年度江苏省人力资源和社会保障事业发展统计公报》，http：//jsrlzyshbz. jiangsu. gov. cn/art/2017/9/12/art_ 51029_ 6179315. html。

割，率先实现市域规划全覆盖，奠定了城乡一体化发展的基础。苏州坚持以新型工业化推动农村产业发展，以城市化提升农村建设新形态，以经济国际化塑造农村发展新理念，努力实现城乡之间公共资源优化配置、生产要素自由流动、空间形态合理布局。苏州采取一系列举措，力促城乡教育均衡发展，初步形成了与片区规划相适应的教育布局，建立了中小学校经费保障机制，促进了城乡教学设施和人均公用经费趋于均衡，实施了城乡学校骨干教师交流制度，促进了城乡师资力量趋于均衡。先进技术、医务人才向农村流动。推动城区大医院与乡镇医疗机构的挂钩合作，将农村急需的重点专业力量由城区向中心城镇延伸。

城乡一体化发展促进了乡村经济发展，促进了农民非农就业和收入不断提高。表 2 - 1 给出了全国 2013 年和 2016 年农村劳动力和农民收入状况，从中可以看出，农村居民收入不断提高，农民人均可支配收入由 2013 年的 9430 元，提高到 2016 年的 12363 元，工资性收入所占比例不断提高，城乡收入差距从 1:2.8 缩小到 1:2.7；农村劳动力非农就业不断提高。

表 2 - 1 2013 年、2016 年全国农民非农就业和收入情况

单位：元，万人

年　度		2013	2016
可支配收入	城镇居民可支配收入	26467	33616
	农村居民可支配收入	9430	12363
农村居民非农收入	农村居民工资性收入	3653	5022
农村就业	非农业就业	38737.0	39603.0
人口	城镇	73111	79298
	农村	62961	58973

资料来源：根据《全国统计年鉴》(2013/2016) 整理。

（三）城乡一体化、要素平等交换对征地拆迁的影响

推进城乡要素平等交换和公共资源均衡配置是健全城乡发展一体化体制机制，形成以工促农、以城带乡、工农互惠、城乡一体的新型工农城乡关系的基本要求。而征地和移民安置是一定空间和一段时期内，土地、劳动力、资本三个生产要素的再配置，

在城乡因素市场分割、不平等配置转向平等交换和均衡的格局下，三个要素的配置原则和方式必然发生转变，而这种转变通过城乡一体化和征地拆迁活动的关联，相互产生影响，尤其是要素配置转向市场对征地和移民安置的影响将是全面的、深远的，必然导致政策实施问题和政策调整的压力。城乡一体化发展下，农村要素配置的改革趋势呈现为以下几个方面。

第一，城乡一体化要实现维护农民生产要素权益，保障农民在劳动、土地、资金等要素交换上获得平等权益。基本要求是"三个保障"，即保障农民工同工同酬，保障农民公平分享土地增值收益，保障金融机构农村存款主要用于农业农村。现行体制机制下，农民生产要素权益没有得到有效维护。劳动要素方面，进城务工农民还没有实现同城镇职工的同工同酬。土地要素方面，城乡土地交换农民得到的补偿较少：据国务院发展研究中心调查，农民拿到的征地补偿款只占整个土地增值收益的 5% ~ 10%。资金要素方面，农村存款资金大量流向非农产业和城市，农民长期面临"贷款难"。推进城乡要素平等交换，必须维护农民生产要素权益；保障农民工同工同酬，就是要改革城乡不平等的就业和劳动报酬制度，使农民工享有同城镇职工同等的劳动报酬权益；保障农民公平分享土地增值收益，就是要允许集体经营性建设用地出让、租赁、入股，实行与国有土地同等入市、同权同价；改革征地制度，缩小征地范围，规范征地程序，建立兼顾国家、集体、个人的土地增值收益分配机制，提高农民在土地增值收益中的分配比例；保障金融机构农村存款主要用于农业农村，就是要完善农村金融服务渠道和体系，使金融机构从农村吸收的存款主要用于农业农村发展。

第二，健全农业支持保护体系，改革农业补贴制度，完善粮食主产区利益补偿机制。这也是推进城乡要素平等交换和公共资源均衡配置的重要方面。"民以食为天"，农业是安天下、稳民生的战略产业，粮食是城乡居民最基本、最重要的消费资料，粮食安全是国家安全的基础。健全农业支持保护体系，就是要进一步从资金投入、价格支持、基础设施建设等方面，完善政策机制，加大支持保护力度，形成支持保护农业的长效机制。改革农业补贴制度，就是要充分发挥农业补贴对提高农业特别是粮食生产能力的促进作用，调整补贴方式，改变实践中存在的不管种不种粮食以及种多少粮食，农业补贴都按承包地面积平均发放的简单做法。粮食生产直接补贴、良种补贴、农机具购置补贴、农资综合补贴等补贴资金的使用要向种粮农民等粮食生产者集中，特别是新增补贴资金要向粮食主产区、种粮大户、家庭农场、农民合作社等倾斜，形成农业补贴同粮食生产挂钩机制，让农业补贴真正发挥支持粮食生产的作用，让多生产粮食者多得补贴。同时，积极探索新增农业补贴资金集中使用、集中用于改善粮食生产条件等农业基础设施的有效途径，发挥补贴资金集中力量办大事的作用。完善粮食主产区利益补偿机制，就是要通过财政转移支付等方式，加大对粮食主产区的支持力度，不断提高稻谷、小麦等粮食最低收购价格，弥补粮食生产在经济上的弱势，使粮食主产区人均公共财力和收入不低于全国平均水平，确保种粮农民和产粮大县在经济上不吃亏，从根本上保护农民种粮和主产区发展粮食生产的积极性。

第三，鼓励社会资本投向农村建设。这是推进城乡要素平等交换的重要形式和途径。社会资本投向农村建设，有利于弥补农村储蓄资金、劳动力、土地等生产要素外流对农村发展的影响，有利于弥补公共资源配置的城乡不均衡对农村发展的影响。各行各业都要积极支持农村建设，企业和社会组织要采取投资筹资、捐款捐助、人才和技术支持等方式在农村兴办医疗卫生、教育培训、社会福利、社会服务、文化旅游、体育等各类事业，以多种投资方式建设农村生产生活基础设施，积极支持农村发展。

第四，推进城乡基本公共服务均等化。这是推进城乡要素平等交换和公共资源均衡配置的重要目标。要统筹城乡基础设施建设和社区建设，大力推动社会事业发展和基础设施建设向农村倾斜，加大公共财政农村基础设施建设覆盖力度，统筹城乡义务教育资源均衡配置，健全农村三级医疗卫生服务体系，实施农村重点文化惠民工程，健全新型农村社会养老保险政策体系，加快农村社会养老服务体系建设，完善城乡均等的公共就业创业服务体系，整合城乡居民基本养老保险制度、基本医疗保险制度，推进城乡最低生活保障制度统筹发展，努力缩小城乡差距。

以上四种改革，将持续地影响土地、劳动力、资本的配置和关系调整，影响城乡发展，影响农民对土地的认知和态度的转变，而且三大生产要素之间的关联性极强，涉及的利益关系复杂，对各种影响比较敏感，尤其是配置原则和方式，直接影响到农民的收入和生计发展。土地征收是在公共利益前提下，国家介入对土地资源配置进行的强制性调整，在城乡一体化下，征地范围会逐步缩小，公共利益前提将被强化；城乡要素平等交换和均衡配置的改革下，农民对土地产权意识提高，对产权价值预期提高；城乡一体化对农民非农就业带来机遇，劳动力同工同酬，在保障农民权益的同时，也使农民对收入的预期提高；社会资本进入农业、农村，土地流转和规模化经营，提高了土地产出水平，从而也推高了农民对土地渴求和占用愿望，农民对土地价值期望增加。城乡一体化的一系列土地和农民改革对现行征地政策形成冲击，导致了四大冲突：一是农民要求土地实现市场化的公平交换与现行征地按照征地前三年平均产值固定"倍数"补偿形成了冲突；二是农民安置多元化诉求与现行"大农业安置"的冲突；三是农民土地权益的诉求多元化，尤其是发展权的诉求，与现在按照"原用途补偿"的冲突；四是失地农民就业安置"资源"的市场化和"政府领导，分级负责"形成冲突。解决这四个冲突，必须思考解决以下四个问题：①各利益主体在征地中的交换关系和分配关系；②移民生产资料重新获取方式及使用方式；③移民生计资本的获取方式和能力；④移民生计风险的保障措施和能力。

二　水库移民政策问题及政策目标

公共政策涉及政策目标和政策目标实现手段两个方面的问题。水库移民政策创新在内容上，也包括政策目标确定的创新和目标实现手段的创新。而目标确定是由现实问题表现及其原因，以及解决问题的价值观来决定的，政策手段是现实环境和实现政策目标的途径决定的。政策是政府合法性、强制力的集体行动：以政策来激励、控制、禁止或者规范个人行为，但公共政策的实施对象又是公民个体或其组成的群体，个体能否一致行动，形成政策预期的集体行动，还取决于政策实施的环境。政策目的和政策结果不一致的现象时常会发生，阐释公共政策起因和结果，对政策创新具有理论指导意义。

（一）水库移民问题界定

从政策科学上来看，研究水库移民政策必须注重的几个方面是：水库移民问题的界定及界定的价值分歧性、政府在征地补偿和移民安置过程中权力获取及运用的合法性、政策的价值取向及社会解读的主观性、人的行为决策环境因素及其复杂性。政策过程分析理论强调政策主体、政策客体及其与政策环境的相互联系和相互作用，关注政策输入和输出过程，将政策置于政策环境中进行环境－行为逻辑分析，可以解释政策何以制定和结果如何。图2－1给出了公共政策过程的环境－行为分析思路。问题界定和公共政策制定是分析的第一环节，政策实施环境是分析的第二环节，对政策利益主体的行为和结果的解释是最后一个环节。

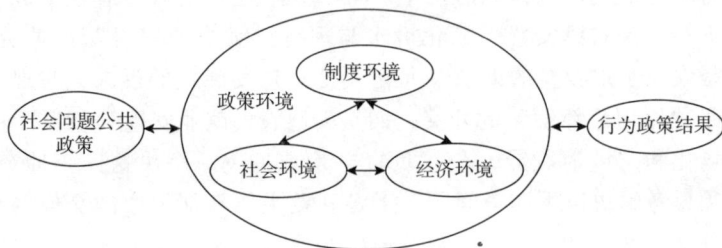

图2－1 公共政策分析政策过程的环境－行为分析思路

1. 问题显现

中国是一个治水国家。从大禹治水开辟华夏篇章，中国就一直在治理水旱灾害中发展，2000多年前有了都江堰工程，才有了成都平原的"天府之国"，今日有了南水北调工程，才能够保障华北平原水资源供给，才能够保障区域协调发展。治理水患、调配水资源、利用水能资源必须建设工程。工程建设的载体是土地，水利工程占用大量土地，导致区域土地资源的重新配置和人口迁移。在土地国家和农民集体所有制下，水利工程建设占用农村土地，势必带来土地征收，就产生失去土地的农民如何补偿和安置的问题。同时，在经济和资本市场不发达的情况下，工程建设也存在"资金"瓶颈，况且，水利工程是公益性工程，财务收入甚微，如何解决土地补偿、移民、资金的平衡问题，成为水利工程建设的关键问题。

水库移民问题的凸显是在1979年农村土地家庭联产承包制后。以前建设的水库，由于集体化安置土地少、质量差，加之基础设施条件差，分田到户后，移民村和非移民村的生活，移民户和非移民户的粮食、经济收入差距一下子就显现出来，生活水平差距拉大，并且越来越大，水库移民遗留问题越来越凸显和严重，一些库区和安置区开始出现水库移民群体事件，尤其是三门峡水库的移民开始返库，与知青农场争夺土地。水库移民问题不仅造成区域社会不稳定，也直接导致水利水电工程建设的停滞。1985年开始，中央协调各部委和地方政府，解决水库移民遗留问题，1986年国务院办公厅转发水利电力部《关于抓紧处理水库移民问题报告的通知》（国办发〔1986〕56号）指出"水库移民是水利水电建设中的一个重要问题，关系到库区人民的切身利益和水利水电事业的发展。目前，全国有相当数量的水库移民尚未妥善安置，如不抓紧解决，仍是一个不安定因素。有关部门和地方人民政府要以认真负责的态度抓紧解决遗留问题，同时做好新建工程的移民安置工作。要把水库移民安置工作同库区开发建设结合起来，切实加强领导，分级负责，全面规划，积极、妥善地处理好水库移民问题"。"水库移民安置工作是水利水电工程建设不可分割的组成部分，妥善处理好移民问题是保证工程正常施工和正常运用的必要条件。"至此，全国开始水库移民遗留问题处理工作。

2. 政策出台和演变

1985年以前，国家对水库移民没有做出独立的政策安排（政策和管理机构），基本上执行《国家建设征用土地条例》。1985年，水电部颁发了《水利水电工程淹没处理设计规范》，从技术规范上对水利水电工程征地补偿和移民安置进行了规定，但还是"重工程、轻移民"，没有认识到水库移民问题的严重性和复杂性。

  1986 年《中华人民共和国土地管理法》颁布，由于水利水电工程征地和移民安置特殊，事关工程建设和社会稳定，该法第三十二条规定：大中型水利、水电工程建设征用土地的补偿费标准和移民安置办法，由国务院另行规定。1991 年，中华人民共和国国务院第 74 号令《大中型水利水电工程建设征地补偿和移民安置条例》发布，自 1991 年 5 月 1 日起施行。政策目标是：加强大中型水利水电工程建设征地和移民的管理，合理征用土地，妥善安置移民。政策方案是：国家提倡和支持开发性移民，采取前期补偿、补助与后期生产扶持的办法；大型水利水电工程建设征用的土地，由建设单位按规定标准支付土地补偿费和安置补助费；水利水电工程建设单位，应当在工程建设的前期工作阶段，会同当地人民政府根据安置地的自然、经济等条件，按照经济合理的原则编制移民安置规划；国家设立库区建设基金，用于大中型水利水电工程库区维护和扶持移民发展生产，国家对移民扶持时间为 5～10 年。

  2006 年 3 月 29 日，国务院第 130 次常务会议通过了《大中型水利水电工程建设征地补偿和移民安置条例》，以国务院令第 471 号公布，自 2006 年 9 月 1 日起执行。政策目标为：为了做好大中型水利水电工程建设征地补偿和移民安置工作，维护移民合法权益，保障工程建设的顺利进行。政策方案为：国家实行开发性移民方针，采取前期补偿、补助与后期扶持相结合的办法，使移民生活达到或者超过原有水平；移民安置工作实行政府领导、分级负责、县为基础、项目法人参与的管理体制；已经成立项目法人的，由项目法人根据经批准的移民安置规划大纲编制移民安置规划；没有成立项目法人的，项目主管部门应当会同移民区和移民安置区县级以上地方人民政府，根据经批准的移民安置规划大纲编制移民安置规划；大中型水利水电工程建设征收耕地的，土地补偿费和安置补助费之和为该耕地被征收前三年平均年产值的 16 倍，征收其他土地的土地补偿费和安置补助费标准，按照工程所在省、自治区、直辖市规定的标准执行；移民区和移民安置区县级以上地方人民政府负责移民安置规划的组织实施；移民安置区县级以上地方人民政府应当编制水库移民后期扶持规划，报上一级人民政府或者其移民管理机构批准后实施。2006 年 5 月

17 日，国务院发布了《国务院关于完善大中型水库移民后期扶持政策的意见》（国发〔2006〕17 号）对 2006 年 6 月 30 日前搬迁的纳入扶持范围的移民，自 2006 年 7 月 1 日起再扶持 20 年；对 2006 年 7 月 1 日以后搬迁的纳入扶持范围的移民，从其完成搬迁之日起扶持 20 年。

2017 年 4 月 14 日，国务院公布《国务院关于修改〈大中型水利水电工程建设征地补偿和移民安置条例〉的决定》（国务院令第 679 号），自 2017 年 6 月 1 日起施行，在政策目标未变的情况下，政策方案中的土地补偿调整为：大中型水利水电工程建设征收土地的土地补偿费和安置补助费，实行与铁路等基础设施项目用地同等补偿标准，按照被征收土地所在省、自治区、直辖市规定的标准执行。

从水库移民政策演变的核心内容来看，一是政策目标调整；二是补偿标准和安置方式调整。这些调整的动因，一是经济体制改革，由计划经济转向市场经济；二是农村土地制度改革，由集体统一耕作、合作分成，转变家庭联产承包制，自己生产；三是社会、经济发展，土地权益提高。

3. 问题争议的焦点及实质辨析

征地、移民是土地征收同一事项的两个方面。土地征收是国家为了公共利益需要，依照法律规定的程序和权限将农民集体所有的土地转化为国有土地，并依法给予被征地的农村集体经济组织和被征地农民合理补偿和妥善安置的法律行为。移民是征地范围内的单位和居民搬迁安置，并对其所受损失予以补偿的法律行为。移民的实质是依附于土地上的人的生产、生活如何安置，根源是土地利用的不兼容性，在土地调整为建设用地后，无法容纳原有人的生产和居住。

撇开水库移民遗留问题这个特殊时期造成的特殊问题不谈，水库移民问题产生的根本是水库建设对农村集体土地的征收，既改变了土地所有权，也改变了土地的用途，导致原来拥有土地生产和居住的人口被迫迁移。在人地矛盾尖锐，城乡二元社会、二元经济下，如何安置移民成了现实问题，也成了难题，加之水库移民规模大、异地安置、被动性等特征，以及政治、社会、经济等方面对征地、移民安置活动施加的影响，水库移民问题复杂化。水库移民所引发的问题引起了广泛的争议，成为社会、政府关注的焦点问题。当今，水库移民主要问题有：一是移民难，表现在移民安置难以顺利组织实施，移民和地方政府利益诉求多元化和难以满足；二是移民安置后生产、生活水平下降或者生计持续发展能力不足，甚至陷入发展困境；三是移民区域社会不稳，表现在移民与政府部门、移民与工程建设单位、移民与非移民矛盾不断，甚至发生冲突。这些问题的实质是"移民的发展问题"。

　　水库移民问题产生的另一个原因是政策本身。尽管水库移民政策演变表明，政策是不断朝着解决水库移民问题深层原因进展，但始终没有解决好从计划经济转向市场经济的政策的价值观转变，始终没有解决好利益主体的平衡问题。计划经济以社会化大生产为前提，在生产资料公有制的基础上，由社会主义国家根据客观经济规律的要求，特别是有计划、按比例发展规律的要求，通过指令性和指导性计划来进行管理和调节的国民经济。它不仅是一种管理国民经济的方法和体制，而且是一种经济制度。在计划经济时期，国家利益至上，国家权威至上，征地强调国家建设需要，加之党组织介入和群众参与，不仅征地补偿被忽视，而且征地程序弱化，但同时强调征地国家责任，政府对水库移民安置责任表现在政策上，就是"轻补偿、重安置"。而市场经济是以市场作为资源基本配置方式的经济体制，是供求关系决定价格和交换的机制。在征地补偿和移民安置上，尽管仍然强调公共利益，但认识到公共利益的不确定性，强调征地的合法性和程序性，在征地补偿上，强调公平补偿，补偿范围不仅注重直接损失，也考虑间接损失，不仅注重当前利益损失，也兼顾预期收益损失，弱化直接补偿标准，强调补偿原则。在国家权力行使上，征地强调公权保障，即指在土地征收过程中必须保护被征收者的公权利，主要有如下几个方面：知情权、土地买回权（在征收所据以存在的公益目的未能实现的情况下请求买回该幅土地的权利）、残余土地建筑物强制征收请求权、撤销征收请求权（开始就无征收必要或者后来丧失征收必要，请求撤销征收，恢复征收前的土地权利）。在征收过程上，强调公正程序，通过程序公正，实现被征地者权益保障和政府征地权力有效限制，从而促成征地利益主体的理性选择，实现征地过程中的利益均衡。

水库移民问题从遗留问题产生和现在问题的发生，在环境、机理上已经发生了根本性转变。现在问题的实质是必须把征地和移民安置作为两个阶段、两种不同性质的社会经济活动，在政策上体现出来。征地政策是制度性的，必须是全国统一的，水库移民安置是市场性、技术性、指导性的，由于其特殊性，应有别于其他征地的失地农民做出独立政策安排。

（二）政策目标改进

如果说水库移民遗留问题是特殊时期的特殊问题，那么，现在的水库移民问题是解决问题的政策带来问题。过渡性征地制度与市场化的实施环境不协调，水库移民政策的征地补偿标准的"计划性"与实施环境的"市场性"矛盾，强调政府安置责任与移民安置需要的"资源"的市场性的矛盾，导致水库移民既对征地补偿不满意，也对安置不满意，生计一旦出现问题，就要"政府负责"，与现在理顺"政府与市场关系"的改革不协调、不一致。

在对政策要解决的问题有一个清醒的认识，给出准确的界定后，确定水库移民政策目标，必须分析出台什么样的政策，政策要达到什么样的目的，政策方案会对利益相关者产生什么的影响，以及对社会整体的预期影响。政策希望提升的价值观是什么，并给予充分的论证和说明（社会和政策），以便每一个政策利益主体都能够理解政策对自身利益的保护或者自己的贡献，并接受政策的价值观。对政策目标的论证要充分验证政策目标对社会系统运行的规范意义及其产生的后果，即水库移民政策目标是否寻求在中国合法的政治和经济制度框架下使得移民问题能够得到实质性解决。

在城乡一体化发展下，社会主义市场经济体制不断完善，土地制度改革不断推进、深化，就发展与改革趋势来看，水库移民问题从根本上讲是一个经济均衡问题，解决方式主要表现在以下三个方面：一是土地资源再配置的交换方式；二是工程经济效益的分配比例和方式；三是移民就业和生计发展方式。

在当前形势下，水库移民政策目标改进必须体现以下内容。

①两个前提：为了公共利益需要；依照法律规定的权限和程序。
②两个维护：征收集体所有土地，要维护被征地农民合法权益；
征收单位、个人房屋和其他不动产，要维护被征收人合法权益。
③两个保障：保障被征地农民生活；保障被征收人的居住条件。

三　城乡一体化背景下水库移民政策研究框架构建

（一）城乡一体化发展与水库移民政策的关联

　　城乡一体化发展和水库移民政策的关联是通过征地和移民安置
活动中的要素流动来实现的。城乡一体化改变城乡要素交换的原
则、规则，从而影响人的行为，人的行为动机和行为策略，构建水
库移民现实情境，显现移民问题，产生政府关注和政策动机。

　　水库建设征地和移民安置涉及国家、业主、农民集体、移民
四个利益主体。在征地活动中主要是土地资源在四个主体之间的
流动，以及交换方式和利益分配。

　　在现行土地征收制度和水库移民政策下，征地要素主要是土
地、人口和资金，三大要素在征地和移民安置中，通过土地征收
制度、水库移民安置政策在不同主体之间进行交换。图 2 - 2 给
出了现行水库移民政策及政策环境下移民安置活动中要素流动关
系。从图 2 - 2 中可以看出，土地要素通过国家征收，从农民集
体转移到项目业主，性质由农民集体所有变为国家所有，使用人
由农民转为项目业主。人口要素中的劳动力，通过农业和非农业
两个途径就业。资金要素是通过国家（政府）支付给集体，集体
再分配给移民，用于购置生产资料、生计资本和生活资料。

　　在城乡一体化下，产权确立和保护、要素平等交换和资源市
场配置，会影响土地交换原则、思想意识和规则，提高移民对土
地产权保护及土地价值预期，从而影响水库移民征地政策；城乡
一体化城乡人口流动和就业政策，会影响移民迁移意愿和就业方
式，从而对移民安置政策产生影响；城乡一体化下，资本的流
动，尤其是资本下乡，会对农村生产经营方式、收入来源和生活
水平带来改变，从而对移民安置方式以及补偿标准产生影响。
图 2 - 3 给出了城乡一体化下土地、经济、人口等要素的关联关
系。城乡一体化下，城乡交融、工业补贴农业、因素平等交换

等，导致城乡土地、人口、资本的交换原则和方式改变，这些改变会引起关联关系改变，直接影响征地补偿、移民安置中各利益主体的行为，从而产生不同的政策实施效果。

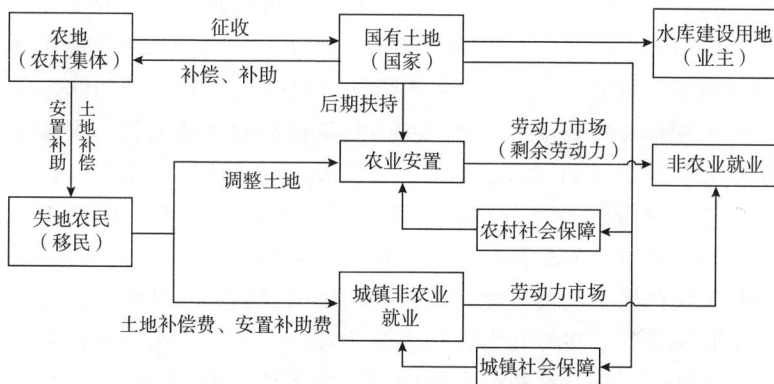

图 2 - 2　现行水库移民政策及政策环境下移民安置活动中要素流动关系

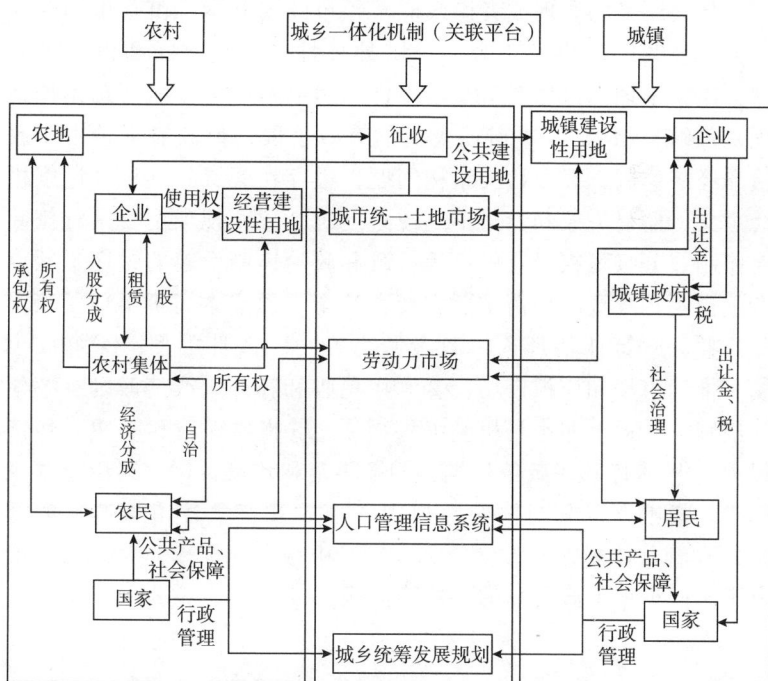

图 2 - 3　城乡一体化下城乡土地、经济、人口关联关系

(二) 政策评估与政策创新

社会问题的解决在某些层面讲是一个政治活动，是政府通过政策来加以实施的。因此，政策评估就涉及政策发起的社会背景，社会问题的政治、经济影响，是对政策的社会选择的现实调查，辨析政策的"微观"和"宏观"效果。而政策创新是现实社会情境下的政策工具或者政策手段的"具体化"和"开创性"。

水库移民政策创新，就当前的政策供给和实践来说，主要在于政策实施手段的"地方性"。对于水库移民政策实施手段，基于"政府领导、分级负责、县为基础"的执行体制，创新来源有：一是地方政府对执行政策的控制程度和可裁量程度；二是参与政策实施的机构及其责、权、利的落实模式；三是政策的地方化，政策具体手段与社会结构、资源环境、经济水平等的协调性和适应性，保证政策执行中政策与资源条件、社会、经济环境不发生矛盾或冲突。

公共政策的原理或者说政府干预市场的基本理由是市场存在失灵：公共物品供给失效、经济外部性、自然垄断和信息不对称，违背了理想市场竞争基本条件，达不到市场最优（帕累托最优）。政府干预是解决市场失灵的有效手段，但政府干预由于政治和经济体制，以及社会结构问题，也存在失灵：寻租、过度机会主义、监督失效和参与不足或过度等，这些现象主要是官僚政府体制、分级赋权以及民主等行政和政治体制引起的过度干预或者干预不足导致的均衡难以实现，甚至干预成本高于干预所获得的收益。政策评估理论将政策归为五个一般性类型：①解放市场、推动市场和模拟市场；②利用税收和补贴来改变激励；③建立规则；④通过非市场机制提供物品；⑤提供保险和缓冲（经济保护）。① 水库移民政策根据其问题界定和政策目标，属于建立规则类。规则可以分为框架性规则（个人在竞争性市场遵从的规则）和管制性规则（改变个人在市场中做出的选择）。表 2 - 2 给出了不同框架下政策能够解决的问题。

---

① 戴维·L. 韦默、艾丹·R. 瓦伊宁：《公共政策分析理论与实践（第四版）》，刘伟译，中国人民大学出版社，2013，第 200 页。

表 2 - 2　不同框架下政策解决的问题

规则类型	解决市场或政府失灵的问题	防止出现的现象
框架性规则	负外部性 信息不对称 公共物品 公平机会 交易清淡的市场	供给失效 过度机会主义 赔偿失效 阻止失效 实施成本高
管制性规则	自然垄断 公平分配 信息不对称	分配无效 寻租 投资扭曲 监督失效 参与失效

就我国国情和现行制度环境而言，水库移民应该建立完善的框架性规则。建立的出发点为：政策是政府及体制的产出。建立的逻辑关系为：体制、制度、政府机构和政策密切联系且相互影响，规则和制度安排产生的影响不是中立的，不同的体制、制度和政府机构产生不同的政策后果。政策评估是将各种关系放到可以比较的系统加以调查研究，解释政策效果及其创新路径。

（三）水库移民政策的事实——价值辩证逻辑分析框架构建

1. 水库移民政策分析的特征

当代公共政策的主要特征有以下几点。①在政治领域出现由统治政治向治理政治转化的同时，政策也体现出由统治政策走向治理政策的特征。②政策的合法性受到更多重视。合法性有两重含义，一是指政策是经过特定的法律程序，或依据公认及约定的习惯性程序而被制定出来的，并由法定的公共部门执行；二是指公共部门自身在政治系统意义上的合法性。③政策问题日益复杂。一是导致政策问题的原因可能是复杂的；二是解决问题的办法是否能够成功是不确定的；三是解决问题的设想常常因为"牵一发而动全身"而难以付诸实施。④当代公共政策还经常有目标及内容上的冲突，结果与预期之间的重大偏差。

政策目标是政策的出发点和归宿，制约着政策制定和实施全过程。政策目标的确定取决于四个方面：首先，取决于社会价值判断；其次，取决于决策者自身的政治需求；再次，取决于各利益集团的利益关系；

最后，取决于国内、国际的政治与经济形势变化。在我国社会主义公有制和社会主义市场经济体制下，在水库建设是必需的前提下，水库移民安置的国家政策是双重目标，即既要做好水库建设征地补偿和移民安置工作，维护移民合法权益，又要保障工程建设的顺利进行。

根据移民活动基本规律和社会经济环境条件，我国水库移民置政策分析具有如下特征。

（1）移民政策制定的与时俱进性。移民安置中各项政策的制定、实施是一个动态过程，经济发展和社会矛盾凸显的时期，移民政策必须做出适应性调整。如20世纪90年代制定的移民政策法规是计划经济下制定的规则，不可能反映市场经济规律和以人为本理念，在市场经济确立后，移民工作以政府行为运作与工程建设按市场经济规律运作之间的利益巨大反差，以及社会和经济环境带来的思想意识变化，是政策实施矛盾和冲突的根本原因，迫使政府不断对政策进行调整。

（2）移民政策架构的高度整体性。移民涉及社会经济方方面面，既涉及土地征收补偿，又涉及移民安置能否妥善完成；既要保障移民利益，又要保障工程顺利建设；既要保障国家利益，又要考虑地方利益，还要保障移民的权益。要解决的问题是复杂的，每一项移民政策的制定都不可避免地涉及不同公共部门之间利益的调整，各部门利益的调整就会出现不同程度的联动效应，移民政策架构的高度整体性是保障政策目的和目标实现的基础。移民政策的整体性体现在：移民政策问题的整体性，以移民政策目标有效实现为原则，充分考虑到各相关部门移民政策的变动情况，把各项移民政策作为一个有机整体，有步骤地进行统筹调整，充分考虑移民政策衔接与交互作用，准确把握与预测移民政策问题的整体性；移民政策内容的整体性，表现在由众多数量、类型不一的政策组成移民政策体系，相互一致和协调，强化移民政策的系统目标实现；移民政策过程的整体性，包括移民政策的制定、执行、评价和调整等多个环节，不同的环节之间相互联系，共同对移民政策的质量发生作用。

（3）移民政策体系的显著层次性。为保障移民迁安顺利进行，作为政府行为产出项的移民政策，根据不同层次的移民政策主体具有不同规格。从权利主体来划分，移民政策包括中央政策和地方政策。从内容上来看，移民政策体系又可分为总政策、基本政策、具体政策、配套政策等。显著层次性从纵向和横向两个维度为具体的移民迁安工作提供了纲领性文件，指明了清晰的操作方向，严格而灵活的操作规范。不同层级政策之间相互联系，但并非"平起平坐"的关系，其具有明显的主次之分。从移民政策体系的纵向分析，高层次的移民政策即总政策和基本政策对低层次的移民政策即具体政策、配套政策起支配作用。

2. 政策创新研究的基本框架

移民是围绕工程建设征地引起的人口迁移、建设活动，是一个复杂而系统的工程，为解决移民问题，仅靠单个政策则无法顺利完成。移民迁安问题涉及多种社会因素，需要制定和实施综合性政策和一连串的政策。移民迁安问题具有层次性，制定和实施移民政策的主体也具有层次性，移民政策必须结合实际，适应政策环境才能够有效率和效果，移民政策还需要不同层次的政策，尤其是中央政策和地方配套政策的系统性、一致性和协调性对移民活动规范和约束是至关重要的，但在这个方面的理论研究和实践探索尚显不足。

移民政策执行是理论见之于实践的过程，其本质是遵循移民政策指令所进行的变革，是为实现移民政策既定目标而重新调整公共行为模式的动态过程。在这个过程中，不仅各个环节之间互相联系、互相制约，而且每一个环节本身都要涉及众多变量，其中任何一个环节出了问题，都会直接或间接影响移民政策功能的有效发挥和政策执行的实际效果。因此，理想的政策是有效执行力的前提。

移民政策是基于现实需要，符合事物发展的客观规律，具有科学性的政策。从操作层面上讲，移民政策的顺利推行得益于其明确具体性，即移民政策方案目标具体明确，移民政策措施和行动步骤明确具体，地方政府在执行中央、上级政策的过程中，既遵循了中央政策的精神，又因地制宜，因时而异，因人而异，并坚持移民政策执行中的原则性与灵活性的辩证统一，既保证了政策的连续性也维持了政策的稳定性。

政策创新的动机和目标是有效解决各种社会问题。是立足于现实的实际需求，对新情况、新问题进行科学分析，对原来政策进行完善和改进。公共政策的创新能力，反映了一个政府的执政理念和执政能力。本质上，任何一项有效的公共政策都是创新之结果。政策创新是实现"政策供给—政策需求"的对称。政策需求是政策制定、改进的逻辑起点。政策创新是一种"质"的突破，是对原有政策行为的完善和超越。政策创新务求实效，有切实的可预期的实际效果。

基于以上理论，结合水库移民实践和现实问题，尤其是地方实践探索超前于政策理论研究和供给，本书根据地方政策实践探索，把理论和现实、事实和价值结合起来，运用实证辩论的逻辑，构建问题—目标—政策执行与实践创新—情境论证—事实论证—价值分析—政策创新的辩证逻辑分析框架。构建的分析框架见图 2 - 4。

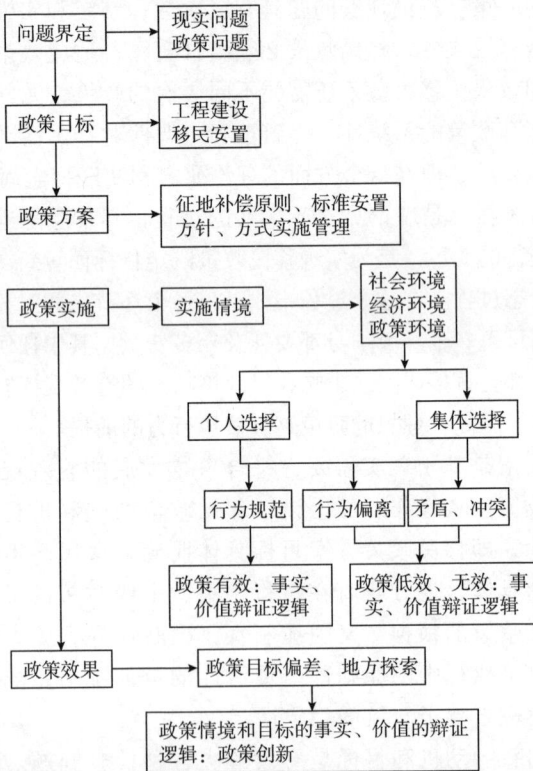

图 2 - 4 基于政策情境的事实 - 价值的政策创新辩证逻辑分析框架

第三章
水库移民政策演变及现实问题

一 我国水库移民发展历程：阶段及特征分析

新中国成立以来，我国水利水电开发风生水起，波澜壮阔，成就辉煌，先后修建了各类水库8.5万多座，总库容5000多亿立方米，水电装机容量1亿多千瓦。在防洪、发电、灌溉、供水、生态等方面发挥了巨大的经济效益和社会效益，有力地促进了国民经济和社会发展，但同时也产生了数以千万计的水库移民。水库移民问题非常复杂，涉及土地、房屋等有形资产的补偿和重置，社会网络、人力资本、社会资本等无形资产损失及补偿和重置等一系列问题，做好水库移民搬迁和安置工作是水利水电工程成败的关键。[1] 以水库移民政策演变和移民工作进展为依据，本书将新中国成立以来我国水库移民发展历程分为四个阶段。

（一）政策发起（1949～1957年）

新中国成立初期，一切处于百废待兴的状态，这也是我国水利工程起始时期。这一时期修建了南湾、上犹江、官厅、佛子岭、梅山、大伙房、狮子滩等20座大中型水电站，水库移民总数约为30万人。

在补偿安置方面，1953年水利部发布了关于水库移民的第一个重大政策声明规定："兴修水库或开辟蓄洪区尽可能在少迁移人口的原则下进行，必须保证被迁移人口的生活不低于迁移前的

---

[1] 朱东恺、施国庆:《水利水电移民制度研究》，社会科学文献出版社，2010。

水平；在迁移时尽可能由政府发给足够的迁移赔偿款，尽可能地做到不损害接受移民地区的群众利益，同时还要进行艰苦的政治工作，做到对新来户不排挤、不欺生。"① 1953 年颁布的《国家建设征用土地办法》主要是"为适应国家建设的需要，慎重地妥善地处理国家建设征用土地问题"。对被征地农民，强调"必须对土地被征用者的生产和生活有妥善的安置"。对补偿强调"被征用土地的补偿，在农村中应由当地人民政府会同用地单位、农民协会及土地原所有人（或原使用人）或由原所有人（原使用人）推出的代表评议协商定之……对征用土地地上房屋等附着物，则'按公平合理的代价予以补偿'"的原则。强调要"给群众以必要的准备时间，使群众在当前切身利益得到适当照顾的条件下，自觉地服从国家利益，然后始得确定征用，进行施工。如征用大量土地，迁移大量居民甚至迁移整个村庄者，应先在当地人民中切实做好准备工作，然后召开人民代表大会讨论解决之"。不突出土地征用的"强制性"。规定"凡兴建国防工程、厂矿、铁路、交通、水利工程、市政建设及其他经济、交化建设等所需用之土地，均依本办法征用之"。在土地的补偿费方面，该办法第七条规定"一般土地以其最近三年至五年产量的总值为标准，特殊土地得酌情变通处理之"。另外，由于当时土地是国家所有和个人所有两种所有制形式，征收土地指的是国家征用农村和城市属私人所有的土地，所以补偿安置也是针对个人的房屋和土地。②

由于特殊的历史时期，这一阶段的水库建设和移民工作的特征表现为以下几点。

（1）水库淹没实物指标比较简单，专项设施建设项目少且由各个部门负责建设。

（2）当时正值土地改革和农业合作化初期，人均占有耕地数量相对较多，通过划拨或调剂土地，以土地置换安置移民，移民能在较短时间内恢复发展生产。

（3）新中国成立初期，各级政府对移民工作十分重视，成立

① 杨文健：《中国水库农村移民安置模式研究》，云南美术出版社，2004。
② 王应政：《中国水利水电工程移民问题研究》，中国水利水电出版社，2010。

了专门机构负责实施。移民干部工作认真，作风踏实，深入移民户做思想政治工作，帮助移民解决实际问题。有些项目还建立了移民安置验收制度，保证了各项安置措施的落实。

（4）当时农村人均补偿资金虽不高，但有等量的土地补偿，且物价比较稳定。再加上广大移民自力更生、艰苦奋斗，重建家园，绝大多数移民得到妥善安置，移民的思想也较稳定。

这个时期没有对水库建设做出独立政策安排，国家建设征地补偿和安置问题不突出。

（二）政策和政治一体化（1958～1985年）

这一时期我国水利水电建设是在复杂政治背景下发生的。一方面，我国完成了社会主义改造，进入社会主义初级阶段；另一方面，经历了"大跃进""人民公社化运动""文化大革命"等特殊历史时期，"左"倾思想影响严重，一些工程建设曲折反复，甚至违反一般决策程序，移民遗留问题较多。这一阶段完成了三门峡、新安江、云峰、桓江、新丰江等280座大型水库工程的建设和移民安置任务，共计移民250万人，是新中国成立以来修建水利水电工程最多、移民人数最多的时期。尽管水库建设征地和移民安置活动频繁，问题也不少，但这个时期国家对水库建设征地和移民安置仍然没有安排独立政策。

1958年，国务院修订并重新公布的《国家建设征用土地办法》是当时的水库移民工作指南。其第七条第一款指出"征用土地，应该尽量用国有、公有土地调剂，无法调剂的或者调剂后对被征用土地者的生产、生活有影响的，应该发给补偿费或者补助费"。在征地补偿标准上，第七条第二款指出"对于一般土地，以它最近二年至四年的定产量的总值为标准；对于茶山、桐山、鱼塘、藕塘、桑园、竹林、果园、苇塘等特殊土地，可以根据具体情况变通办理"。补偿标准较1953年的水平有大幅度下降。

在这期间虽然新修了大量水库工程，产生了大量移民，但因为处于特殊时期，并没有凸显很多社会问题。这一时期的移民工作有以下特征。

（1）由于正处在"大跃进"和"文革"的特殊历史时期，普遍存在"重工程、轻移民"的思想倾向。各级领导都忙于抓工程建设，抢进度，抢工期，而把移民工作放在次要的位置。移民安置工作不遵循科学，不按经济规律办理，主要依靠行政手段来进行，对移民的切身利益重视不够。

（2）水库移民前期工作不扎实，从事这方面工作的专业机构和专业力量很薄弱，大多限于调查淹没损失和估算补偿投资，普遍缺少可供实施的移民安置规划，即使有移民安置规划（如新安江、三门峡），也未能付诸实施。

（3）普遍采取就地后靠的安置方式，忽视环境容量分析，工作带有一定的盲目性，导致大量移民重迁、返迁。通过划拨一定的土地和住房而安置，忽视了安置区必要的水、电、路、文、教、卫等基础设施和公共设施的建设。

（4）移民补偿标准普遍偏低，移民经费严重不足。对移民房屋的补偿大多未按受淹面积计算，而只按人均几平方米进行补助，其他淹没损失没有得到补偿。大大增加了移民重建家园的困难，致使移民不能迅速恢复原有生活水平。

这个时期由于国家利益高度统一，政治、经济一体化，社会单位化，分配上实行"有计划调节"，尽管水库移民实施存在很多问题，但并没有显现出来成为社会经济问题。改革开放推动了农村生产力的发展，同时激发了水库移民遗留问题。尤其是农村家庭联产承包制的实施，一方面激发了农民生产热情，极大地提高了农民收入水平和生活水平；另一方面，水库移民安置区移民遗留问题凸显：土地所有权问题、土地少的问题、土地差的问题，影响到移民生产生活，拉大了库区、非库区农民收入和生活差距，移民开始上访、要求分配土地，尤其是三门峡库区的"返库运动"，对区域社会经济稳定发展产生很大影响。国家开始对移民问题高度重视，在总结过去水库移民工作经验的基础上，出台了一系列指导水库移民工作的政策文件。1982年国务院重新修订颁布了《国家建设征用土地条例》，1984年水利电力部制定《水利水电工程水库淹没处理设计规范》、1985年制定《大中型水利水电工程前期工作程序暂行规定》、1986年制定《水利水电工程淹没实物指标调查细则》，这些规定虽然是行业规定、规则，还没有上升到国家层面，但为水库征地和移民安置政策的制定提供了依据。这些政策在保障国家建设征地的同时，也暴露了很多问题，尤其是征地和承包制以后对土地的权利认识和补偿标准问题差异很大，成为征地的障碍。从 1983 年颁发的《国务院关于严格贯彻执行〈国家建设征用土地条例〉的通知》（国发〔1983〕9 号）中，中央有关领导批示"征地搬迁也要有法必依，敲国家竹杠，吃基建大户的现象不能再继续下去了"，尤其是提到"引水济津"工程。土地征收的矛盾严重阻碍着国家建设，影响着社会稳定，国家建设征地立法已刻不容缓。

（三）发布独立水库移民政策（1986～2005 年）

十一届三中全会以来，国家工作重心由原来的以阶级斗争为纲转移到经济建设上来，由计划经济体制转向社会主义市场经济体制。在这一阶段，我国水利水电建设发展迅速，葛洲坝、龙羊峡、二滩、小浪底、三峡等大中型水利工程相继完成，移民人数将近 400 万人。

20 世纪 80 年代初期，随着我国经济建设的发展，国家发展建设迅猛，农村农民富裕后也加快了住宅建设，建设占用土地的规模迅速扩大，人多地少的矛盾日益突出，加之承包制后土地权利意识和土地价值增加，国家土地管理面临很多问题，尤其是在建设征地问题上。为实施土地统一管理，1986 年国家颁布了《中华人民共和国土地管理法》，从土地权属、利用与保护、国家建设用地、乡（镇）村建设用地和法律责任等方面提出明确的条款。在第三十二条规定"大中型水利、水电工程建设征用土地的补偿费标准和移民安置办法，由国务院另行规定"。从法律上授权国务院对水利水电工程征地补偿和移民安置可以独立颁布法规。

1991 年，国务院颁布的《大中型水利水电工程建设征地补偿和移民安置条例》（国务院令第 74 号），成为指导水库移民工作的单独政策，使我国移民安置和征地补偿工作逐步走向规范化。该条例第三条规定"国家提倡和支持开发性移民，采取前期补偿、补助与后期生产扶持的办法"。在征地补偿方面，第五条规定："征用耕地的补偿费，为该耕地被征用前三年平均年产值的三至四倍；每一个需要安置的农业人口的安置补助费标准，为该耕地被征用前三年平均每亩年产值的二至三倍。大型防洪、灌溉及排水工程建设征用的土地，其土地补偿费标准可以低于上述土地补偿费标准，具体标准由水利部会同有关部门制定。"此外，该条例第十一条指出："水利水电工程建设单位，应当在工程建设的前期工作阶段，会同当地人民政府根据安置地的自然、经济等条件，按照经济合理的原则编制移民安置规划。移民安置规划应当与设计任务书（可行性研究报告）和初步设计文件同时报主管部门审批。没有移民安置规划的，不得审批工程设计文件、办理征地手续，不得施工。"在安置方式上，第十二条规定："水利水电工程的移民，应当在本乡、本县内安置；在本乡、本县内安置不了的，应当在该工程的受益地区内安置；在受益地区内安置不了的，按照经济合理原则外迁安置。"这是我国第一部水库移民的专项法规，标志着我国水库移民安置工作正式进入了法制轨道。

这一时期的移民工作主要有以下特征。

（1）党中央、国务院高度重视水库移民工作，在认真总结过去几十年水库移民工作经验教训的基础上，提出了开发性移民方针，把工程建设的移民需要与改善库区群众的生产生活条件结合起来，先后出台了一系列有关水库移民的政策法规，对水库移民安置规划、补偿标准、安置方式、实施管理、后期扶持和遗留问题处理等进行了规范。水库移民工作取得了很大的进展。移民遗留问题得到有序处理，移民安置效果有了明显改善，有力地维护了社会稳定，总体上保证了水利水电工程建设的顺利进行。

（2）各级政府把移民工作摆上重要议事日程，加强工作管理，不断完善"政府领导、部门负责、业主参与、分级管理、县为基础"的移民工作管理体制。

（3）进一步加强移民前期工作，在搞好淹没影响范围内人口、实物调查的基础上，根据当地的实际情况，按照社会、人口、资源和环境相协调的原则，因地制宜地编制移民安置规划。

（4）陆续出台各类移民后期扶持政策和扶持移民发展的优惠政策，落实后期扶持资金，有序解决移民遗留问题，扶持移民发展生产，改善和提高生活水平。

这一时期，国家发展经历了改革开放、经济体制改革、市场经济萌芽、市场经济探索、社会主义市场经济基本构架完成、社会主义市场经济完善几个快速发展阶段，经济、社会快速发展，但也带来了水库移民问题在解决中不断演变和延伸，这一直成为水利水电工程建设的关键和核心问题，甚至是社会经济发展的焦点问题。水库移民政策尽管在实施中不断改进，但大中型水利水电工程征地补偿和移民安置条例一直没有修改，政策还带有计划经济的色彩，与市场经济极不匹配。

（四）完善水库移民政策（2006 年至今）

2006 年，国务院修订颁布了《大中型水利水电工程建设征地补偿和移民安置条例》（国务院令第 471 号），印发了《国务院关于完善大中型水库移民后期扶持政策的意见》（国发〔2006〕17 号）。这两项法律法规的颁布实施，标志着我国水库移民政策的完善，提高了补偿标准，落实了后期扶持资金来源，确定了后期扶持的基本方式。在一定程度上改善了政策，推进了水库移民问题的处理，推进了工程建设，维护了社会稳定。这一阶段，我国继续推进南水北调工程、淮河东调南下工程、金沙江开发工程，妥善安置大量移民。

在补偿安置方面，针对以往水利水电工程建设补偿补助标准低、范围偏小、标准不统一的问题，国务院 471 号令第 22 条规定："大中型水利水电工程建设征收耕地的，土地补偿费和安置补助费之和为该耕地被征收前三年平均年产值的 16 倍。土地补偿费和安置补助费不能使需要安置的移民保持原有生活水平、需要提高标准的，由项目法人或者项目主管部门报项目审批或者核准部门批准。"在后期扶持方面，《国务院关于完善大中型水库移民后期扶持政策的意见》第四、第五、第六、第七条规定："扶持范围。后期扶持范围为大中型水库的农村移民。其中，2006 年 6 月 30 日前搬迁的水库移民为现状人口，2006 年 7 月 1 日以后搬迁的水库移民为原迁人口。在扶持期内，中央对各省、自治区、直辖市 2006 年 6 月 30 日前已搬迁的水库移民现状人口一次核定，不再调整；对移民人口的自然变化采取何种具体政策，由各省、自治区、直辖市自行决定，转为非农业户口的农村移民不再纳入后期扶持范围。""扶持标准。对纳入扶持范围的移民每人每年补助 600 元。""扶持期限。对 2006 年 6 月 30 日前搬迁的纳入扶持

范围的移民，自 2006 年 7 月 1 日起再扶持 20 年；对 2006 年 7 月
1 日以后搬迁的纳入扶持范围的移民，从其完成搬迁之日起扶持
20 年。""扶持方式。后期扶持资金能够直接发放给移民个人的
应尽量发放到移民个人，用于移民生产生活补助；也可以实行项
目扶持，用于解决移民村群众生产生活中存在的突出问题；还可
以采取两者结合的方式。"

相比之前的移民工作，这一阶段的移民工作有以下特点。

（1）补偿标准大幅度提高。相比 1991 年的移民条例（国务
院令第 74 号），2006 年的新移民条例（国务院令第 471 号）大大
提高了征地补偿和安置补助费的标准，确保移民保持原有的生活
水平不下降。

（2）各项移民法规政策逐步完善，依法移民工作稳步推进。
国务院 471 号令和《国务院关于完善大中型水库移民后期扶持政
策的意见》的出台，标志着我国"依法移民"工作进入成熟
阶段。

（3）新的政策更加突出了以人为本的理念，将其落实到移民
安置规划、补偿补助标准、安置规划的实施和后期扶持等各个工
作环节，从根本上扭转了"重工程、轻移民"倾向。

（4）更加注重调动移民群众的积极性，强调移民的广泛参
与，移民参与到实物调查、安置规划、安置实施等各个过程中，
充分尊重移民意愿。

这个时期的政策仍然强调水利水电工程建设征地和移民安置
的特殊性，仍然采取"轻补偿，重安置"的基本思想，强调国家
（政府）对"移民负责"。政策解决问题的思路是：水库移民要遵
从国家大中型水利水电工程建设征地补偿和移民安置规定，出现
问题，政府负责。这种思路从一个方面体现了政府责任，即负责
到底的精神，另一个方面，也造成了水库移民的依赖，不利于问
题的解决，反而"固化了水库移民问题"。

二 路径依赖视角下水库移民政策演变途径

（一）水库移民政策演变路径依赖的研究目的

美国经济学家道格拉斯·诺斯认为"制度是一系列被制定出

来的规则、守法程序和行为的道德伦理规范，它旨在约束追求主
体福利或效用最大化的个人行为"。① 制度规范着社会中个体的行
为以消除人们在追求个体效益最大化过程中而产生的社会混乱或
者低效率的状态。由于社会是不断变化与发展的，不可能存在一
种永恒的游戏规则能够适应社会发展的不同阶段，因此制度变迁
成为必然并且是周而复始的。而在制度变迁的过程中，人们过去
做出的制度选择决定着他们现在可能的选择，即历史制度遗产对
于制度变迁具有重大影响，简而言之就是先前的制度会决策会决
定之后制度的制定。

我国学术界对于制度路径依赖也有深入的研究。在制度依
赖影响方面，肖金萍认为，沿着既定的路径，经济和政治制度
的变迁可能进入良性循环，也可能顺着原来的错误路径往下滑，
甚至被锁定在低效的状态，陷入恶性循环而不能自拔。② 在政
策创新方面，蒋永穆、安雅娜认为，制度创新一要考虑已有的
路径依赖；二是新路径的选择必须以市场经济作为大背景，体
现制度的经济效率，把经济效率放在重要的位置；三是新路径
必须设置动态修正机制，矫正路径偏差，避免再度出现"体制
锁定"，使创新沿着市场经济所要求的目标前进。③

从政策变迁路径依赖视角分析水库移民政策演变至关重要。
我国的水库移民政策经历了 60 多年的历史演进，必定有其特定
的变迁规律，利用路径依赖理论进行深入分析，可以厘清我国水
库移民政策变迁途径、特征，析出我国水库移民政策演进背后的
本质原因，解释某一时期水库移民制度的运行惯性和出现问题的
深层次原因，有助于我国水库移民政策的下一步调整，为更加妥
善安置水库移民提供理论指导。

---

① 道格拉斯·诺斯：《制度、制度变迁与经济绩效》，刘守英译，上海三联书
店，1994。
② 肖金萍：《农村社会养老保险制度变迁路径依赖及创新》，《人口与经济》
2004 年第 3 期。
③ 蒋永穆、安雅娜：《我国农村土地制度变迁的路径依赖及其创新》，《经济
学家》2003 年第 3 期。

（二）水库移民政策演变制度依赖途径

新中国成立以来，大规模的水利水电工程开发产生的移民在国家的妥善安置下，基本完成了生产生活的恢复，一定程度上保证了库区、安置区的和谐稳定，确保工程进行。新中国成立初期并未出台专门的水库移民政策，而是沿用土地政策进行征地补偿和安置工作。基于水库移民的特殊性、复杂性，这难免会引起移民工作的滞后，使移民难以实现既定的目标，从而导致群体性事件的发生。移民群体性事件的直接原因是相关移民政策的不完善、不科学。例如1958年，因三门峡水库建设，28万陕西农民迁往宁夏地区。但是由于安置区生活条件艰苦，生产设施匮乏，大量移民陆续返迁、重迁，群体性事件频发，1982～1985年三门峡水库移民持续的"返库运动"，直接催生了《关于抓紧处理水库移民问题的报告》（国办发〔1986〕56号）的颁布，确立了水库移民遗留问题处理制度，创新了水库移民安置规划制度。2004年四川瀑布沟事件，极大地震动了中央，也促进了修改后的移民条例和完善后期扶持政策的尽快颁布。这些群体性事件产生的根本原因是由于移民在政策制定中处于弱势，其诉求不能得到满足。但是，这些事件又直接推动政府重新衡量移民政策的"收益－成本"效应，加速更契合实际的水库移民政策的出台。

除了"事件推动政策出台"以外，我国水库移民政策演变的另一个特征是政策演变政府主导性。新中国成立初期，在我国完成社会主义改造，建立了高度集中的计划经济体制的背景下，我国的水利水电工程建设完全由政府主导，政府以行政命令甚至军事化的形式来组织移民，移民政策呈现以行政命令为主要特征的表现形式。因处于特殊的历史时期，移民是为国家利益而牺牲，诉求并不强烈，行政命令式的移民制度促进了当时我国水利水电事业的发展。随着我国由计划经济逐步转向市场经济，安置区和库区的人地矛盾逐渐凸显，由于耕地质量差、数量少、产出率低，部分后靠安置移民口粮难以自给。移民遗留问题和后期扶持问题揭示了政府主导性移民政策的弊端。

通过对水库移民政策演变背景和调整的梳理，宏观把握其演变脉络，结合路径依赖理论的运行机制，得到我国水库移民政策变迁中路径依赖主要有两条：一是移民补偿费始终按照被征用土地前几年年产值的平均值的倍数或总值来确定，即补偿原用途产值倍数法，二是始终强调移民的安置。① 我国水库政策演变路径依赖如图 3 - 1 所示。

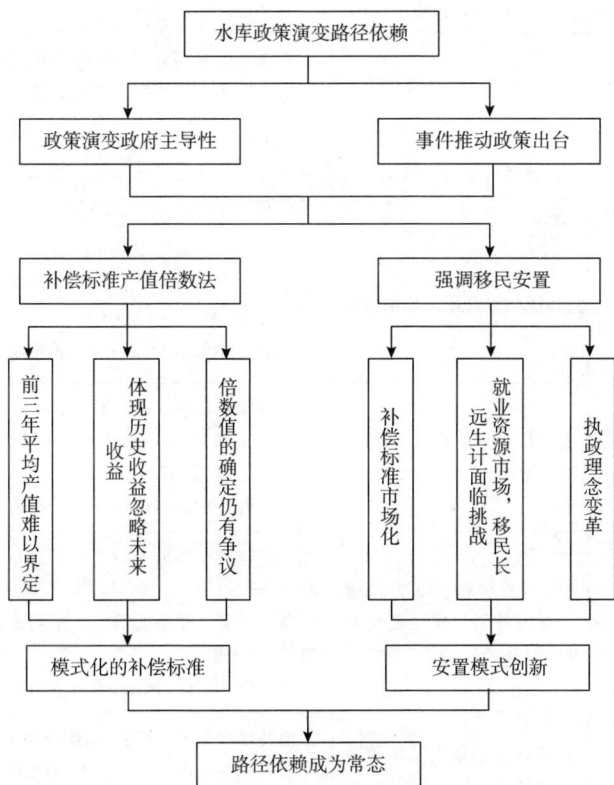

图 3 - 1　水库政策演变路径依赖示意

1953 年，政务院颁布的《国家建设征用土地办法》明确指出因国家建设而征用的土地，必须对土地被征用者的生产和生活有妥善的安置。在土地补偿方面，"一般土地以其最近三年至五年

---

① 邓曦东、段跃芳：《中国非志愿移民的补偿制度创新研究》，《经济学家》2008 年第 3 期。

产量的总值为标准，特殊土地得酌情变通处理之"。这一规定使我国水库移民政策在演变过程中，移民补偿费始终按照被征用土地前几年年产值的平均值的倍数或总值（即产值倍数法）来确定，使征地补偿标准"模式化"（见表 3 - 1）。

表 3 - 1 我国水库移民政策补偿标准演变

年份	法规、政策	补偿标准演变
1953	《国家建设征用土地办法》	一般土地以其最近 3 ~ 5 年产量的总值为标准，特殊土地得酌情变通处理之
1958	《国家建设征用土地办法》	一般土地，以最近 2 ~ 4 年的定产量的总值为标准；其他特殊土地，根据具体情况变通办理
1982	《国家建设征用土地条例》	土地补偿费：前 3 年平均产值的 3 ~ 6 倍 安置补助费：前 3 年平均每亩年产值的 2 ~ 3 倍，最高不超过 10 倍 二者总和不得超过被征土地年产值的 20 倍
1986	《中华人民共和国土地管理法》	土地补偿费：前 3 年平均产值的 3 ~ 6 倍 安置补助费：前 3 年平均每亩年产值的 2 ~ 3 倍，最高不超过 10 倍 二者总和不得超过被征土地年产值的 30 倍
1991	《大中型水利水电工程建设征地补偿和移民安置条例》（国务院令第 74 号）	土地补偿费：耕地为前 3 年平均亩产值的 3 ~ 4 倍 安置补助费：耕地为前 3 年平均每亩年产值的 2 ~ 3 倍 二者总和不得超过被征土地年产值的 20 倍
1998	新修订《中华人民共和国土地管理法》	土地补偿费：前三年平均产值的 6 ~ 10 倍 安置补助费：前三年平均产值的 4 ~ 6 倍 综合补偿倍数为 10 ~ 16 倍
2004	新修订《中华人民共和国土地管理法》	土地补偿费：前三年平均产值的 6 ~ 10 倍 安置补助费：前三年平均产值的 4 ~ 6 倍 二者总和不超过被征收前平均产值的 30 倍
2006	《大中型水利水电工程建设征地补偿和移民安置条例》（国务院令第 471 号）	土地补偿费和安置补助费之和为被征耕地前 3 年平均年产值的 16 倍

　　由于政策演变路径依赖而保留下来的征地补偿产值倍数法是计划经济的产物，它能够在一定时期、一定程度上反映土地价值或土地价格。但是，在市场经济下，土地价值内涵拓展，价值观念发生变化，在制度设计与选择上，土地补偿费和安置补助费仍然沿用原用途的收益倍数法，就会导致补偿标准和现实土地价格的差异，也不能真实体现土地对移民的真实价值。其不合理主要体现在以下三个方面：一是前 3 年的平均产值难以合理界定；二是仅体现了历史收益而未考虑未来的收益，即忽略了土地的增值收益；三是倍数值的确定也有很大争议。现行的《土地管理法》按照原用途产值的 10～30 倍和水库移民的 16 倍的总值（国务院令第 471 号）、土地市场价格有很大的差距。早在 1995 年有学者就提出：合理的土地补偿标准，按照我国当前资本利率水平计算出的土地收益倍数应在 40～50 倍，[①] 再加上市场经济土地价格激增，农民对土地价值预期也激增。

　　产值倍数法在实行初期，适应了计划经济体制和当时经济发展的形势，对我国经济发展起到了促进作用。但随着社会的进步，经济的转轨，计划经济色彩的征地补偿制度已经不能适应市场经济体制以及改革的形势，已经无法有效地促进资源的合理利用和有力地维护被征地农民的切身利益。在计划经济向市场经济转换的大背景下，水库移民的征地补偿方面也应该顺应市场经济的法则，使补偿标准顺应市场需求是以后制定水库移民政策的重点。

　　移民能否得到合理的安置一直是水利工程和水库移民能否和谐、顺利实施的关键，也是衡量移民工作成败的标准。早期我国移民工作注重安置，补偿标准低。如今市场经济快速发展，资源配置方式转变，移民利益诉求不断拓展和提高，更应注重安置与补偿相辅相成。

　　计划经济时代，政府因为掌握大量资源，故而试图通过"低补偿、重安置"的方针来解决土地补偿问题，使移民能够尽快恢复生产生活，实现就业。但是，随着计划经济向市场经济的转

---

　　① 　吴敬琏：《路径依赖与中国改革》，上海人民出版社，1995，第 12 页。

变，一方面劳动力向市场转移，就业资源被市场掌控，移民长远生计面临挑战；另一方面，市场经济的发展势必促进征地补偿标准设定的合理化与市场化，因此现行的移民安置政策已经不能满足移民的利益诉求，政策执行过程中面临众多的问题。再者，政府在新时期新的执政理念是移民安置变革的动力，实践证明，如果仍沿用传统的管理思路和手段，就不可能解决如此复杂的水电工程移民问题，也就无从落实中央提出的"执政为民"的执政理念，这是实行移民安置模式创新的强大外部驱动因素。

中国水库移民数量在世界上最多，移民安置工作量也最大。在探索水库移民安置途径的方式上，出现了"调整土地安置""土地置换户口""兼业安置""城镇化安置""土地换社保""长期补偿""社保＋非农就业"等安置方式。随着城乡一体化进程的不断加快，城乡交融机制给移民安置的创新带来新的动力。所以，如何在过去实践探索的基础上，结合新时期我国的现状，逐步改变单一的安置方式，创新安置方式，也是政策创新的重要内容。

三　不同历史阶段政策问题、影响因素及调整

新中国成立以来，从1953年第一部土地征用法规到2006年移民安置条例的修订，我国水库移民政策伴随着国家经济体制由计划经济向市场经济的重大变化。由于每一个时期的政治路线、目标、经济体制和国情不同，水库移民政策呈现明显的差异性，带有明显的时代特征。每一阶段的政策都是针对当时水库移民存在的问题而制定的，这些政策一方面有效地解决了当时的问题，保证移民生产生活恢复和工程的进行；另一方面，从纵向角度来看，因为独特的社会环境，每一时期的政策又存在一定的局限性，并不能全面、彻底解决移民遗留问题。基于制度变迁的视角，我国水库移民政策在"制定—问题—调整—再制定"的过程中不断完善。

根据新中国成立以来我国巨大社会变迁和移民政策演变，可以将水库移民政策发展划分为四个阶段，详见表3-2。

表 3 - 2　我国水库移民政策演变过程

阶段	时代背景	相关水库移民政策
第一阶段：以土地置换及行政命令为主阶段（1949～1985 年）	社会主义改造、三年困难时期、"大跃进"、"文化大革命"	没有独立政策，执行《国家建设征用土地办法》（1953、1958）
第二阶段：开发性移民阶段（1986～1990 年）	改革开放	《关于从水电站发电成本中提取库区维护基金的通知》（〔81〕电财字第 56 号）；执行《国家建设征用土地条例》（1982）；《水利水电工程水库淹没处理设计规范》（1984）；《关于增提库区建设基金的通知》（〔86〕财工字第 151 号）；《中华人民共和国土地管理法》（1986），授权国务院制定独立大中型水利水电工程移民政策；《关于抓紧处理水库移民问题的报告》（国办发〔1986〕56 号）
第三阶段：规范化阶段（1991～2005 年）	经济形势好转，国务院出台了第一部移民专项法规	《大中型水利水电工程建设征地补偿和移民安置条例》（国务院令第 74 号）；《关于加强水库淹没处理前期工作的通知》（水规〔1991〕67 号）；《关于设立水电站和水库库区后期扶持基金的通知》（计建设〔1996〕526 号）；《关于加快解决中央直属水库移民遗留问题若干意见》（国办发〔2002〕3 号）
第四阶段：以人为本的政策阶段（2006 年至今）	进入 21 世纪，综合国力显著增强，提出了以人为本的科学发展观、经济迅速发展	《大中型水利水电工程建设征地补偿和移民安置条例》（国务院令第 471 号）；《国务院关于完善大中型水库移民后期扶持政策的意见》（国发〔2006〕17 号）

（一）　第一阶段：1949～1985 年

新中国成立初期，国内百废待兴，全国进入社会主义建设阶段，同时掀起了水利水电工程建设的"狂潮"。这一阶段国家尚未出台指导移民工作的独立政策，仅以《国家建设征用土地办法》作为指导守则。在安置补偿方面，主要以土地置换安置（土地调换或者划拨）和行政命令式的政策为主。这些政策在一定程度上保障了当时移民工作的顺利进行，但是也激化了移民和政府部门的矛盾，引起一系列遗留问题。这一阶段的移民政策的问题主要有以下几点。

（1）补偿标准越来越低。1953 年的《国家建设征用土地办法》的一般土地补偿标准为 3～6 倍，而 1958 年的《国家建设征用土地办法》的一般土地的补偿标准却为 2～4 倍。补偿标准偏低或不予补偿往往会导致移民的激烈反抗，相对被剥夺感增强，出现大量重迁、返迁的移民。

这一时期，由于社会主义改造基本完成，加上长期政治运动的影响，通过低补偿以低成本方式进行国家建设的思维逻辑获得主流意识形态的确认。表现为进一步强化了"适当（低价）补偿"原则，通过"政治运动"推动移民搬迁的工作方式逐步形成。虽然呈现"低价征地、强制搬迁"易行的低交易成本现象，但这一阶段先后完成的征地工作，都不同程度存在征地遗留问题。[①]

（2）移民不受重视，普遍存在"重工程，轻移民""重搬迁，轻安置""重生产，轻生活"的错误倾向。水利水电工程建设缺乏可行的移民安置规划，移民的搬迁主要依靠政府的强制性行政命令，"军事化"工程进度，组织搬迁，要求移民必须在规定的时间内搬迁完毕，有的地方甚至为了提前下闸蓄水，采取了极端的措施强制搬迁。对于搬迁后移民的安置也十分简单，大部分采取就地、就近后靠上山安置，土地由人民公社就地调配。这一系列在错误指导思想引领下的违背客观规律的移民搬迁措施直接导致了数以百万计的移民生活条件急剧下降，基本生活设施不能得到保障，饮水难、住房难、用电难、上学难等各种困难严重影响了移民的正常生活。因此，这一时期的水利水电工程建设移民产生了很多历史遗留问题。

①　黄东东：《征地补偿制度变迁与交易成本——以水库移民为例》，《中国政法大学学报》2015 年第 1 期。

（3）水库移民工作缺乏专门的政策依据。这一阶段，国家并未出台专门适用于水库移民征地补偿和安置的政策，移民工作的开展基本无章可循、无法可依，移民的安置和补偿依靠地方政府"红头文件"，移民政策带有极大的地域性和随意性。

十一届三中全会拉开了我国改革开放的序幕，我国开始进入了一个全新的历史时期，传统的高度集中的计划经济体制已经不再适应社会的发展，开始向社会主义有计划地市场经济转型。而同时，随着经济的发展，人口的激增，城市基础设施建设大规模地开展，土地的需求量大大增加，人地矛盾开始凸显，水利水电工程导致的移民历史遗留问题开始爆发，这促使国家有关部门开始了针对移民问题的探索，我国的水库移民政策也进入了开发性移民政策阶段。

针对以往征地补偿标准低的问题，1982年国务院修订颁布了《国家建设征用土地条例》，将征用耕地的补偿标准提高为被征用前3年平均产值的3~6倍；新增了安置补助费，补助标准为该耕地被征用前3年平均每亩年产值的2~3倍，从而较大幅度地提高了移民安置补偿和补助的标准。这一条例的颁布也标志着我国水库移民政策从适用普适性的法律法规走上了探索建立行业性专项法规之路。

此外，这一阶段国家还出台了一系列水库移民配套政策来解决移民遗留问题。1981年6月，当时的电力工业部联合财政部颁发了《关于从水电站发电成本中提取库区维护基金的通知》（〔81〕电财字第56号），要求从水电站发电成本中按每千瓦时1厘钱的标准提取库区维护基金，专门用于解决移民的历史遗留问题和建设水库的防护工程。

（二）第二阶段：1986~1990年

1986年，国务院批准了水利水电部《关于抓紧处理水库移民问题的报告》（国办发〔1986〕56号），明确提出水库移民安置是水利水电工程建设不可分割的组成部分，移民工作必须打破传统的单纯安置补偿的做法，改消极赔偿为积极创业，变救济生活为扶持生产，走开发性移民的道路。正式确定我国对水库移民实行开发性移民的方针，施行"谁主管、谁负责，谁受益、谁承担”的原则。这些政策的颁布有效扭转了传统“重工程，轻移民”是陈腐观念，有效解决了移民遗留问题，为以后我国移民安置工作指明了方向。

1986年，全国人大审议通过了《中华人民共和国土地管理法》，其中第32条指出“大中型水利、水电工程建设征用土地的补偿费标准和移民安置办法，由国务院另行规定”。这为1991年出台的《大中型水利水电工程建设征地补偿和移民安置条例》提供了法律保障。但是在土地补偿费、安置补偿费方面，《土地管理法》仍沿用“产值倍数法”的计算方法和补偿标准，这对水库移民征地补偿标准确定，既提供了法律依据，也制约了移民安置必需的投资。

这一阶段由于条例没有出台，安置规划、后期扶持的具体规定还没有明确，仅从征地补偿标准方面进行了规定，一定程度上缓解了移民遗留问题的压力，但是并未明确解决移民安置中的生产生活恢复问题。

（三）第三阶段：1991～2005年

1991年国务院颁布了《大中型水利水电工程建设征地补偿和移民安置条例》（国务院令第74号），这是水库移民工作的专项法规。该法规对水库移民安置的方针、原则、补偿范围、补偿标准、安置方式以及移民工作程序等各个方面都做了较为全面的规定，从此，我国的水库移民工作结束了无章可循的历史，开始走上了规范化、制度化的道路，水库移民工作进入专业化、法制化建设的轨道。

该条例第十条首次规定“水利水电工程建设单位，应当在工程建设的前期工作阶段，会同当地人民政府根据安置地的自然、经济等条件，按照经济合理的原则编制移民安置规划。移民安置规划应当与设计任务书（可行性研究报告）和初步设计文件同时报主管部门审批。没有移民安置规划的，不得审批工程设计文件、办理征地手续，不得施工”。这一规定将水库建设前期移民安置规划工作上升到法律地位。为了进一步明确前期移民安置规划的重要性，国家各个相关部门又专门发布了一系列的文件、规范、规程来完善该条例的相关规定。1992年12月，能源部、水利部、水利水电规划设计总院联合印发了《关于加强水库淹没处理前期工作的通知》（水规〔1991〕67 号），要求高度重视水库移民的前期工作，提高水库淹没处理和移民安置规划的深度、精度和设计水平，扭转"重工程，轻移民"的被动局面。国务院 74 号令第三条指出："国家提倡和支持开发性移民，采取前期补偿、补助与后期生产扶持的办法。"1996 年，国家计划委员会、财政部、电力部、水利部联合下发了《关于设立水电站和水库库区后期扶持基金的通知》（计建设〔1996〕526 号），规定在 1986 年到 1995 年间投产和 1996 年以前国家批准开工的大中型水电站、水库库区，按照每个移民 250～400 元，最高不超过每千瓦时 5 厘钱的标准，在各水电站发电成本中提取库区移民后期扶持基金，由各省专项用于解决移民的生产发展以及历史遗留问题；2002 年国务院办公厅转发了水利部、财政部等部委及国家电力公司《关于加快解决中央直属水库移民遗留问题若干意见》（国办发〔2002〕3 号），决定从 2002 年到 2007 年，按各省销售的全部电量每千瓦时不超过 2 厘钱的标准提取库区建设基金，用 6 年时间解决 1985 年底前投产的中央直属水库移民遗留问题。具体标准按照中央直属水库移民现状人口人均 6 年累计 1250 元核定，分省计提，统一上缴中央财政；地方配套资金按 1∶1 的比例安排，由省级政府负责筹集。

虽然国务院 74 号令贯彻开发性移民方针，采取"前期补偿、补助与后期生产扶持"的办法，但是，这种办法本身就意味着一次性补偿的不充分性。为什么不直接提高补偿标准，而宁愿采取后期扶持方式弥补补偿的不足？[①] 这是政府在政策制定过程中"成本－收益"的考量的结果，这也决定了水库移民问题存在和演变的必然性。

此外，国务院 74 号令的补偿标准是依托 1986 年《土地管理法》而定的，而且，为保障水利水电工程建设，补偿标准基本上是执行的《土地管理法》下限。《土地管理法》在 1998 年和

---

① 黄东东：《征地补偿制度变迁与交易成本——以水库移民为例》，《中国政法大学学报》2015 年第 1 期。

2004 年两次修订后，征地补偿标准有一定提高，国务院 74 号令与《土地管理法》规定的补偿标准存在明显差距，这种差距导致水库移民摩擦不断，问题不断，冲突时有发生，维持 74 号令政策的执行成本不断上升。

（四）第四阶段：2006 年至今

针对水库移民后期扶持难以落实、征地补偿标准和土地法规定标准有差距、移民安置规划不深入、实施管理职责不明、移民权益诉求多元化等问题，2006 年，国务院相继颁布了《大中型水利水电工程建设征地补偿和移民安置条例》（国务院令第 471 号）、《国务院关于完善大中型水库移民后期扶持政策的意见》（国发〔2006〕17 号）。目的是适应社会经济发展形势，促进移民历史遗留问题有效解决，妥善解决水库移民出现的新问题。

在补偿标准方面，国务院 471 号令结合国务院 74 号令，并在《土地管理法》（2004）的基础上，提高了大中型水利水电工程建设征地补偿标准，"土地补偿费和安置补助费之和为该耕地被征用前 3 年平均年产值的 16 倍"。提高并统一了标准，避免了不同地区、水库移民之间由于不同补偿标准而引起的相互攀比，提高了库区移民社会水平，有效保证安置区的和谐问题。

在后期扶持方面，《国务院关于完善大中型水库移民后期扶持政策的意见》完善了后期扶持政策，加大了后期扶持的力度。针对过去后期扶持政策涉及范围小、扶持标准低且差异大、扶持期限长短不一等问题，完善后的后扶政策规定后期扶持的范围是所有大中型水库农村移民，并且规定自搬迁之日算起（2006 年 6 月 30 日以前搬迁的从 7 月 1 日算起）连续扶持 20 年，每年每人扶持 600 元，标准全国统一，各地不得自行确定其他标准。

尽管国务院 471 号令和《国务院关于完善大中型水库移民后期扶持政策的意见》在以往政策的基础上有了大幅度的改进，但是，从历史的发展角度来审视，政策本身仍存在以下几种问题。

（1）征地补偿标准问题。《土地管理法》规定：征收耕地的补偿费用包括土地补偿费、安置补助费以及地上附着物和青苗的补偿费。征收耕地的土地补偿费，为该耕地被征收前三年平均年产值的 6 ~ 10 倍，每一个需要安置的农业人口的安置补助费标准，为该耕地被征收前三年平均年产值的 4 ~ 6 倍，土地补偿和生产安置补助的上限不得超过年产值的 30 倍；大中型水利水电工程建设征收土地的补偿费标准和移民安置办法，由国务院另行规定。国务院 471 号令规定：大中型水利水电工程建设征收耕地的，土地补偿费和安置补助费之和为该耕地被征收前三年平均年产值的 16 倍。

近几年各地建设项目征地执行国土部门制定的土地综合区片价，大大高于水利水电项目征地补偿标准，许多地区的铁路、公路等基础设施建设项目的征地补偿标准也基本和土地法所规定的一致，同一地区的移民因水库项目征地获得的补偿远远低于其他工程的补偿，认为政府的做法有失公平。

（2）责权利不明晰。移民事务一般涉及多部门合作，目前全国范围内缺乏一个统一的移民管理机构进行协调管理。国务院471 号令规定："国务院水利水电工程移民行政管理机构（以下简称国务院移民管理机构）负责全国大中型水利水电工程移民安置工作的管理和监督。"但是国务院 471 号令并未对此机构做详细说明。此外，国务院目前也未设置专门负责移民事务的专属机构，水利项目和小水库的移民事务由水利部移民局负责，而大中型水电项目的移民由国家发改委负责。特别是对于界河上的水电开发项目，各省往往因为安置方式和补偿标准问题产生分歧难以协调，而中央缺乏协调问题的机构，多部门涉及，管理职能分散，致使很多问题一拖再拖，大大降低了办事效率。

国务院 471 号令规定："移民安置工作实行政府领导、分级负责、县为基础、项目法人参与的管理体制。"但是并未明确规定政府和业主的权利和义务，致使在实际工作中，经常出现相会推诿和扯皮的现象：业主单位在蓄水发电之前热情很高，对于移民和地方政府做出各种承诺，一旦发电之后就会尽可能将所有的问题推给地方政府去解决；地方政府坐地起价，借助修建水电站之机，对于业主单位提出各种高要求，大大增加了业主单位的投资；基层政府和移民管理机构承担了大量的工作和压力，移民有任何不满意都会去找政府解决，甚至发生大规模上访事件，但是基层政府和移民管理机构却未能从电站中获益；另外对于移民应该承担的义务没有一个明确的规定，对于无理取闹的移民缺乏相应的惩罚措施。总之，在实施移民工作的过程中，应该明确各级政府、业主、移民的权利和义务，确保移民工作有序进行。

（3）线上的剩余资源补偿的问题。在补偿范围方面，对于建设征地红线范围以外的各类实物，国务院471号令只对远迁移民且属于个人所有的零星树木、房屋等实物进行了相应的补偿，而对剩余土地资源的处理尚未给出相应的规定。对于剩余土地资源，在市场经济体制下，一方面改革不配套，国家没有提供土地流转、交换的平台，另一方面被征地农民缺乏相应的土地交换信息，难以达成土地的有效流转、使用。所以移民只能将剩余的土地闲置，既造成了收入的下降，又造成了生产资料的浪费。

（4）没有明确争议解决程序。国务院471号令对因水利水电工程用地补偿发生纠纷由谁进行裁决，不服有关机构裁决如何申请救济，对不主动履行裁决的能否强制执行，由谁强制执行，执行费用由谁承担等方面都缺乏明确的规定。

（5）如何实现两区建设可持续发展问题。《国务院关于完善大中型水库移民后期扶持政策的意见》的终极目标是实现库区和移民安置区经济社会可持续发展，要解决水库移民的温饱问题以及库区和移民安置区基础设施薄弱的突出问题，加强库区和移民安置区基础设施和生态环境建设，改善移民生产生活条件，促进经济发展，增加移民收入，使移民生活水平不断提高，逐步达到当地农村平均生活水平。

但是，对我国水利水电工程移民搬迁安置后发展状况的调查结果显示，移民的可持续发展面临相当多的困难和问题。一是移民安置规划存在的移民成本低估、环境容量高估现象；二是移民就业矛盾突出，收入和生活水平普遍下降；三是基础设施落后，经济发展缺乏产业支撑；四是环境保护和生态建设资金匮乏。[①]《国务院关于完善大中型水库移民后期扶持政策的意见》难以解决移民与社会同步发展的根本问题。

---

① 陈建西、何明章：《论工程移民后期扶持与可持续发展》，《华东经济管理》2009年第5期。

四　现行水库移民政策体系及实施的困境

现行水库移民政策体系包括征地补偿修改法律、法规、移民条例以及政府文件和相关规范规程。政策体系对于保障移民工作顺利进行，维护库区、安置区的社会稳定，确保工程顺利进行起到了巨大作用。但是，在政策实施过程中，仍然会出现政策与实际情况对接错位的情况，政策本身存在的一些缺陷以及在执行中执行环境引发的问题构成了水库移民政策体系实施困境。

（一）国家法规实施困境

国家法规主要是土地管理法授权由国务院颁布的《大中型水利水电工程建设征地补偿和移民安置条例》（国务院令第 471 号）。但随着城乡一体化发展，土地资源利用变化，社会经济发展变化，此法规面临很多实施困境。

1. 安置方式选择问题

国务院 471 号令规定："对农村移民安置进行规划，应当坚持以农业生产安置为主，遵循因地制宜、有利生产、方便生活、保护生态的原则，合理规划农村移民安置点；有条件的地方，可以结合小城镇建设进行。"

移民安置要求以农业为主，移民持有相当数量的土地进行农业生产，可以保证移民的农业收入以及收入的稳定性，其出发点是维护移民利益、保障移民收入，维护社会稳定，但是在实际过程中大多数地方在安置时难以调整出足够数量的耕地，而且随着社会经济发展，城乡交融，过去移民单一从事农业生产、非农业劳动技能缺乏的现象已有很大改善。我国水电资源多分布在西南地区，多山地少耕地，难以寻找到合适的安置地，也难以调整出足够的土地用以农业安置，而且被淹没的土地多为肥沃的土地，后靠上山安置的土地质量难以与被淹没的土地质量相当，造成政策和现实脱节。在实际操作中很多地方实行农业安置时都没有调整出足够的土地，致使农民因土地数量和质量降低而造成农业收入大幅降低，难以实现安稳致富。水库建设的山区，农业生产对于自然条件要求很高，但大多生态环境脆弱。如果一味强调"农业安置"，采取外迁安置的方式，部分移民难以适应安置地的自然条件和生活条件，难以与当地居民融合，因此会发生冲突或者是返迁等问题。如溪洛渡水库移民被安置到孟良县，因为对于生活方式的不习惯，群众抵触情绪很大，最后发生大规模返迁。

2. 房屋补偿问题

目前的移民政策是对于被淹没的房屋按照重置价格进行补偿，然而随着物价的上涨以及生活标准的提高，按照重置价补偿的价格已经不能在迁入地建起新的房屋，这就需要移民自己出资修建房屋，而且重置价没有考虑到区位的因素，不能较准确地反映房屋的真实价值。按照房屋结构确定重置价总体上能够反映不同结构房屋之间建筑成本的差异，但是在一些特殊情况下，木结构要比砖结构的房屋建筑成本高。比如在云南普洱市少数民族地区，木结构的房子建筑含有本民族的特点，建造技术十分复杂，建一所木房子的成本要十几万元甚至几十万元，而在同地区建造一所砖混结构的房屋成本只需要几万元，如果按照木结构房屋标准低于砖混结构标准来补偿，显然不能真实恰当地反映砖混结构房屋与木结构房屋之间的价值差异，对于木结构房屋的移民来说显然有失公平。

3. 移民周期问题

水库项目的审批和审核周期较长，从项目建议书批准到可行性研究批准，需要多部门长时间审核。移民安置规划基本上是根据项目批准的时段来开展工作的，在项目没有批准情况下，很难投入大量人力、物力、财力进行前期移民安置规划工作，在项目没有核准的情况下，也很难启动移民安置规划实施准备工作。批准之后需要立刻编制移民安置规划，随后开展移民安置实施工作，这一系列的流程容易造成前期设计的深度不够，从编制规划到最终实施时间跨度很大，受到设计变更、移民意愿、物价水平等影响，使最后的安置工作不能按照当初的规划进行，安置规划需要多次修改，既影响移民安置效果，又会引起移民安置投资方、业主、地方政府、移民之间的矛盾、摩擦或者冲突。因此对于移民工期应该有一个明确的规定，确保规划、审批同时执行，同时对于设计的深度必须有明确规定，使设计深度可以满足规划编制的需要，这样可以避免规划多次变更，从而保证移民工作顺利进行。

4. 听取移民意愿问题

国务院471号令规定：编制移民安置规划和后期扶持规划时应当广泛听取移民和移民安置区居民的意见；必要时，应当采取听证的方式。但是在规划过程中却很难考虑移民的意愿。首先，水库建设多处于山区，由于山区经济落后、信息闭塞、移民文化水平有限，因此移民自我决策的能力有限，部分地区少数民族众多，传统习俗制约很多。此外，大部分移民不具备比较选择的能力，更没有长远判断能力，一般比较注重眼前利益，因此会提出一些不合理的意愿。这和规划中长远发展的思路相相悖，规划的编制中很难体现"怎样才是保障移民的利益"。这就导致大部分移民过分看重资金补偿，而对于安置的去向和安置方式不是很在意，进而导致移民在参与意愿调查时不是很积极，甚至有些为了眼前的利益，提出了一些违反操作规程的要求。因此，听取移民意愿时不仅要注重参与的原则，更要注意参与的方法与形式。

（二）国务院文件实施困境

为完善国务院471号令，国务院颁发了《国务院关于完善大中型水库移民后期扶持政策的意见》（国发〔2006〕17号），对大中型水库移民进行后期扶持。但此文件在现实中也面临诸多困境。

1. 直补功能异化

在扶持方式的选择上，大多数省市采取直补到人的方式，即将600元钱直接发给移民个人。这种方式简单易行，解决温饱问题效果明显，但这种扶持方式同样存在一些弊端。一是没有发挥资金的"造血"功能，直接的货币扶持使移民产生了一种政策依赖症，滋生了"等、靠、要"的思想，不利于移民未来生计的可持续性和生活水平的持续提高；二是割裂了移民与当地居民的联系。为妥善接纳安置水库移民，迁入地居民也付出了努力，牺牲了部分自己的利益，却没有得到政策给予的实惠与补偿。此种扶持方式在实践中产生了新的矛盾，使移民更加边缘化。

2. 资金运行隐忧

移民后期扶持资金是专项资金，国家虽然制定了管理办法，但实际运行并不规范。一是专款未能专用，有些地方在下达项目预算时，直接预留或提取部分资金，变相截留移民资金。二是县级报账操作各异，资金安全无保障。有的执行"省—县—乡（镇）—村"四级拨款制，资金运行环节多，安全隐患大；有的县级移民机构既负责项目的规划申报、组织实施，又负责项目资金的拨付，缺乏制约；有的实行乡镇财政所和县移民局两级报账制，资金安全缺乏监管。三是票据使用不规范，票实不符，白条泛滥，套取资金问题严重。

3. 管理机制不科学

为协调解决水库移民后期扶持政策实施中出现的问题，中央建立了由相关部门组成的联席会议制度，地方建立了不同层级政府的水库移民工作领导小组，并下设办公室直接负责水库移民安置实施和后期扶持工作，但各部门之间的协作、配合并不理想。一是信息传递不畅通，资金拨付周期长。根据有关规定，移民部门管项目，财政部门管资金，但从实践中看，由于多方面因素的影响，项目资金的拨付往往比规定时间滞后半年甚至更长，严重影响项目施工的进度。二是协作机制不健全，项目验收不及时。移民项目完成后，竣工验收需要移民、财政、审计、监理、政府办公室等多家机构参加，由于缺乏协调，各相关机构很难同时集合，往往造成人为的验收拖延现象。三是管理机构不健全。由于历史渊源，各地移民后扶部门分属不同部门。既有独立设置的移民局，也有隶属发改委、民政局、扶贫办、水利局的移民机构。从各地工作实际看，移民部门普遍存在内设机构不全、工作人员匮乏、办公条件较差、工作经费紧张等现实困难，很难适应移民后扶工作的需要。

（三）技术规范实施困境

水库移民技术规范、规程是水库移民技术性政策，是适应水库移民的技术性而产生的对政策必要的补充和具体化。水库移民不仅涉及社会经济，需要政策规范调整，在实施中还会遇到诸多工只有具备工程技术、设计技术，才能够准确判断规程影响范围、影响方式和影响程度的问题。为和水库移民法律、法规配套，水利和水电主管部门相继出台了水电和水利两个行业的水库移民安置规划设计规范，目的是统一技术标准、规范和顺利推进水库移民政策实施，但在实施中也是遇到诸多问题。

1. 土地分解到户操作问题

在农村集体土地家庭联产承包制下，农用地基本上是承包到户的、使用权登记到户的，如何分解到户是给予公平补偿的前提，也是保障移民权益的基础，在现有法律法规没有明确的情况下，配套的技术规范也没有明确如何操作。水电行业的《水电工程建设征地实物指标调查规范》（DL/T5377—2007）中有明确规定："地方政府根据移民安置工作的需要将承包耕地、园地、林地等指标分解到户。"但该规范不具约束效力，而在水利行业规范中又没有明确。

2. 调地标准和调地补偿标准问题

国务院471号令规定，移民农业安置后，应使移民拥有与移民安置区居民基本相当的土地等农业生产资料。这里的"基本相当"应该指的是与安置地居民相比，所拥有的土地在数量和质量上基本相当。

一般情况下，水库大多地处偏远山区，征地的区片综合价相对偏低。为使移民的生活达到或者超过原有水平，移民安置规划在选择外迁移民安置点时，往往会优先选择一些土地条件较优、资源丰富、交通等基础设施条件较好的地区安置移民。一方面有调剂土地的潜力，另一方面也能够吸引移民迁移，容易被外迁移民接受。现实情况中，往往出现淹没区的征收耕地价格低于安置区的征收耕地价格、淹没区的土地数量也小于安置区土地数量的矛盾。在制定生产安置规划前，进行征求安置区居民意愿调查时发现，安置区居民最关心的就是调剂土地的标准问题，并且普遍存在这样的心态：获知本工程的相关调地标准后再进行权衡，如果自己觉得划算，则愿意调剂土地，若不划算的话，就不愿意调出土地或只调出耕种不便的部分土地。基于这种现象，政策创新需要解决的问题是：损失补偿和安置投资之间存在怎样的关系？如何平衡二者之间的关系？

3. 水利行业标准和电力行业标准存在一定程度的矛盾

2007 年，国家发改委根据国务院 471 号令，发布了 8 项电力行业水库移民规范，进一步规范了水电工程移民工作。2009 年水利部又颁布了水利行业 5 项水库移民规范，对水利行业水库工程移民安置规划设计进行规范。由于水电已纳入企业项目管理，建设管理实施的是市场经济原则和国家核准制，水利是公共利益项目，是国家投资的，建设项目管理延续的是计划经济管理和审批制。两部规范部分内容重叠，相互不一致，解释不统一，程序、标准也存在差异，实际操作差异更大，导致同一地区水库移民政策不一致，移民攀比现象严重。

（1）在水电规范中设计阶段主要为项目建议书、可研、初设、实施 4 个阶段，而在电力规范中设计阶段分为预可研、可研和移民实施阶段，水利规范要比电力规范多一个移民规划的初步设计阶段。

（2）在实物调查阶段，水利规范明确了人口应该包括有户籍人口和无户籍的超生人口，以及户口临时转出的定向招收毕业后回原籍的学生、义务兵、中小学生、劳改劳教人员等。在电力规范中没有明确。

（3）《水电工程建设征地移民安置规划设计规范》（DL/T5064—2007）中的 7.4.21 条明确规定可研阶段农村调查"对于土地面积，应利用不小于 1∶2000 比例尺土地利用现状地图或同等精度的航片、卫片等解释成果，在国土和林业部门的参加下确定地类、行政界线，以集体经济组织为单位调查计算各类土地面积"，但是《水利水电工程建设征地移民安置规划设计规范》（SL290—2009）中的 2.4.72 条规定"应使用 1∶5000 到 1∶2000 之间比例尺地类地形图，现场查清土地类别和权属，以村民小组为单位，量算耕地、园地、林地、草地等各类土地面积"。其中关于地形图的比例尺明显是矛盾的，这在实际操作过程中会给设计单位带来不便。

（4）《水利水电工程建设征地移民安置规划设计规范》（SL290—2009）中的 2.5.11 条明确规定"应根据国家法律、法规拟定移民合法权益的保障措施，提出移民的社会适应性调整措施"。这个在电力规范中没有明确提出，这就使在实际规划编制过程中可以不提出移民的社会适应性调整措施，而在移民编制规划的过程中大多也是没有提出相应的社会适应性调整措施。

（5）《水利水电工程建设征地移民安置规划设计规范》（SL290—2009）明确了防护工程的设计，但是在相应的电力行业标准中在专项设施中涉及防护工程的设计。

（6）《水利水电工程建设征地移民安置规划设计规范》（SL290—2009）明确了将工矿企业单独做相应的规划，随着经济的发展，现在的工矿企业越来越多，将这一章节单独列出是十分必要的，但是在电力行业对于工矿企业的规划没有做出明确规定。

五　水库移民政策演变的特征

（一）政策演变受外部制度环境影响大

水库移民制度每一次大的调整，都是在外部制度（制度环境）变化的情况下进行的。如农村经济制度和土地制度的变化，既是水库移民制度必然变化的诱因，也是必然变化的强制性因素。1978 年，家庭联产承包责任制彻底改变了农村现实情况，改变了人地矛盾，使原来在同一集体、收入相当的非移民与移民的收入差距加大。当移民意识到是土地数量和质量制约他们的经济收入时，利益冲突就出现了，这直接导致了 20 世纪 80 年代初，在没有法律法规的情况下，政府出台诸多水库移民文件，来解决水库移民问题。

（二）群体性冲突事件的路径依赖

制度变迁理论认为"历史事件"是制度变迁的主要路径。在水库移民政策演变过程中，大型群体性事件是推进政策演变的直接原因。1985 年三门峡水库移民"返库运动"，不但促进了水库移民遗留问题的解决和政策的出台，而且政府从文件上对水库移民性质进行了界定，明确了水库移民工作的重要性，推动了水库移民工作变革的进程。既确立了水库移民遗留问题处理制度，又创新了水库移民安置规划制度，并初步建立了水库移民管理机构体系。2004 年发生在四川瀑布沟事件极大地震动了中央，也促进

了移民安置条例的修改和重新颁布，并推出了完善水库移民后期
扶持的相关政策。

（三）无效的政策依然存在

尽管水库移民政策得到了不断完善，但由于对水库移民重视
程度仍显不足，社会、经济环境变化较快，制度供应能力不足，
政策变革滞后，还存在一些无效制度，尤其是和市场经济规律相
悖的制度，这与深化改革的要求不协调。在整个水利水电工程建
设进程中，水库移民事件还是不断发生，但各地都在结合具体情
况探索解决办法。从政策供给主体（国家）层面，还没有开展全
面、系统的诊断、修改、完善、修订工作，这与深化改革和农村
改革相比，要滞后很多。所以，总结地方政策创新，为国家政策
改革提供参考依据刻不容缓。

（四）政策演变的政府主导性

对政策的需求是水库移民系统内每一个利益主体的共同要
求，政策要反映中央政府、地方政府、项目业主、移民的共同要
求。政府是政策的供给者，公共政策是政府调节各方利益的工
具。尽管水库移民政策的变迁动力来自移民，但真正的政策变迁
还是由政府来主导，是一种被动的变迁。从水库移民政策变迁历
程可以看出，没有一项政策或者规则是主动的、前瞻性的颁布。
如果没有"事件"发生，旧政策即使无效也很难有新政策来替
代。只有政策供应者——政府觉得必须变革时，才会有新政策的
出台，而这种政策变迁相对于政策环境变化和政策需求有很强的
滞后性。

（五）水库移民政策演变滞后于经济改革

新中国成立以来，特别是改革开放以来，我国经历了剧烈
的经济改革和悄悄的社会变迁。经济方面，计划经济体制逐步
向社会主义市场经济转变，在发展中不断深入和完善；在社会
管理方面，传统"大政府、小社会"逐步向"小政府、大社
会"管理转变，并从政府管理转向社会治理；在行政管理上，
由过去的事无巨细，政府统管，到逐步分清市场和政府的作用，
走向依法行政，民主赋权。水库移民政策形成于计划经济时代，
在市场经济发展进程中虽然不断完善，但和经济领域的改革仍

存在一定滞后性。

1991 年颁布的《大中型水利水电工程建设征地补偿和移民安置条例》（国务院令第 74 号）成为规范移民工作的单独政策。由于该条例处于计划经济时期，因此带有鲜明的计划经济特征。1992 年邓小平"南方讲话"后，以市场经济为目标的经济体制改革就大张旗鼓地开始了，同年召开的中共十四大正式确立"我国经济体制改革的目标是建立社会主义市场经济体制"。1993 年召开的十四届三中全会通过的《中共中央关于建立社会主义市场经济体制若干问题的决定》系统勾画了社会主义市场经济体制基本框架。直到 2001 年，我国加入世界贸易组织（WTO）后，在世界范围内确定了中国市场经济的地位，至此，我国社会主义市场经济体制基本构建。水库移民政策直到 2006 年，才重新修订、完善，水库移民政策演变远远滞后于经济改革，滞后于市场经济发展趋势。随着市场经济的深入，经济快速发展，土地市场不断完善和发展，土地价格上涨，库区与安置区人地矛盾突出，征地补偿和移民安置政策性摩擦越来越多，征地移民冲突时有发生。

（六）政策演变缺乏"调查—实验—调整"的科学过程

公共政策演变应该遵循"调查—实验—调整"的科学过程。调查就是公共政策制定者针对新政策涉及的对象、范围进行前期摸底调查，厘清移民问题和关键因素，征求各方意见，为新政策的出台奠定基础。实验就是"试点先行"，试点是我国各项政策的必经之路。选取典型地区先行，一方面为新政策的出台提供实践经验，总结"可复制、可推广"的经验，以示范带动其他地区的发展；另一方面也是充分暴露新政策存在问题的途径，有利于进一步完善新政策。调整就是针对政策运行过程中暴露的问题，不断完善的过程，使其更加符合实际。

水库移民政策却遵循"问题—制定—问题—调整"的政策制定过程，而且是基于专家经验制定，缺乏广泛的群众基础。1953年政务院颁布的《国家建设征用土地办法》确定了征地补偿标准和移民安置相关事宜，水库移民遵照此办法执行。由于当时特殊的历史时期，全民建设社会主义热情高涨，水库移民多服从于国家安排，遗留问题较少。但是，因移民政策不完善以及安置不合理，也曾引发一些局部的移民群众性事件。1958 年，大批陕北农民因三门峡建设而前往宁夏地区，因安置区基础设施落后、生态环境恶劣，生产生活恢复困难，大量移民重迁、返迁。1991 年，国务院出台国务院 74 号令。2004 年瀑布沟事件既暴露了水库移民政策存在的问题，也暴露了实施管理存在的问题。2006 年国务院修订颁布了《大中型水利水电工程建设征地补偿和移民安置条例》（国务院令第 471 号），印发了《国务院关于完善大中型水库移民后期扶持政策的意见》（国发〔2006〕17 号）。

第四章
水库移民现行政策的冲突分析

我国现行的水库移民政策是在总结移民实践经验、教训的基础上建立起来的。在计划经济时代，国家的水库建设基本上是政府主导进行，对于水库移民基本采取补助的方式弥补移民搬迁过程中的损失，对移民进行搬迁安置、安置生产就业，保障其收入恢复。这一时期虽然没有独立的水库移民政策，但是由于"国家观念"的普遍存在，政治热情高涨，加之集体经济的存在，水库移民问题并不突出，基本上是分散的、零碎的问题，在水库建设过程中就可以解决（就当时的情境和解决问题方式），对工程建设和社会经济发展不构成影响。而随着国家经济体制改革，特别是市场经济的建立，移民（公民）产权观念和权利意识有了普遍的提升，水库移民对于补偿、安置利益诉求多元化、直接化，水库移民抗争活动不断出现。政策的机制和目的决定着政策在执行过程中，各利益主体之间为了利益的分配存在摩擦和冲突，只不过在不同的政策环境下，摩擦和冲突的程度以及形式不同。

一 现行水库移民政策规则及行动框架

我国现行水库移民政策主要是指国务院 2006 年颁布的《大中型水利水电工程建设征地补偿和移民安置条例》（国务院令第 471 号）和《国务院关于完善大中型水库移民后期扶持政策的意见》。其中，国务院 471 号令明确提出了解决征地补偿和移民安置的行动规则和行动范围，行动规则和范围主体框架见图 4 - 1。

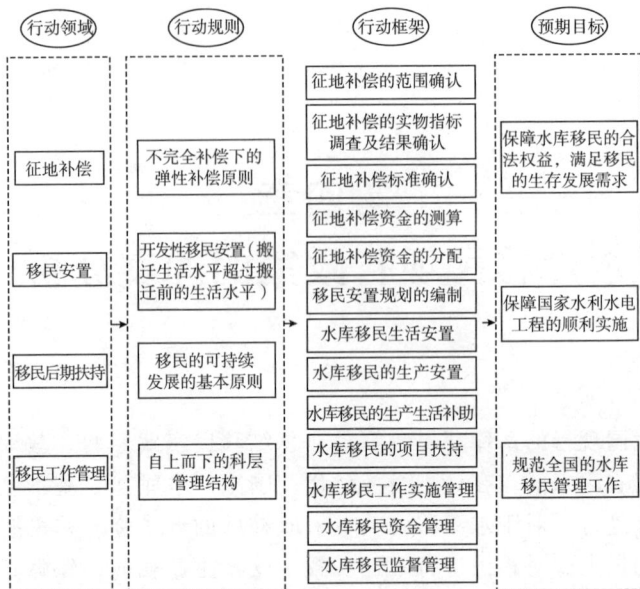

图 4-1 水库移民政策的规则及行动框架

移民安置条例规定了水库移民政策的行动范围包括四个方面：建设征地补偿，移民安置，后期扶持和移民安置工作的监督与管理。

在建设征地补偿方面，根据《中华人民共和国土地管理法》确定的按照原用途的补偿方法，实行不同区域和不同工程在一定"补偿倍数"范围内选择补偿标准，实际是执行"不完全、弹性的土地征收补偿和兼顾就业安置补助的原则"。在这一原则下，补偿内容包括：征地补偿费、安置补助费、青苗补偿费、地上附着物补偿费四项内容，但有所区别的是在征收耕地的补偿倍数上采用最高补偿倍数，而且对于无法满足移民生活需求的，在相关部门的批准下可适当提高。对于涉及工矿企业、中小学、专项设施、地上附着物等需要迁建或重建的单位和建（构）筑物，条例规定了在迁建或重建时，执行的"三原原则"的补偿方法，[①] 主要目的一是控制水

_____

① 《大中型水利水电移民征地补偿与移民安置条例》（国务院令第471号）第24条规定："工矿企业和交通、电力、电信、广播电视等专项设施以及中小学的迁建或者复建，应当按照其原规模、原标准或者恢复原功能的原则补偿。"

利水电工程投资，二是约束受损单位"漫天要价"。在水库移民安置方面，条例确立"开发性移民"的基本原则，规定水库移民搬迁安置后的生活水平要达到或超过搬迁前的生活水平，这意味着在水库移民搬迁安置的过程中不仅要考虑水库移民搬迁安置方式的选择、搬迁安置点的确认，同时还要考虑到搬迁安置后水库移民的生产生活恢复的问题，体现了国家对受征地影响群众的责任担当，这也是"前期补偿、补助、后期扶持"安置方针的基本要求。

在水库移民后期扶持方面，该条例确立实现"水库移民可持续发展"的原则。为了进一步落实国务院移民安置条例对后期扶持的基本要求，国家出台了《国务院关于完善大中型水库移民后期扶持政策的意见》，补充完善条例中后期扶持资金落实和扶持方式确定等问题。该意见对后期扶持的规划编制，后期扶持范围、期限、标准、方式、资金管理、项目管理做出了明确的规定，为水库移民的可持续发展提供了重要的支撑。

在水库移民的管理方面，该条例确立了自上而下的科层管理原则，即实行政府领导、分级负责、县为基础、项目法人参与的管理体制。由国务院下设的水利水电工程移民行政管理机构负责全国的水利水电工程移民安置工作的管理监督；省、自治区、直辖市人民政府规定的移民管理机构，负责本行政区域内大中型水利水电工程移民安置工作的管理和监督；县级以上地方人民政府负责本行政区域内大中型水利水电工程移民安置工作的组织和领导。

二　水库移民政策的实施

在水库移民政策的实施方面，主要根据政策体系构建、组织执行两方面展开描述，呈现水库移民实施状况。

国家层面围绕移民安置条例实施的配套文件及规范建设。为了实施移民安置条例，中央政府和有关部门制定和颁布多项行政文件，如：《国务院关于完善大中型水库移民后期扶持政策的意见》、《大中型水利水电工程移民安置前期工作管理暂行办法》（水规计〔2010〕33号）、《大中型水库库区基金征收使用管理暂行办法》（财综〔2007〕26号）等一系列文件，同时，水电和水利行业主管部门制定了水利水电工程建设征地移民设计一系列行业规范。地方政府也根据移民安置条例和实际情况，配套了相关文件。

在组织机构上，为了落实移民管理的相关职能，国家建立水库移民部际联席会议制，下设办公室挂靠在水利部移民开发局，负责全国水库移民管理工作；水利部水库移民开发局负责水利工程移民政策实施管理工作；在能源局和发展改革委员会下设相应机构，负责水电工程移民的统筹管理工作。各省、自治区、直辖市以及市、县政府根据工作需要，也成立了水库移民工作实施管理机构。

从水库移民的行政管理机构设置上，基本遵循"自上而下的垂直机构设置原则"。以贵州省为例，具体来说：在省级层面组建了贵州省水库和生态移民局，负责统筹管理全省的水库移民工作；在州、市层面组建水库和生态移民局或水利水电移民局，负责统筹管理市域范围内的水库移民管理工作；在县级层面，组建水利水电工程移民局，负责统筹管理县域内的水库移民管理工作。总体上看，水库移民政策执行体系如表4-1所示。

表4-1 水库移民政策的实施组织体系

组织层次		水库移民政策配套制度	水库移民行政管理机构
国家层面	行政文件	《国务院关于完善大中型水库移民后期扶持政策的意见》、《大中型水利水电工程移民安置前期工作管理暂行办法》、《关于水利水电工程建设用地有关问题的通知》（国土资发〔2001〕355号）、《大中型水库库区基金征收使用管理暂行办法》等	国家水库移民部际联席会议办公室；水利部移民开发局；国家能源局下设水库移民机构
	行业规范	《水利水电工程建设征地移民规划设计规范》（SL290—2009）、《水电工程建设征地移民规划设计规范》（DL/T5064—2007）等	
省级层面	行政文件	根据移民安置条例制定了省级水库移民文件、实施细则	省级移民管理机构，负责全省水库移民管理工作

续表

组织层次		水库移民政策配套制度	水库移民行政管理机构
地市州层面	行政文件	根据移民安置条例、省的文件规定，制定了地方水库移民文件、实施细则	地市级移民管理机构，负责地市水库移民管理工作
县（市）层面	行政文件	根据移民安置条例、省市的文件规定，制定了县级水库移民文件、实施方案	县级移民管理机构

　　为了推进移民安置条例的落实，2001 年贵州省制定并下发了《关于进一步加强全省大中型水电工程移民工作有关问题的通知》（黔党办发〔2001〕20 号）。在该文件的指导之下，贵州省政府及相关部门结合本地区实际，出台了一系列包括移民安置、后期扶持、资金管理和监督评估等相关内容的文件。其中：针对移民安置，贵州省政府出台了《省人民政府办公厅关于加强大中型水电工程移民跨县外迁安置和自谋职业无土安置管理的通知》（黔府办发〔2003〕12 号）、《贵州省大中型水电工程移民安置建设项目管理办法》（黔移办发〔2005〕23 号）、《贵州省人民政府关于进一步加强移民工作的意见》（黔府发〔2010〕12 号）和《关于进一步做好水利水电工程移民城镇化安置的意见》等政策；针对移民后期扶持，贵州省相继出台了《关于转发大中型水库移民后期扶持规划编制工作大纲的通知》（黔府办发电〔2006〕172号）、《贵州省人民政府关于深入贯彻落实国务院大中型水库移民后期扶持政策的意见》（黔府发〔2007〕7 号）、《贵州省大中型水库移民后期扶持方式确定办法》（黔移办发〔2007〕5 号）、《关于编制全省大中型水库库区和移民安置区基础设施建设和经济发展规划的指导意见》（黔发改能源〔2007〕672 号）、《贵州省大中型水库移民后期扶持人口动态管理暂行办法》（黔移发〔2011〕47 号）和《省人民政府办公厅关于转发省移民局省财政厅贵州省水库移民后期扶持项目管理办法的通知》（黔府办发〔2011〕72 号）等政策；针对资金管理，贵州省出台了《贵州省人民政府办公厅关于印发贵州省大中型水电工程移民资金审计办法的通知》（黔府办发〔2002〕53 号）、《贵州省大中型水库移民

后期扶持资金使用管理暂行办法》（黔财企〔2007〕19 号）和
《贵州省在建大中型水利水电工程移民资金会计核算暂行办法》
等政策；针对监督评估，贵州省出台了《贵州省大中型水利水电
工程移民规划实施稽查暂行办法》（黔移发〔2011〕40 号）、《贵
州省大中型水利水电工程移民安置监督评估管理暂行办法》（黔
移发〔2011〕41 号）等政策，这些政策的颁布和实施共同形成
了贵州省落实全国水库移民政策的政策体系。

三 水库移民现行政策实施冲突的现象和根源

关于公共政策的执行和实施，美国政策学家艾莉森曾指出：
"在达到政策目标的过程中，方案确定的功能只占10%，而其余
的90%取决于有效的执行。"[1] 这就是说，一项政策能否达到和
实现预期目标，最恰当的评判标准就是政策执行是否到位，对于
水库移民政策来说，政策制定的目标是：既保障水利水电工程的
顺利实施，同时又要保障搬迁移民合法权益，满足搬迁移民的生
产生活发展需求。水库移民问题一直是政府重视和致力解决的问
题，也是社会各界注的焦点问题，但现实中政策执行的效果并不
理想，政策的目标并未完全实现。政策执行除了政策方案合理、
执行体制完善外，执行效果在很大程度上还决定于政策环境。而
政策环境是随经济、社会的变化而变化的。自我国实行社会主义
市场经济以来，社会经济快速变化，经济体制、社会治理和执政
理念不断改革和创新。这既是水库移民政策执行取得更好效果的
机遇，也是水库移民政策实施过程中存在很多矛盾和冲突的原
因。因此，对水库移民政策实施进行分析，不仅可以了解到水库
移民政策执行效果不佳的深层次原因，同时还可以对水库移民政
策的完善提出相应的改进措施。

关于公共政策实施的分析，现有分析理论中应用较为广泛的
是史密斯政策执行模型。史密斯政策执行模型是由史密斯于1973
年提出的。该模型认为，政策执行由理想化政策、执行机构、目

①　吴庆：《中国青年政策执行过程的初步研究——史密斯模型的一个解释》，
《中国青年政治学院学报》2001 年第 6 期。

标群体、政策因素四大要素共同构成，其中：理想化政策是指合
法、合理、可行的政策方案；执行机构指具体负责执行政策的机
构；目标群体指由于特定政策决定而必须调整其行为的群体；政
策因素指与政策生存环境相关联的因素，包括政治、经济、文化
等环境中影响政策执行的因素。史密斯政策执行模型认为，社会
紧张是公共政策的源头，而交换往来作用会促成社会内部形成缓
解社会紧张的相关制度，这些相关制度运行所发挥的作用会通过反
馈的形式进一步引导形成新的公共政策，并通过影响这四个主体的
关系来影响公共政策的实施效果。[①] 基本分析框架见图 4 - 2。

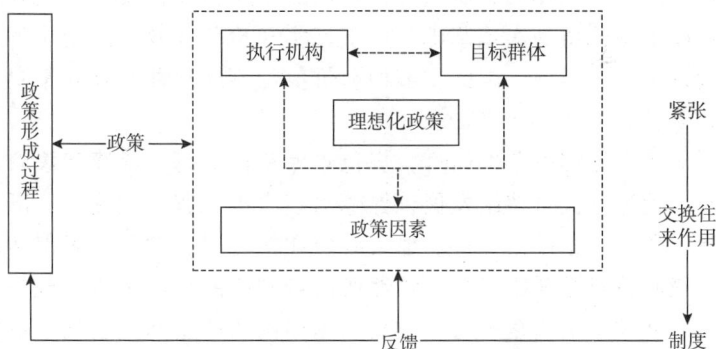

图 4 - 2　史密斯政策执行模型框架

资料来源：T. B. Smith，"The Policy Implementation Process," *Policy Sciences*, Vol. 4，No. 2（1973）：203.

具体到水库移民政策的实施分析，史密斯执行模型的理论意
义在于，它提供了寻找影响政策执行效果的主要有两个方面的因
素，一是政策本身情况，政策是对社会内生机制的进一步概括和
总结，政策本身是否完善直接关系到政策执行主体执行行为的合
理性和科学性；二是在此政策条件下，政策执行主体是否能够恰
当处理执行主体与目标群体之间或者目标群体内部本身的利益冲
突。下文在解释分析水库移民政策执行目标偏离预期目标的原因
中也主要是从以上两方面进行论述的。

———————

① 朴贞子：《政策执行论》，中国社会科学出版社，2010。

首先，水库移民政策自身的缺陷是导致政策执行偏离预期目标的主要原因。这点主要表现在以下两个方面。

第一是混淆了价值和事实的关系。政策分析的相关理论认为，实施要素与价值要素是进行政策分析的两大基石。其中：价值是确立政策目标的关键性因素。政策目标是指政策执行后所期望实现的未来状态，包括所要达到的具体目标；而事实是确定政策手段的关键性因素或依据。政策手段是指现实和达到政策目标的工具或措施。两者在政策分析中呈现互相联系又互相区别的关系。它们的区别主要体现在事实和价值属于不同的范畴，在政策分析中的功能和作用有所差异，它们的联系主要体现在事实在某种程度上是价值的实现基础。由于事实和价值在政策制定中的体现就是手段和目标，因此，事物和价值的判断往往会在政策目标和政策手段上体现出来。

对于水库移民条例而言，规范水库移民管理，保障移民合法权益，促进移民可持续发展，保障水利水电工程顺利建设，既是政策手段，又是政策目标。地方政府在执行时，常常为了保持同上一级政府目标和手段的一致性而设定同样的政策手段和政策目标。而从政策实施角度看，虽然水库移民的产生都是水利水电工程建设带来的，但是由于地方社会、经济、文化等方面的差异，某些条例并不适宜在所有地区推广，而不同层级之间在政策目标和政策上同上级政府保持一致，也导致了水库移民政策实施的低效性。除此之外，在政策细化的过程中，还有错误地把政策目标当作政策手段的情况，部分地方条例在细化的过程中，对于某一类公共事务的处理，并没有提出详细的治理方案，仅仅提出了公共事务处理的目标和原则，而这也往往导致在政策推行过程中，因为缺乏必要的治理方案而导致政策失效。

第二是由于受到制度环境等方面的限制，水库移民政策无法很好地协调不同主体间的利益关系。

根据史密斯政策执行模型分析，在水库移民政策实施过程中，国家和地方政府是主要的政策执行者，项目业主和搬迁移民是政策的主要目标群体。他们在水库移民活动中都代表了不同的利益诉求。具体而言，国家和政府的利益诉求是既要保证国家水利水电工程的顺利进行，又要保证在这一过程中不损害水库移民的合法权益。可以说在这一条利益关系链中国家和政府既代表了个体利益又代表了组织利益；作为项目业主，它是较为特殊的一类利益主体，它的组织利益主要体现在通过修建水库来实现组织的盈利；对于搬迁移民而言，他们多数是因水利水电工程建设被迫搬迁的群体，他们的利益诉求主要体现在能否获得合理的补偿，能否在搬迁后获得可持续发展的机会。

从理论上看，当同一活动中，不同主体之间的利益存在争议时，必然会造成这些主体之间的利益冲突，而现实情况下公共政策的存在，使得因利益不同而引发冲突的可能性得以降低。但是，由于水库移民群体共同关注的征地补偿和移民安置等方面的需求，现行移民政策并不能完全满足，即使政府已经根据现行法律法规进行了合理的补偿，但是由于政策本身的原因，也难以避免冲突事件的发生。

事实上，合理的水库移民政策应该明确征地补偿和移民安置的基本原则，在最大程度上体现被征收土地的真实价值，在最大程度上促进水库移民生产生活水平的恢复，但是我国现行的水库移民政策仍然延续以土地年产值为基础的征地补偿标准测算方法，而在移民安置上也依然采用农业生产安置的模式，这些条例并不符合市场经济的基本原则，同时由于政策演变中存在"路径依赖"和"路径锁定"的问题，征地补偿和移民安置的相关条例无法满足移民的合理需求。在这种背景下，政策的不合理必然导致政策执行结果偏离预期目标。

其次，作为政策执行的主体，政府在执行水库移民政策的过程中没有处理好两类关系：一是效率（工程建设的顺利进行）和价值（水库移民权益保障）的关系；二是政府与市场的关系。

从效率和价值的角度看，效率和价值是社会经济活动分析中并存的一组概念，效率的一般意义就是指产出和投入的比重或者是指资源的有效配置的状况。具体到水库移民政策制定上，效率主要是指在减少投入的情况下，推动水利水电工程的建设，而这也是国家推行全国性移民政策的出发点。在计划经济时代，政府主导水电工程的修建，虽然也产生了大量移民，但是由于移民权益保护意识不强，而且公有思想普遍存在，移民对于自身利益的诉求并不强烈，因此，政府在推进水利水电工程中，不存在工程效率和价值的平衡问题。而随着市场经济改革，普遍建立起了以市场规律为导向的基本原则，移民也开始为自身考虑提出征地补偿和移民安置方面的诉求，而为了合理解决这些诉求，国家提出并制定了水库移民政策。虽然这项政策规定了征地补偿和移民安置方面的相关原则，也对移民的诉求提供了某些回应，但是从全局而言，政府推行水库移民政策的出发点还是希望通过降低水利水电工程建设过程中存在的风险来实现水利水电工程的顺利推进。而由于效率和价值之间存在此消彼长的关系，在以效率为先的前提下，必定会牺牲公平的价值。因此，政府制定政策时把推进工程建设作为出发点，势必会忽略或弱化对不同利益主体的诉求，而这点与移民权益保护意识逐步提升的现状并不符合，在这种情况下导致水库移民政策的实施偏离的了预期目标。

从政府和市场关系的角度看，现实生活中，很多事物基本要通过市场和政府两大领域才能得以运转和处理，由于市场和政府在处理社会事务上功能的差异，在处理社会事务的过程中有必要厘清政府和市场的关系。经济学理论认为，在市场经济条件下，市场规律可以有效地配置商品和劳务，但是市场本身的趋利性导致市场在公共领域的资源配置效率低下，这就是一般意义上的"市场失灵"。而应对市场失灵的主要方法就是通过政府宏观调控的行为来减少市场失灵造成的影响和损失。从这点来看，公共政策的制定就是在市场规律低效运行的领域发挥作用。水库移民政策预期目标之所以发生偏离，出现"政府失灵"的现象，最重要的一个原因就是政府行为发生了错位。政策失灵理论将政府不合理干预社会公共事务的行为而引发的政策无效或低效称为"错位性失灵"，关于错位性失灵，公共政策分析理论认为，错位失灵之所以会发生与政府和市场的作用范围有关。实际上，关于政府和市场作用范围的界限是很模糊的，有的领域需要通过市场行为解决，有的则需要通过政府行为解决，同时有的则需要共同发挥市场和政府的作用，在这种情况下，选择哪种方式，或者政府和市场应该发挥多大的作用，很难进行平衡。同时政府角色的双重性也在某种程度上造成了错位性失灵。从我国社会经济的改革历程基本可以看出，在计划经济时代，生产什么、生产多少、产品如何分配基本都以政府的行政命令为主，而市场经济改革后，虽然市场的作用在逐步增强，政府的作用在逐步弱化，但是由于我国的市场经济并不健全，还不是完全意义上的市场经济，因此国家对于经济运行的干预仍然存在，当政府既要在市场有效的情况下承担责任，又要在市场失灵的情况下承担责任，这必然会导致在处理公共事务的过程中，本该政府行为发生效果的领域却采用了市场手段，本该使用市场手段的领域却采用了政府手段。这样的结果就是公共政策的失灵，这点在水库移民政策的征地补偿实施部分体现得较为明显。

建设征地补偿属于市场发挥作用的领域，征地补偿的范围、基本原则、补偿标准的确定都应该遵循市场规律。而征地补偿在实际操作过程中，市场发挥的作用远远低于政府发挥的作用。而之所以会发生这种现象，主要是由于我国的土地实行"国家所有和集体所有"的双重所有制，在这种体制下，所有的工程建设用地必须通过国家征收行为实现从集体所有向国家所有性质的转变才能使用，而土地征收行为发生后政府会通过"招、拍、挂"的方式将土地让予土地使用方，在这一过程中，集体所有土地无法完全参与到土地市场中，无法真正体现集体所有土地真实的市场价值，同时作为依存土地生活的被征地农民而言也无法共享到农村集体所有土地进入土地市场后的合理收益，而仅能获得依据土地原用途测算的土地补偿费等相关费用。此外，除了管理体制上的原因之外，政府在补偿标准上确定的出发点也存在一定的问题，现行的征地补偿标准来自计划经济关于征地补偿的确定，在计划经济时代，由于市场经济没有建立，缺乏实行征地补偿市场化的条件，因此由政府按原用途制定补偿标准有一定的合理性。而且在征地行为发生后，政府往往能够很好地解决被征地农民的就业、转业问题，农民的生存保障问题基本可得到很好的解决。而市场经济建立以后，这种补偿思想并没有调整，导致在土地征收补偿过程中，政府低价收购农民土地而高价出让农村集体土地，形成了征补之间存在的剪刀差，导致现行政策无法达到预期效果。

四 冲突为水库移民政策的创新提供了基本逻辑

市场经济发展改革的经验已经证明，即使在完全市场经济的条件下，市场规律也存在无法发挥作用的情况，因此需要政府通过宏观调控手段来弥补市场的失灵行为。但是，对于政府而言，政府干预经济的程度必须只能局限在市场失灵的领域，一旦超出这一范围，就会给市场经济的正常运行造成不利的影响。对于移民政策而言，它所涵盖的内容需要市场规律单独发挥作用，也需要政府单独发挥作用，在某些情况下，还需要政府和市场共同发挥作用。因此，水库移民政策的改革不仅要从理念上界定政府和市场的行动范围，同时还要在操作层面上给予合理的改革路径。

从理念上界定政府和市场的范围，就是要明确水库移民政策在实施过程中哪些需要依靠市场手段，哪些需要依靠政府手段。从水库移民政策的内容上看，主要涵盖三大块内容：征地补偿、移民安置和后期扶持。

第一，在征地补偿方面，主要涉及征地行为和补偿行为。土地征收行为在职责上归属于政府，政府需要做的仅是依法按照土地征收的程序征收土地，而在征地补偿方面，则应该充分发挥市场规律的作用，按照市场规律的基本原则确定合理的征地补偿范围，确定合理的征地补偿标准，使征地补偿价格能够真实反映土地的真实价值。

第二，在移民安置方面，最需要解决问题是移民的长久生计问题。虽然，国务院471号令第十三条明确指出，农村移民安置应当坚持以农业生产安置为主，而且农村移民安置后应当拥有与移民安置区居民基本相当的土地等农业生产资料。但从实际的执行情况看，采用农业安置的条件已经不再具备。对于多数的安置区而言不仅安置区所在地耕地资源比较紧张，而且政府调节难度大。在这种背景下，移民安置应该遵循市场原则，依托非农就业市场解决水库移民的生计恢复与发展问题，在这一过程中政府则需要通过加强职业技能培训等方式，帮助水库移民尽快适应市场需求，以实现达到或超过原有生活水平的目标。

第三，在后期扶持方面，主要涉及生产扶持和生活扶持。对于扶持方式的确定，水库移民政策已经明确可以采用生活补助、项目扶持或两者相结合的方式。对于生活补助而言，这是国家扶助水库移民生活的补贴性行为，其本身不涉及利润的分配，也不涉及效益的增值，因此，属于政府行为的范畴。对于项目扶持而言，根据项目类别和项目类型而有所差异。对于安置区交通、通信、电力、水利等基础设施项目应该充分发挥政府的公共服务职能，对于涉及生产项目的应该充分发挥市场在资源配置和利润增值方面的优势，政府仅需要提供技术等方面服务，无须干预生产项目经营过程。

在从理念上确定政府和市场的行动界限后，更重要的是如何在实际的操作过程中实现这种理念。

首先，建设征地补偿方面。我国现行的征地补偿基本上采用"不完全补偿"的原则，在补偿标准的设定上以"耕地年产值"为测算基础，在补偿范围上主要涵盖土地补偿费、安置补助费、青苗补偿费、地上附着物补偿费等，这些原则和标准的确立虽然在计划经济时代发挥了很大的作用，但是随着市场经济，特别城乡一体化的实施，这些征地补偿的原则和标准已经无法适应新形势的需求，因此，需要结合城乡一体化的基本特征再重新界定征地补偿的基本原则、标准以及补偿范围等要素。

通过梳理国内外文献发现，在土地征收补偿领域，建设征地补偿的原则基本可概括为"完全补偿原则""相当补偿原则""公平补偿原则""合理补偿原则"四大类，以上几类原则无论采取何种出发点，最基本的特征都是以公共利益为前提，而且依据这些原则制定的补偿标准充分反映了市场在征地补偿标准制定时的基础性作用。对于我国目前而言，虽然城乡一体化战略已经开始推进，但是城乡统一的土地市场并未健全和完善，对于被征收土地的市场价值的判定标准还缺乏一定经验和基础。因此，较为可行的改革路径是首先明确土地征收的前提是公共利益，确定"公平补偿的原则"。这里所提到公平补偿原则的内涵就是征地补偿应该侧重于水库移民的权益保障，既要体现水库建设的公益性，同时还要反映被征收土地的市场价值，并在此基础上逐步过渡到以侧重被征收土地的市场价值为前提，充分考虑水库移民的权益保障和水库建设的公益性。在实现从公平补偿走向市场后，征地补偿就要侧重以市场原则为主，而此时，合理的征地补偿范围应该包括：土地补偿费、安置补助费、地上附着物补偿和青苗补偿费、残余及邻接地价值损失补偿费、经营损失补偿费、临时用地补偿、企业搬迁补偿、专业项目补偿等。

其次，移民安置方面。我国现行的水库移民政策对于移民安置的方式基本以农业安置为主导，农业安置的前提是拥有大量可供调整的耕地资源，而就我国目前来看，不仅后备耕地资源不足，而且可用于调整的土地也相对有限，因此，单纯依靠农业安置使移民恢复并达到搬迁前生活水平的难度较大。城乡一体化战略实施以后，城乡生产要素会逐步实现互通，非农就业领域会为水库移民提供大量的就业岗位，由于大多数的水库移民在土地征收前主要从事农业生产，生产技能的局限使其在进入劳动力市场后会很难适应这种变化。在这种背景下，合理的移民安置改革路径是：引导搬迁移民进入非农就业市场，由地方政府为搬迁移民进入非农就业领域提供岗位培训、就业津贴，并通过借助土地征收这一行为，将这些搬迁移民纳入现有的社会保障体系中，一方面促进搬迁移民尽快适应新变化，另一方面适当降低搬迁移民在非农就业中可能存在的风险。

再次，水库移民管理方面。从政策改革的实质来看，政策改革带来的结果就是政策利益相关者不同的利益的调整再分配，特别对于政府而言，由于政府本身也存在寻租的现象，如果政策改革触及政府自身利益的损失，政府自身也可能会成为政策改革的"阻力"。因此，政府如何从自身角度出发合理地界定政府行为对水库移民政策的改革推行起到了很关键的作用。在这种背景下，较为可行的路径就是通过自上而下的科层约束和法律约束来实现政府职能转变。从我国政府管理体制上看，科层管理的特征比较明显，下一层级政府往往会接受上一层级政府的领导。而且层级越高，在政策制定时所代表的利益群体也就越多。这就是说，水库移民政策的改革和调整首先应该从中央政府开始，明确政策的最根本的目标是保障移民为先，而不是保障工程建设为先。此外，还应进行机构整合，目前虽然我国已经建立完善了从中央到地方的移民管理机构，但是职能上的分散和不明确导致现行的水库移民管理的效率并没有完全发挥出来，比如在移民安置区基础设施建设方面，移民行政管理部门既需要对安置区基础设施建设做相关规划，同时还需要协调交通、电力、通信等部门共同完成安置区基础设施建设，在这一过程中，由于移民行政管理部门的职能有限，其在协调过程中存在一定难度。在这种背景下，合理的改革路径就是进行机构改革，要确定不同阶段发生的移民活动，根据移民活动的不同类型，进行统一的归口管理。如涉及土地征收活动，就将这部门职能归口到国土部门；如果涉及移民安置活动，就将这部分职能归口到人社部门管理。这样不仅能从职能上明确不同部门的职责，同时还能充分体现政府在移民管理过程中的服务职能。

　　最后，在"市场主导，政府扶持"的理念的实现过程中，还需要注意市场行为的不可控制性。在市场和政府这一对关系中，政府行为的实施主体是很明确的，而且行为本身在一定条件下是可控的；而对于市场行为而言，它是参与市场运行所有主体共同行为的结果，这种行为往往是复杂多变的，而且无规律可循。对于政府行为的管控可以通过政策或者科层改革进行约束，而对于市场行为的管控和约束却存在一定的难度，这就要求各级政府在水库移民政策改革过程中必须要在不影响最大公共利益的前提下，合理地约束不合理的市场行为，从而达到政府作用和市场作用在水库移民政策实施中的均衡状态。

第五章
征地补偿和移民安置：政策范畴的
重新界定

一 水库移民政策范畴界定

（一）政策范畴的界定

从现代公共政策的意义上说，政策是国家机关、政党及其他政治团体在特定时期为实现或服务于一定社会政治、经济、文化目标所采取的政治行为或规定的行为准则，是一系列谋略、法令、措施、办法、方法、条例等的总称。政策不仅具有符号特征，而且是一个行为过程，是非私人物品（价值）的权威性分配方案。一般来说，一项政策至少应当包含三个要点，即欲达到的目标或目的、为达成目标而作的宣示或拟采取的行动以及由政策声明所引发的权威者的实际的政策行动。[①] 政策范畴是指制定一项政策解决问题及实现目标所涉及的领域，包括政治、经济、社会、环境等各个方面。

（二）水库移民政策范畴

水库移民政策是国家公共权力机关为了调节水利水电工程建设征地涉及的利益关系，妥善解决移民安置问题，实现工程建设、移民安置与环境保护协调发展，通过一定的程序制定的行动

---

① 张国庆：《论政策科学的缘起及其主要研究范畴》，《北京大学学报》1992 年第 5 期。

方针和行为准则。

水库建设必然涉及征收土地，当移民赖以生存的土地被征收后，必须依法对移民土地以及地面附着物等进行公平合理的补偿；由于失去耕地等劳动资料和生活来源，还必须让其恢复甚至提高原生活水平；同时，在迁移和生产恢复过程中还面临着诸多风险，使其生产生活可能下降或者陷入贫困，政府还得有一定的保障措施规避或者缓解风险。水库移民安置受到诸多因素影响，主要是资源和制度，如受耕地资源、农村移民文化水平、劳动技能约束、生态环境的制约、制度的约束（二元土地制度以及社会保障制度）、农村就业市场和土地市场的缺失等因素影响，现行水库移民政策在解决移民征收补偿、安置及社会保障方面呈现范畴界定不清、目标定位不准确、各主体权责利不明晰等问题。因此，当前亟须创新水库移民政策，以科学合理、前瞻性的政策指导实践，发挥公共政策权威性分配非私人物品（价值）的功能，保证水库建设的顺利实施，保障移民的合法权益，让移民共享经济发展带来的成果，实现经济的包容性增长。

随着城乡一体化快速推进，我国产业结构不断升级，城乡经济逐步协调发展，劳动力市场不断升级完善，城乡社会保障不断统筹完善，这就要求水库移民政策必须在这一经济社会背景下解决好移民生活生产问题，也即必须解决好土地征收补偿、土地资源调配或就业安置、社会保障领域的问题。因此，创新水库移民政策必须针对城乡一体化背景下面临的挑战和机遇，明晰水库移民活动中三个重要范畴，即征地补偿、安置就业、社会保障；清晰界定各主体的权责利关系；合理定位市场经济体制下政府与市场在这三个范畴领域的职能，从经济、社会、生态等层面实现水库移民与工程的共赢。

（三）水库移民政策的目标

从水库移民问题的性质和实质来看，市场经济和城乡一体化下，解决问题的实质已由过去的单纯"补偿和安置"演变为"补偿和发展"，水库移民政策目标的定位和指导思想必须进行调整。

1. 维护移民合法权益

在深化改革背景下，产权明晰和保护是改革的核心。土地作为一种财产，受到法律保护，包括所有权、承包权或使用权等，当权利的所有者为公共利益被迫失去这些权利时，国家必须对其受损权益进行公正合理的补偿，这属于财产权补偿的范畴。我国全部土地实行社会主义公有制，即全民所有制和劳动群众集体所有制。土地的全民所有制采取社会主义国家所有的形式，国家代表全体劳动人民占有属于全民的土地，行使占有、使用、收益和处分的权利；土地的社会主义劳动群众集体所有制，采取农村集体经济组织的农民集体所有的形式，农村集体经济组织代表该组织的全体农民占有属于该组织的农民集体所有的土地，并对该集体所有的土地行使经营、管理权。我国的土地征收即国家通过行政手段强制性地将农民集体土地有偿转移到国家所有，其实质是土地财产权的强制性转移，征地补偿就是依据财产补偿权的原理对土地的所有权、使用权或承包经营权及地上附属物的补偿，以货币补偿的形式实现。征地补偿属于物权财产性质的补偿，这部分资金是村集体或移民在被征地前拥有的土地所有权、承包经营权、使用权或地上附属物所有权的货币表现。

基于我国社会主义公有制和土地管理制度，目前征地补偿制度以不完全补偿理论为基础，从强调"所有权的社会义务性"观念出发，认为财产权因负有社会义务而不具有绝对性，可以基于公共利益的需要而依法加以限制。但征收土地是国家为了公共利益对集体和移民财产权的剥夺，它已超越了财产权限制的范围，既包含土地所有和使用权的现状价值，也包含发展权的价值。水库建设征地补偿政策制定的初始价值观是为了"保障工程建设"，促进国家社会经济发展。在经济不发达时期，这尚可以被社会接受，但在市场经济不断发展，经济水平不断提高的情况下，为国家"牺牲一部分利益"的思想和原则就很难接受，尤其是市场经济利益交换的直接化。因此，作为公共政策水库移民征地条例的价值观也必须进行修正，从维护水库移民土地财产权益，维护价值公正、公平，维护"公共需要"的多元价值角度进行调整，不能再强调为"公共利益"，要求被征收人的特别牺牲。价值公平，不仅要实现补偿额度的公平，还要实现补偿过程的公平，前者在于补偿范围和标准的合理化，后者则在于行政过程的公开规范和公众参与。

现行政策规定征地补偿是对被征地农民丧失土地承包权和使用权的补偿，按照原土地用途给予补偿，只考虑了对土地作为生产资料产出农产品的直接补偿，没有充分考虑长期依附于土地之上的重要社会保障价值，更没有考虑土地随社会经济发展及长年物化劳动投入的增值收益，这种按照年产值来确定的补偿标准与现行市场经济的发展要求不匹配，已不能充分保障被征地农民的权益。

2. 提供移民安置多元保障

在公平、合理补偿原则下，政府必须尽其职责，为水库移民提供"多元保障"，改变过去"负责安置"的做法。移民条例现在的基本原则是"轻补偿、重安置"，而安置的核心是生产安置，即保障移民就业和可持续发展，但在市场经济下，就业安置的两个大"资源"——土地和就业岗位都不是政府能够掌握的，在强化承包权下，政府没有调剂土地的"特权"，同时，政府也没有要求企业安置移民的"特权"。因此，政府能够做到的就是提供安置保障：信息服务、就业培训、社会保障，促进移民就业和对抗风险能力的提升。其实，安置本身就有"各得其所"的含义。根据马斯洛需求理论，生存仅是最基本的需求，满足被安置对象的物质生活需求是社会稳定的必要不充分条件，如果被安置者生产和生活的改变是长期的，对其他层次需求的主张就更为强烈。如果缺乏体面的、合适的就业机会，单纯解决被安置对象的生活需求，即便所提供的生活标准高于原标准，个体也会产生价值观的空虚，沉湎于赌博等恶习，仍然难以保持水库移民稳定。如果缺乏稳定的收入，即使家庭积蓄显著增加，生活质量有所提升，也难以满足个体的安全感，提高幸福感；如果缺乏稳定的社会网络，生活成本会显著增长，个体会产生情感上的空虚，家庭关系紧张，社会治安也会恶化，影响社会稳定。

3. 保障工程建设的顺利进行

只有做好大中型水利水电工程建设征地补偿和移民安置工作，维护移民合法权益，才能保障工程建设的顺利进行。水库建设作为国民经济的基础设施和基础产业，是政府投资的主要项目之一，是国家调控资源、发展社会经济的具体体现。由于水库建设项目具有投资以国家和地方政府为主、渠道广、比重大、项目分散、环境复杂等特点，尤其水库移民安置工作涉及政治、经济、社会、文化、资源、人口、环境和工程技术等诸多领域，融经济性、社会性、政策性和技术性于一体，是一项庞大而复杂的系统工程。所以，与其他行业相比，水库建设必须以政府科学、合理的征地补偿和移民安置政策为支撑。进入 21 世纪，随着经济社会的发展，市场经济的充分发展，工程移民面临着更加复杂的经济社会环境，移民活动更加强调以人为本、社会公平与经济共享的原则，移民得到前所未有的重视，显然移民问题已经成为水库工程建设的关键因素，水库移民政策的核心即解决移民问题。

近年来，水利水电工程建设引起的经济和社会问题即移民事件时有发生，移民上访不断，部分移民陷入贫困的恶性循环，政府、移民、业主陷入信任危机等，严重阻滞了水利水电工程的如期建设。这不仅造成工程投资的严重损失，而且影响经济建设及社会稳定。

二 土地制度改革对水库移民政策的影响

深化改革背景下，土地制度改革的重点和关键是农村土地改革，尤其是农村经营性建设用地、宅基地和土地征收这"三块地"的改革最核心、最复杂，不改不行，改又牵扯面太广、影响太大。2015 年 2 月 27 日第十二届全国人大常委会第十三次会议通过了《全国人民代表大会常务委员会关于授权国务院在北京市大兴区等三十三个试点县（市、区）行政区域暂时调整实施有关法律规定的决定》，决定到 2017 年底，通过两年多农村土地改革试点，总结经验，修改土地法，推进农村土地深化改革。到 2017 年底，效果并没有达到预期，虽然取得重要阶段性成效，经营性建设用地入市改革效果初显，已形成相对成熟的规则体系，宅基地制度改革在保障农民取得宅基地、自愿有偿退出和完善宅基地制度等方面进行了探索，土地征收制度改革中一些重点、难点、热点问题开始破题，但农村改革事关重大，很多问题还没有深入厘清。2017 年 11 月 4 日，十二届全国人大常委会第三十次会议通过决定将试点再延长 1 年，到 2018 年底。尽管农村土地改革试点没有完成，但农村土地改革的方向和趋势已明晰：集体经营性建设用地入市，宅基地制度有偿退出和"三权分置"。缩小征地范围，重点探索认定办法。规范征地程序，重点确保农民知情权。制定征地补偿标准，重点坚持公平合理补偿，建立多元保障机制，重点落实保障长远生计的途径。合理分享土地增值收益，重点搞好与集体经营性建设用地入市收益分配的大体平衡。同时，全国的土地确权、登记已基本完成，农地在保持土地承包关系稳定并长久不变的条件下，第二轮土地承包到期后再延长30年，推进承包地"三权分置"。这些改革，势必对农村发展带来重大影响和发展机遇，但也对水库移民思想带来冲击：土地价值预期提高，农民土地产权意识强化，利益直接化，国家、集体、农民利益兼顾面临新的调整、移民利益诉求从追求补偿转为发展权。同时深化改革带来了经济体制的进一步变革，社会制度的改革、执政理念的变革，使水库移民政策执行处于不断调整和变化中，政策环境与政策不协调现象将增加。这一系列影响，要求水库移民政策范畴和政策体系必须进行适应性调整。

受制度路径依赖性的影响，水库移民政策没有充分考虑到我国经济体制已经实现从计划经济体制向市场经济体制转变这一根本性变迁，在征用补偿安置机制已明显失效的同时，仍延续了计划经济体制下的补偿安置体制，法律已严重滞后于现实实践，不能很好地解决失地农民问题。水库建设征地以政府为主导，补偿标准呈逐渐提高的趋势，但依旧是不完全补偿，即补偿标准并没有以市场机制为引导，移民安置政策有以市场机制为引导的趋势，但是缺乏实施环境及条件，加之我国社会保障发展缓慢，移民的生计发展面临很大问题。鉴于市场经济处于初始摸索阶段，社会、经济、政治等各方面发展还不完善，这一时期水库移民政策面临极大挑战。水库移民问题比较突出：移民事件频发，移民上访不断，部分移民陷入贫困的恶性循环，政府、移民、业主陷入信任危机。

随着市场经济的不断发展成熟，为了妥善地解决被征地农民的生活问题，国务院于2004年10月21日发布了《关于深化改革严格土地管理的决定》（以下简称《决定》），对补偿和安置办法进行了修订。《决定》又回到了 1988 年土地管理法及以前法律规定的思路，强调既要对被征地农民进行补偿，同时也要对被征地农民进行妥善安置，保证被征地农民的原有生活水平不下降，长远生计有保障。与以往主要是保障被征地农民的劳动就业机会相比较，《决定》规定的安置办法有了突破性的变化，体现在两个方面：一是扩展了社会保障的内容，既强调要保障被征地农民的劳动就业机会，又规定必须将被征地农民纳入社会保障体系；二是保障被征地农民的劳动就业机会的方式也发生了变化。一方面提供传统的就业方式，即给被征地农民安排从事农业生产所需要的土地或提供工作岗位；另一方面也提供市场化的就业方式，即为被征地农民提供就业培训和就业指导。2006 年，国务院以 471 号令颁布了新修订的移民条例。其中第十三条规定："对农村移民安置进行规划，应当坚持以农业生产安置为主，遵循因地制宜、有利生产、方便生活、保护生态的原则，合理规划农村移民安置点；有条件的地方，可以结合小城镇建设进行"，"农村移民安置后，应当使移民拥有与移民安置区居民基本相当的土地等农业生产资料"。第二十二条规定："大中型水利水电工程建设征收耕地的，土地补偿费和安置补助费之和为该耕地被征收前三年平均年产值的 16 倍。土地补偿费和安置补助费不能使需要安置的移民保持原有生活水平、需要提高标准的，由项目法人或者项目主管部门报项目审批或者核准部门批准。"此外，随着社会经济和城乡一体化的快速发展，在我国人地矛盾的基本国情下，东部发达地区被征地农民有土安置难以实施，非农化安置逐渐取代传统的大农业安置。然而在市场经济条件下，非农业安置不可能像计划经济时期一样对移民进行统一的就业安置，移民要实现非农就业必须通过劳动力市场的竞争。由于移民长期从事农业耕作，缺乏非农就业技能，加之目前就业培训体系不健全，移民很难实现非农就业，从而可能导致其基本生活得不到保障。为解决移民非农业安置与现今市场经济就业的矛盾，考虑到移民长远生计的发展，将移民全部纳入现行社会保障体系之内可为移民实现非农化就业提供强有力的支撑。为此，2006 年《关于做好被征地农民就业培训和社会保障工作的指导意见》（国办发〔2006〕29 号）对被征地农民的就业培训和社会保障工作提供了政策性的指导意见。

自新中国成立以来，水库移民政策随着经济体制的变化不断演变，其共同的最终目的都是保障移民的生存与发展，进而保证工程的顺利建设，促进社会经济的发展，其核心问题围绕"移民的发展"。当今要实现移民的发展，必须解决好移民三个方面的问题：征地补偿、就业安置、社会保障。在市场经济的大背景下，现行的水库移民政策关于这三个范畴存在内涵界定不清、混淆替代、主体职能不明晰等弊端。水库移民政策中征地仍是以政府为主体，调整配置土地资源；补偿标准仍以计划经济时期的年产值倍数法为依据，与市场经济公平公正的要素交换原则相违背；在耕地资源、生态环境的制约及农村移民文化水平和劳动技能的约束条件下，移民非农业安置面临政策制约及市场风险；而将移民纳入社会保障体系也处于探索尝试阶段，一些地区还严重存在用社会保障方案替代必需的移民安置的做法。此外，移民社会保障资金的筹措也面临重重困难，如何处理国家、集体、移民在征地过程中利益的合理分配也迫在眉睫。因此，作为调控经济社会发展的两只手：政府和市场，如何准确定位其在水库移民政策中的职能，相辅相成，共同推进移民活动的顺利实施，是当前创新水库移民政策的重要内容。

三　水库移民政策范畴重新划分：政策体系重构

（一）明晰水库移民政策范畴的主体

1. 水库建设征地的主体

土地征收是国家行为，征收主体是政府。但在现实中，政府征收土地后以两种形式进入建设领域，一是无偿划拨，二是"招、拍、挂"。政府、集体和建设业主的基本关系见图5－1。水库建设需要的属于农村集体经济组织的土地必须通过政府的征收行为实现，通过征收使农村集体土地转换为国家非农建设用地，而后通过划拨的形式，由合格的项目单位实施水库工程建设。与国外土地私有制度不一样，由土地所有人直接与土地受让者进行交易，土地价格由市场决定，政府征地时. 需要依据市场价格对被征地者进行补偿。

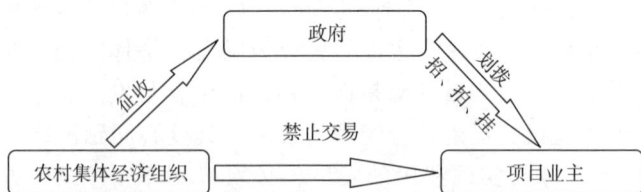

图 5-1 我国土地征收利益主体的基本关系

　　我国的征地制度是由农民土地私有制度，过渡到农民集体公有制体系。土地首先是由国家采取无偿分配的方式分配给农民，并由此实现"耕者有其田"，国家建设需要使用时再进行收回、收购或征用、征收，这种征收没有持续几年，很快就进入社会主义农村集体制度，所形成的征地补偿制度体现两个基本特征：一是"对人不对地"的补偿原则；二是征地的经济关系仅体现补偿关系。由于土地本来就是国家通过法律规定无偿分配给农民使用的，以满足农民生产生活及发展经济的要求，当国家不需要使用时，由农民耕种使用，并获得收益；当国家建设需要使用土地时，则可以进行征收，并按照不低于农民原生活水平为原则进行补偿，因此补偿过程中更多考虑的是由于征地所引起的剩余农业人口的安置和补偿，而不是根据被征收土地的区位和质量条件进行等价交换。对所征土地的补偿仅依据原农业利用方式下的年产值进行补偿，不考虑土地的潜在利用价值或市场价值，因此是一种纯粹的补偿关系，而非等价交易关系。

　　这种计划经济体制下形成的征地补偿思路中，国家从来没有把自己作为一个主体来确定和被征收者的关系，总是确定国家利益的一致性。这在计划经济和计划经济向市场经济过渡期是合理和适用的，也广泛地被农民和社会各界所接受，因为当时的所有生产资料都是采取类似的分配方式。但是，在市场经济条件下，生产资料的分配和使用需要遵循市场原则，因此这种配给式的征地补偿方式就表现出许多弊端。因此，当前亟须改革创新征地制度，转变传统计划经济体制下政府主导征地的地位，逐步建立适应市场化的征地制度和补偿机制，以促进城乡要素平等交换和公共资源均衡配置，实现经济社会持续、和谐发展。

2. 移民安置的责任主体

移民安置是指土地征收的主体对被征地农民进行生产和生活的安排，包括对移民生产或就业、房屋及生活生产设施的重新规划和土地资源调配。国务院 471 号令第五条明确提出："移民安置工作实行政府领导、分级负责、县为基础、项目法人参与的管理体制。"第十三条规定："对农村移民安置进行规划，应当坚持以农业生产安置为主，遵循因地制宜、有利生产、方便生活、保护生态的原则，合理规划农村移民安置点；有条件的地方，可以结合小城镇建设进行。"从上述政策规定中可以看出目前水库移民安置工作仍以政府为责任主体，强调大农业安置。但是随着市场经济的发展成熟及城乡一体化的快速发展，基于耕地资源紧缺的国情，传统的政府包揽移民安置工作——重新调配土地生产资料或提供就业岗位难以实施。在市场经济的大背景下，资源的市场基础配置作用不可忽视，当前移民安置工作必须从计划经济时期的"政府主导"转变为市场经济时期的"市场主导"，让市场充分发挥劳动力资源配置的基础作用，而政府则需提供必要的技能培训及教育服务，畅通就业信息渠道，完善就业服务体系，实现移民非农化就业的稳定与长远发展。

在市场经济下，劳动力就业市场属于竞争性市场，讲求"适者生存，不适者淘汰"的生存法则。就业机会要自己到劳动力市场上去竞争，自谋职业成了绝大多数被征地农民无奈的选择。目前，我国就业市场供过于求的总量矛盾正让位于产业升级，低端劳动力过剩而产生的结构性矛盾。如果把劳动力市场分为高级专业劳动力市场、熟练技术劳动力市场和初级劳动力市场三类，那么前两类劳动力市场在我国一直处于供不应求的状况，第三类即普通劳动力则呈现供过于求的局面。而水库移民正是这类普通劳动力的一部分，他们大多数文化程度不高、没有专业技能、知识结构单一、综合素质低、信息资源获取相对困难，再加上目前就业岗位培训体系仍不健全，移民非农化就业面临困境。因此，市场必须发挥其对劳动力资源合理配置的决定性作用，通过由市场交换形成的分工协作的社会生产机制、由市场竞争形成的奖勤罚懒优胜劣汰机制、由市场价格自动调节的供求机制等，使稀缺资源得到最优配置，以尽可能少的资源投入生产尽可能多的产品，获得尽可能大的效益。

3. 社会保障的责任主体

社会保障是以国家或政府为主体，依据法律规定，通过国民收入再分配，对公民在暂时或永久失去劳动能力以及由于种种原因，生活发生困难时给予的物质帮助，保障其基本生活的制度。政府是现代社会保障制度中最重要的制度主体，在社会保障各关系主体中，政府处于不可或缺的关键环节。社会保障要获得持续的发展离不开政府的支持，同样，政府要充分实现自身的职能，社会保障更是不可或缺的，这是由两者的性质所决定的。首先，社会保障的公共物品属性决定了政府介入社会保障的必要性。社会保障作为一种特殊的物品，同时具有私人物品属性和公共物品属性，其中公共物品的属性特征更为强烈。正因为社会保障具有如此强烈的外部性，由国家之外的其他社会组织或私营企业来承担这项社会职能都是不现实的，既非其所愿，亦非其所能。其次，社会保障的社会性要求政府介入。社会保障是社会化大生产的产物，具有显著的社会性特征，要求必须有一个统一的管理体制，统一的资金收取与支付的标准，按照相关法律制度来运行，而只有政府通过其政府权威与强制性手段才能满足社会保障社会性的要求。再次，政府权威及其强制力使其在社会保障领域具有一定的成本收益优势。社会保障是一项复杂的系统工程，单纯依靠市场机制来实施社会保障，必然会产生巨大的交易成本。而政府对社会保障资金的征收、管理、运营、支付各方面通过法律法规形式进行强制性的规定，就能降低过高的成本，获得较高的经济效率。同时，国家财政具有较好的风险防御能力，能更好地克服财务上的困难。又次，政府的财政支持是社会保障制度持续发展的保证。社会保障是长期性的社会工程，涉及几代人的资金管理与保值增值问题。政府之外的其他社会组织很难有能力在如此长的时段内抵御住社会系统风险和市场风险，投保人也难以相信其给予的长期承诺。因此，只有依靠政府财政支持，才能保证社会保障制度的长期持续性的运行。最后，社会保障是现代政府职能的重要内容，在现代社会中政府职能的充分实现不可缺少社会保障内容。社会保障是政府社会职能的重要内容，是政府干预社会经济生活的有效手段之一，也是政府经济职能的一项重要表现。

（二）市场经济下政府在水库移民政策中的角色定位

1. 政府在水库移民政策中的职能定位

在传统的计划经济观念和地方保护意识的影响下，政府过多干预移民工作各个方面的现象依然存在，致使市场机制的作用不能充分发挥，从而导致管理不实、项目责任不清、分工实施不规范、资金管理违规、监督管理不严等问题。因此进一步转变政府管理移民工作的职能，成为落实移民管理体制改革，促进水库可持续利用和社会经济可持续发展的关键。

现阶段我国的基本国情和土地生产资料公有制的性质决定了在社会主义市场经济体制下，移民工作仍需要通过政府行政行为和经济手段相结合来完成，这就要求政府应在明确市场在资源配置中的基础性地位的前提下，发挥自身在弥补市场缺陷、防止市场失灵、优化资源配置等方面的优势，对自身的角色确定合理的限度，以适应水库移民工作的规律。

第一，从"无限（全能）政府"向"有限政府"转变。为适应市场经济条件下移民管理工作的新需要，顺利完成水库移民安置任务，实现水库移民安置目标，政府必须转变计划经济体制下单纯依靠行政命令的移民安置管理方式，充分发挥经济和法律手段的作用，按照市场经济的要求积极转换自身角色，从过去无所不能的"无限（全能）政府"向"有限政府"转变，更多地向社会提供公共服务，发挥弥补市场失灵的重要功能，逐步从自己不该管、管不好的领域中退出，进入自己该管而没有管的领域，加强政府在社会管理和公共服务方面的职能。所谓有限政府，是指政府在法治的基础上，依循自由竞争的原则，充分发挥企业和社会中介组织的作用，实行宏观经济调控，为公众提供公共服务和基本社会保障，矫正所得分配不均的现象，其主要特征是政府既不主导一切，也不决定一切，更不包办一切。

第二，从资源的分配者转变为资源合理配置的引导者。在当前市场经济条件下的水库移民管理工作中，首先，各级地方政府要明确自己的活动边界，防止出现"角色越位"。水库移民搬迁到安置地后面临着恢复和发展经济的艰巨任务，各级地方政府要尊重水库移民作为恢复和发展经济的主体地位，充分尊重移民个人的选择权，而不应"越俎代庖"代替移民做决策。在这一过程中，各级政府应从资源的分配者转变为资源合理配置的引导者，让市场机制在资源配置中发挥基础性作用，各级政府所要做的就是制定并执行市场规则，规范市场竞争秩序，完善市场服务体系，为水库移民经济迅速恢复和发展提供一个良好的外部环境。其次，安置地的县级及以下地方政府应提供移民新安置地的诸如水、电、路等公共基础设施和科教、文化、卫生等与移民生活密切相关的公共服务，满足移民的基本生活需求，而不应过度涉入移民的私权领域，如一些地方政府强行规定移民的建房标准就是政府对公民私权的干预。最后，政府要正确处理好与移民自治组织的关系。移民自治组织作为沟通政府与移民的一个桥梁和渠道，在反映移民利益诉求、维护移民合法权益方面发挥了不可替代而又极为重要的作用。因此，政府应积极扶持并培育移民自治组织的发展，制定法规规范移民自治组织的活动，加强对这一组织的监管，为移民自治组织的作用得以充分发挥提供法律和制度保障。

我国经济发展是以市场配置为主导，为了更好发挥政府的作用，水库移民工作中政府的职能定位就是：提供规则，监督执行；提供信息服务，促进移民就业发展；提供社会保障，化解移民生产生活风险；主导公共治理，维护社会稳定。

2. 市场经济对水库移民政策的客观要求

随着我国社会主义市场经济的逐步建立和完善，我国的经济、政治、社会等各方面都发生了显著变化，水库移民工作也出现了许多新特点，而市场经济要求市场对资源配置起基础作用，主要是通过价格杠杆和比较利益调节土地配置。

在水库建设征地补偿方面，补偿标准应逐步与市场价格接轨。根据市场经济学理论的帕累托原则，假设存在A、B两种经济状态，若经济关系中某甲认为A好于B，而其他一切人至少认为B不比A更坏，则可以说在"社会偏好秩序"中，A好于B。而在我国现行的征地补偿制度中，这种牺牲一小部分人的极大利益，满足社会公共利益的要求，尽管对大多数人有好处，但是，对这一小部分人来说则损失非常严重，是极其不公平的，属于典型的帕累托最优原则的反例。相反，如果提高公共设施用地征地补偿费标准，对大多数人的影响并不大，但对被征地农民来说，好处却是非常明显的，他们可以据此得以生存和发展，这才符合帕累托最优原则。因而，逐步规范征地补偿机制，进一步让市场来调节补偿标准，可以实现征地补偿的正义性，充分保证移民的合法权益。但是需注意，市场参与也不意味着被征地村民集团和用地方集团完全的市场自由，两集团的征地议价必须受政府规制，以防止市场失灵对社会整体经济福利增进的阻碍。

在水库移民安置方面，基于我国人均耕地资源不足的基本国情，城乡一体化及农业现代化发展的要求，非农业安置成为趋势。当移民以非农业安置的方式进入劳动力市场时，如何发挥好劳动力资源的市场配置显得尤为重要。但也不能忽视移民文化水平低、非农劳动技能差等因素，政府应在非农就业培训、文化教育上做出保障性安排，同时提供信息服务，充分发挥市场对劳动力资源的配置作用，规避市场失灵，促进移民非农就业。

在社会主义市场经济条件下，社会保障领域中政府与市场是不可或缺、分工不同的两种最基本的制度安排。社会公平目标主要通过政府的介入形成的社会保障机制而实现，经济效率目标则需要通过市场机制的引入及作用的发挥来实现。社会保障领域必须引入市场机制是由市场经济的特征决定的，也是为了避免和克服政府失灵。在社会保障领域中市场的职能定位包括：体现社会保障制度中的个人责任；为社会保障基金的保值、增值提供运营途径；推行社会保障的社会化；推进社会保障产业化进程。总之，社会保障要以政府为主要责任主体，同时，也必须引入市场机制，引入竞争，以使政府行为能够更有效率。

（三）政策体系重构的方向

1. 建立适应市场化的征地制度

形成于计划经济时期的现行土地征收制度，在农地产权、征地范围与土地资源配置、征地补偿标准、政府职能定位、被征地农民安置与保障及征地法律法规等方面，均日益呈现其缺陷，并且越来越不适应社会主义市场经济发展和建设和谐社会的要求。在我国城乡一体化快速发展的政策和现实背景下，未来征地制度的市场化改革必然成为趋势。基于我国实际情况，要进行征地制度的改革，必须建立一种与市场经济相适应的新型农地转用制度和对农民土地财产的公正补偿制度，明确权利主体，界定征地范围，按照市场经济规律进行土地评估和征地补偿。

其中，建立适应市场化的征地机制的途径具体有以下几种。①逐步建立合理有序的城乡统一的土地市场，促进城乡土地优化配置。在大的国土资源管理框架尺度下，土地征收制度的改革需要将农村土地产权制度建设、宅基地管理、集体建设用地流转、土地节约集约利用、国有土地有偿使用制度等统筹谋划和同步推进。以市场化为导向，让市场发挥资源的基础配置功能，而政府负责做好拆迁项目实施的服务、指导、监督和管理工作，让农民成为征地拆迁的主体，充分兼顾公平和效率，尊重民意、惠及民生，体现包容性增长的理念。②保障移民权益，推行征地补偿的市场化。建立与社会总体收入、消费水平相适应的征地补偿动态调整机制，确保补偿安置标准的合理性长期不变。③改革资源配置和政府采购制度。农民土地被征收后，有关部门应结合区域社会经济发展状况、农村集体经济组织管理水平、经营能力等，制定相应的政策，给"留用地"配套合适的商业机会和产业项目；还可以定向采购农村集体的产品，让被征地农民共享工业化与城镇化成果。④充分发挥移民的主体作用。引入公众参与机制，提高被征地农民的知情权、参与权，让征地补偿拆迁、安置、发展等问题真正成为老百姓自己的事情。这样，就让广大人民群众真正成为改革的受益者，可以实现农民从被动的征地拆迁到主动自行配合征地拆迁的转变，有效化解征地矛盾和冲突，实现和谐征地。⑤做到征地程序公开透明。进一步提高有关部门依法行政的意识和能力，推动行政权力规范运行。除依法不能公开的，都应向社会公开征求意见，创造条件让公众广泛参与，使征地工作相关重要决策事项都充分地体现人民群众的意愿，并确保各类信息公开透明。⑥正确定位政府职能，规范征地操作。市场化改革中政府职能定位应是服务型政府，主要从宏观、调控、管理、服务等几个方面来定位。因此，完善相关法律法规、合理重构征地程序、完善政府征地权的监督制约机制都是其职能所在。

最后，建立适应市场化的征地机制需以多元化的就业安置方式及全面公平的社会保障体系为支撑，维护移民的权益并保障其长远发展。

2. 建立适应市场化的安置就业机制

在实现移民土地产权合理公正补偿的基础上，重要的就是解决移民的发展问题，即移民就业安置。在传统大农业安置难以实施的背景下，非农业安置面临着政策制约及市场风险。当前，移民就业安置工作必须从传统"以大农业安置为主"转向"以市场为导向的多元化安置"。在市场经济条件下，就业是"市场说了算"，政府不可能再像过去一样统一计划配置劳动力资源，就业岗位需要移民自己到劳动力市场去竞争。因此，以市场化为导向的就业安置机制必须以公平竞争、法制完善、信息充分的劳动力市场为基础，那么政府作为调控宏观经济"看得见的手"，就必须充分发挥其服务职能，营造一个发展环境良好的劳动力市场，建立并完善被征地农民职业教育和再就业体系，加大对移民就业、创业的支持力度，引导移民转变观念，破除"等、靠、要"思想，提高移民就业竞争能力，逐渐引导移民在市场竞争下就业。一方面，政府应针对工程区域移民自身的年龄、性别、技能、文化素质、心理承受能力等，结合当地劳动力市场的岗位技能需求，为移民提供切实可行的就业指导与培训；拓宽移民获取就业信息资源的渠道，通过制定税收及贷款优惠政策大力支持移民创业投资，政府应结合区域现有的和潜在的资源引导建立二、三产业园区，优化劳动力市场资源配置，为移民提供良好的就业环境。另一方面，完善就业保障体系的发展，做好劳动年龄段移民基本信息档案记录，优先为移民提供适合的就业信息，在失业保险政策方面向移民倾斜，充分保障移民非农化就业的发展。"授人以鱼不如授人以渔"，政府和移民一定要明确：加强移民就业培训重要的是引导移民如何实现非农化就业，而不是政府如何为移民找到一份稳定的职业。在市场经济竞争性条件下，移民必须依靠自身技能素质的提高，才能实现稳定的非农就业。

3. 完善适应市场经济的社会保障制度

社会保障是市场经济运行中宏观调控机制的重要内容。从宏观角度看，社会保障制度中的社会保险是市场经济运行中劳动力再生产的重要保障机制；社会救助和社会福利是调整经济发展与社会公平矛盾的必要协调机制；社会保障基金的征收与支付又是国民收入分配的调节机制，使国家能对国民收入分配进行再调节，缩小贫富差距，确保市场稳定；社会保障基金的投向是国家用以调节国民经济产业结构的重要手段。

从现阶段移民市场化就业的要求来看，移民生产安置必须通过培训引导移民自谋职业来解决就业问题，同时必须将移民纳入城乡社会保障体系，辅以移民完善的社会保障内容及适度的保障水平，让移民与城镇居民或职工享有同等公平的养老、医疗、教育、住房、就业等保障，从而促进城乡一体化发展。如果没有这些基本保障的支持，移民很难在短时期内适应城镇化的生活与实现就业，可能会在物质生活上有落差，心理层面也会受到一定冲击。故在现有政策条件下对移民进行非农化生产安置的同时，亟须从政策层面刚性地将水库移民纳入现行社会保障体系。但需明确，社会保障是政府从成为作为国家管理者开始就必须为全体公民提供公共产品或服务的基本责任，而不是伴随着征地行为的发生才产生的，故在设计政策时必须厘清征地补偿、移民安置、社会保障之间的关系，清晰界定水库移民纳入现行社会保障制度是对征地补偿和移民有效安置的一个补充，而非替代，也绝对替代不了。虽然两者在保障移民生活和生产的长远发展方面有着一致性的目的，但是分属不同的政策活动范畴，必须加以区别对待。同时，随着社会经济的不断发展，人口老龄化程度加剧，人们的养老、医疗等保障需求也在不断提高，这都对城乡一体化的社会保障制度的完善发展提出了新的要求。因此，完善的城乡社会保障制度不仅有利于移民非农化安置的顺利实施，与日益增长的社会保障需求相呼应，而且有利于促进社会经济的发展。

水库移民工作在计划经济体制时期主要是政府行为，强调统一性。现今的水库移民是在市场经济体制下进行的，水库移民立法必须引入市场机制，逐步将水库移民活动的"政府主导"机制转变为"市场主导，政府协调"，明晰各主体（政府、项目业主、移民等）的权责利关系，合理定位政府与市场在水库移民活动中的角色，清晰界定水库移民政策的范畴，解决好移民征地补偿、就业安置、社会保障问题，保证水库建设及移民管理的顺利实施，促进社会、经济、生态效益的综合发挥。

　　水库移民政策作为土地征收政策中重要的组成部分，关系到众多移民的生存发展大计、国民经济和社会稳定发展。与时俱进地不断改革征地制度，创新水库移民政策，以促进创新要素平等交换和公共资源均衡配置，这不仅是当前城乡一体化发展的必然要求，更是社会主义市场经济发展完善的前提条件。因此，创新水库移民政策必须综合考虑城乡一体化背景下要素平等交换、资源均衡配置的要求。一是建立适应市场化的征地机制，完善城乡土地市场的发展，逐步形成以市场化为导向的征地补偿机制，实现公平与效率的统一；二是建立适应市场化的就业安置机制，让市场配置劳动力资源供给与需求的数量及结构平衡，而政府则发挥其服务、引导的功能，为移民提供就业培训服务、畅通移民就业信息获取渠道、提供移民就业创业政策支持等，实现移民安置的长治久安；三是健全并完善适应市场经济的社会保障制度，移民群体被征地后极易面临贫困、失业、疾病、边缘化等风险，社会保障作为保障公民基本生活的最后一道防线，必须将移民群体融入其中，将其纳入现行的城乡社会保障体系，这不仅可以促进非农化安置的顺利实施，充分保障移民权益，也是城乡社会保障一体化发展的必然要求。

第六章
市场经济下征地补偿范围和标准

　　征地补偿是征地制度的重要内容，征地补偿范围和标准的合理性与公正性与被征地人的利益密切相关，也是保证征地活动顺利实施的前提。随着城乡一体化的推进，市场经济进一步深入，城市化、工业化进程也逐渐加快，这些都促进了我国经济的发展。同时也使得大量农村土地被征占，失地农民越来越多。而我国现行征地制度在市场经济条件下却仍然采用之前计划经济条件下以前三年农地产值倍数作为补偿标准，逐渐无法适应市场经济发展的需要。合理确定征地的补偿范围，制定符合实际的征地补偿标准，符合市场经济和城乡一体化的要求，有利于保障被征地农民的利益，也有利于在近年来征地事件频发的背景下为征地能够安全有序进行提供保障。

一　水库征地补偿范围分析

（一）水库征地补偿范围界定

　　《中华人民共和国宪法》第十条规定，国家为了公共利益的需要，可以依照法律规定对土地实行征收或者征用并给予补偿。

　　《中华人民共和国土地管理法》第四十七条规定：征收土地的，按照被征收土地的原用途给予补偿；征收耕地的补偿费用包括土地补偿费、安置补助费以及地上附着物和青苗的补偿费。补偿标准按照年产值乘以补偿倍数来确定，给出土地补偿倍数是每公顷 6~10 倍，安置补助倍数是每人 4~6 倍（最高不超过每公顷 15 倍）；土地补偿费和安置补助费的总和不得超过土地被征收前三年、平均年产值的 30 倍。

《中华人民共和国土地管理法》第五十七条规定：建设项目施工和地质勘查需要临时使用国有土地或者农民集体所有的土地的，土地使用者应当根据土地权属，与有关土地行政主管部门或者农村集体经济组织、村民委员会签订临时使用土地合同，并按照合同的约定支付临时使用土地补偿费。

为了实施土地管理法，国务院制定了《中华人民共和国土地管理法实施条例》，其中第二十六条对于征地补偿的内容做了进一步解释，其规定：土地补偿费归农村集体经济组织所有；地上附着物及青苗补偿费归地上附着物及青苗的所有者所有。征收土地的安置补助费必须专款专用，不得挪作他用，需要安置的人员由农村集体经济组织安置的，安置补助费支付给农村集体经济组织，由农村集体经济组织管理和使用；由其他单位安置的，安置补助费支付给安置单位；不需要统一安置的，安置补助费发放给被安置人员个人或者征得被安置人员同意后用于支付被安置人员的保险费用。

国务院 471 号令规定，大中型水利水电工程建设征收耕地的，土地补偿费和安置补助费之和为该耕地被征收前三年平均年产值的 16 倍。土地补偿费和安置补助费不能使需要安置的移民保持原有生活水平、需要提高标准的，由项目法人或者项目主管部门报项目审批或者核准部门批准。征收其他土地的土地补偿费和安置补助费标准，按照工程所在省、自治区、直辖市规定的标准执行。

与土地管理法征地补偿规定不同的是，国务院 471 号令同时规定了移民安置资金，包括农村居民点迁建、城（集）镇迁建、工矿企业迁建以及专项设施迁建或者复建补偿费（含有关地上附着物补偿费）、搬迁费、库底清理费、淹没区文物保护费和国家规定的其他费用。

从以上法律法规来看，征地补偿和移民安置资金是两部分内容。一部分是损失补偿，包括征地补偿、安置补助和地面附属物补偿；另一部分是恢复重建，是根据重建项目和内容来计列投资的。但从征地补偿来看，水库建设征收土地的补偿费取的是土地管理法规定补偿幅度的中间值，但考虑了安置时的重建投资。在补偿内容的确定上，是根据征地时土地使用现状和直接损失，没有考虑间接影响和损失。

（二）国外征地补偿范围界定的借鉴

只要存在两种土地所有制，土地征收都是不可避免的。在市场经济下，土地征收的特征主要体现在一是公共利益前提；二是征收的强制性；三是对产权的保护性。一些发达国家的市场经济体制比较健全，土地征收历史较长，征收制度比较完善。在市场经济不断深入和体制不断完善的情况下，一些市场经济国家的土地征收补偿制度是可以借鉴的：结合我国深化改革的方向，来完善我国的土地征收补偿制度。

1. 英国的征地补偿范围

英国的土地征用制度比较完善，对于土地征用的范围、标准、原则、日期和争议处理都有着明确的规定。其中，土地征用补偿的范围包括以下几个方面：①土地（包括建筑物）的补偿，其标准为公开市场土地价格；②残余地的分割或损害补偿，其标准为市场的贬值价格；③租赁权损失补偿，其标准为契约未到期的价值及因征用而引起的损害；④迁移费、经营损失等干扰的补偿；⑤其他必要费用支出的补偿（如律师或专家的代理费用、权利维护费用等）。①

2. 德国的征地补偿范围

为实现土地的最佳利用，同时合理调节土地供给与促进城市再开发，德国也制定了相应的土地征收制度。其土地征收的补偿范围涉及土地和其他标的物的损失，以及所造成的营业损失等。具体包括以下几个方面：①土地或其他标的物的损失补偿，其标准为土地或其他标的物在征用机关裁定征用申请当日的转移价值或市场价值；②营业损失补偿，其标准为在其他土地投资可获得

---

① 吴怀娟、于静：《土地征用制度的国际比较与借鉴》，《青岛行政学院学报》2005 年第 4 期。

的同等收益；③征地标的物上的一切附带损失补偿。①

3. 加拿大的征地补偿范围

加拿大规定，征收土地是国家为了公共利益向私人回收土地的一种强制权力。加拿大对于征地补偿的范围规定有以下几个方面：①被征用部分的补偿；②有害或不良影响的补偿，主要针对被征用地块剩余的非征地，因建设或公共工作对剩余部分造成的损害，可能还包括对个人或经营损失及其他相关损失的补偿；③干扰损失补偿，即被征地所有者或承租人因为不动产全部或基本被征用，因混乱而造成的成本或开支补偿；④重新安置的困难补偿。②

4. 日本的征地补偿范围

日本的《土地征用法》规定，土地的补偿包括五个部分：①征用损失补偿，对征地造成的财产损失进行补偿，按被征用财产的经济价值即正常的市场价格补偿；②通损补偿，对因征地而可能导致被征地者的附带性损失的补偿；③少数残存者的补偿，对人们因征地而脱离生活共同体进而造成损失的补偿；④离职者的补偿，对因土地征用造成业主失业损失的补偿；⑤事业损失补偿，对征地建设的公共事业完成后所造成的污染对经济和生活损失等的补偿。③

表6-1给出不同国家和地区征地补偿范围界定的原则和前提。权衡我国土地改革的核心是明晰和保护产权，促进市场经济发展，结合这些国家和地区的征收补偿范围，我国征地补偿范围界定可以从以下几个方面借鉴和改革：一是确定合理补偿的补偿原则，按照公平市场价格衡量损失的财产补偿价格；二是确定受影响补偿范围和评估规则；三是要有合理公开的程序评价补偿内容和价值；四是根据安置市场条件，合理确定安置的困难补助。

---

① 陈和午：《土地征用补偿制度的国际比较与借鉴》，《世界农业》2004年第8期。

② 王正立：《国外土地征用补偿标准及支付时间》，《国土资源情报》2004年第1期。

③ 廖明辉：《中外征地补偿制度比较分析》，《学习与实践》2008年第10期。

表6-1 各国和地区征地补偿前提、原则及范围比较

国家和地区	征地前提	原则	范围	通用	特殊
英国	土地征用必须符合公共利益的需要,并且征地部门必须证明该项目是一个"令人信服的符合公共利益的案例"	合理补偿	土地补偿,残余地分割地补偿,租赁权损失补偿,干扰补偿,其他必要费用补偿;农场还有农场损失费的补偿	征地的前提都是依据公共利益的需要,补偿的范围都包括对被征收土地的补偿,征收土地上附着物的补偿	农民离开农场会有农场损失费的补偿
德国	土地征收是特定少数人为社会公益被迫牺牲了自己的权益,因此,除非公共福利需要,且经与协商购买未果以外,一概不得动用征地权,即使动用征地权,也必须公平合理	相当补偿	土地或其他标的物的损失补偿,营业损失补偿,征地的物上的一切附带损失补偿		
加拿大	为公共利益服务,征地范围限制在为公共利益服务的交通、能源、水利、环境保护、市政建设及文物遗迹保护、学校、医院、社会福利等	合理补偿	被征用部分的补偿,有害或不良影响部分的补偿,干扰损失补偿,重新安置的困难补偿		有重新安置的困难补偿
日本	公共利益,具体包括依照《城市规划法》进行的公路等的建设,依据《河川法》进行的水库、堤防等防洪设施的建设等	正当补偿	征用损失补偿,通损失补偿,少数残存者补偿,离职者补偿,事业损失补偿		对于离职者给予补偿

续表

国家和地区	征地前提	原则	范围	通用	特殊
美国	因公共利益需要土地时，可以征用私有土地，只要政府的征地项目经过充分论证，表明是出于公共利益，土地所有者就必须售出	合理补偿	被征收财产、邻近土地所有者经营上的损失、搬迁和相关补偿费和寻找新居补偿费	征地的前提都是依据公共利益的需要，补偿的范围都包括对于被征收土地的补偿，征收土地上附着物的补偿	对寻找新居给予补偿
韩国	因公共目的需要使用私人土地时，政府可对私人土地进行征收，并给予经济补偿	正当补偿	残余地价的补偿，迁移费用的补偿以及测量调查，残余土地整治、事业废止和其他损失的补偿		
中国台湾	公共利益的需要，公共利益需要分为"兴办公益事业"及"实施地区经济政策"两类。前者为"一般性征收"，后者为"政策性征收"	公平补偿	被征收土地的地价补偿及负担清算，被征收土地地上改良物的补偿，被征收土地地上改良物的迁移费以及因征用土地致使其相邻土地受到损失者的补偿		

(三) 市场经济下水库征地补偿范围界定

1. 现行水库征地补偿范围的问题

(1) 残余及邻接地价值损失补偿没有被列入补偿范围。残余地是被征用地块剩余的非征地,邻接地是指被征地周围受到影响的土地。在目前,根据我国的《土地管理法》规定,征收耕地的补偿费只包括了土地补偿费、安置补助费、地上附着物和青苗补偿费。比较市场经济较为发达的国家,我们可以发现我国土地征收补偿的范围过于狭窄。结合国外的土地征收补偿制度规定可知,国外土地征收补偿范围主要由 6 个方面组成:①土地补偿;②地上建筑物及附着物的补偿;③残余地以及邻接地的损失补偿;④干扰以及搬迁补偿,主要包括财产迁移、产权登记和搬迁等费用的补偿;⑤失业者或离职者的补偿;⑥间接利益损失的补偿。[①] 在我国,安置补助费包括生产安置和生活安置,类似于干扰及搬迁补偿和失业及离职者的补偿。但是对于残余地及邻接地价值损失补偿并没有相应的法律规定。在市场经济下,区域因素是影响土地价值的重要因素之一,包括区段位置、基础设施条件、规划限制和环境质量等因素。土地在被征用之后,残余的土地功能发挥有可能受到区位变化的影响,因此应该给予相应的补偿。

(2) 经营损失补偿缺失。市场经济中,土地的经济属性应该得到更明显的体现。在征地后,被征地农民因为征地所造成的经营损失应该得到合理的补偿,才符合市场经济的发展要求,才符合农民的利益。

经营补偿不同于安置补偿,有人认为安置补偿费的标准中考虑的是农民就业和生活保障,因此包含了对于经营权的损失补偿。虽然国外的征地补偿中没有安置补偿这一项目,但是在征地补偿中也有对于以土地为生产资料的农民给予的特殊补偿。以英国为例,当农民因征地而离开其农场时,还能获得一笔农场损失费,前提是:他对被征农地的使用期至少还有 3 年;使用权的灭

---

① 刘培民、卢建峰:《国外土地征收补偿制度的比较及对中国的借鉴》,《世界农业》2011 年第 11 期。

失是因为强制性征地；3 年之内又开始在英国另一家农场从事农业生产。[①] 加拿大的征地补偿中也有对重新安置的困难补偿。安置补助费应该是对被征地农民重新安置的补偿，特别是在我国农村生产生活水平相对落后的条件下，提供相应的安置补助费是理所应当的。

其次，对经营损失给予补偿也符合我国目前的发展趋势。《国务院办公厅关于引导农村产权流转交易市场健康发展的意见》（国办发〔2014〕71 号）明确提出，坚持农村土地集体所有，所有权、承包权、经营权三权分置，引导土地经营权有序流转。这有利于促进土地流转市场的发展。在所有权、承包权、经营权三权分置的情况下，征地补偿必然要考虑到对经营者损失的补偿。经营损失的补偿应该给予被征收的具体某块土地上拥有经营权的农户。由于土地所有权归集体所有，因此土地补偿费应该给集体经济组织并在该村集体中分配，而安置补助费则要分配给被征地区域以土地为主要生产资料，因征地影响而无法从事生产的农民，其含义不包括转让经营权并不从事农业生产的村民。

我国的征地补偿没有关于经营损失补偿的具体规定，只有一些法律法规零散地提及。国家《建设征用土地地上附着物补偿标准的通知》中对经营损失这一块以协商为主。《中华人民共和国渔业法实施条例》对养殖业的经营损失补偿也按照协商的原则，在征地补偿的实施过程中经常达不成补偿协议，严重影响征地拆迁的进行。对农村土地承包经营权的补偿则更是没有相关法律法规来确定。而国外的土地征收补偿将经营损失补偿也包括在补偿范围之内。英国的征地补偿范围明确地将"迁移费、经营损失等干扰的补偿"列入补偿项目。德国的土地征收补偿也规定了营业损失补偿，其标准为在其他土地投资可获得的同等收益。加拿大的征地补偿中有害或不良影响补偿包括对个人或经营损失及其他相关损失的补偿。韩国的征收土地补偿也有"事业废止"的补偿项目。将经营损失补偿列入补偿范围，有利于提高农民的生活水

[①] 杨文静：《国外土地征收补偿制度的比较及借鉴》，《科技情报开发与经济》2006 年第 9 期。

平，有利于促进征地工作的顺利进行。

（3）安置补助费的定位。由上述分析可知，虽然西方大多数多国家没有安置补助费，但安置补助费的存在有其一定的合理性，不过，关于安置补助费如何定位却是一个重要的问题。在我国，对安置补助费的定义是国家在征用土地时，为了安置以土地为主要生产资料并取得生活来源的农业人口的生活，所给予的补助费用。在市场经济体制下理应实现安置的市场化，由政府完全承担对于被征地农民的生产和生活所需的补偿是不合理的。安置补助费的补偿，尤其是在考虑到应该增加经营损失补偿的情况，应该是一种补贴性质的补偿。在给予土地补偿费和经营损失补偿费的前提下，安置补助费应该是对于农民由于土地被征收，从而需要重新安居和从事生产所需要的补助。

2. 水库征地补偿范围的内容

综合以上分析，市场经济下的征地补偿范围应该包括以下几个部分。

（1）土地补偿费：指因国家征收农民集体所有的土地对土地所有者和土地使用者的补偿。

（2）安置补助费：指国家在征用土地时，为了安置以土地为主要生产资料并取得生活来源的农业人口的生活，所给予的补助费用。

（3）地上附着物补偿费和青苗补偿费：支付给被征地单位的对地上物损失的补偿数额和农作物正处在生长阶段而未能收获，国家应给予土地承包者或土地使用者的经济补偿。

（4）残余地及邻接地补偿费：征收土地所造成剩余部分贬值的补偿，其标准为市场的贬值价格。

（5）经营损失补偿费：由于征地所造成的经营损失，其标准为在其他土地投资可获得的同等收益。

（6）临时用地补偿：建设项目施工和地质勘查需要临时使用国有土地或者农民集体所有的土地而需要给予的补偿。

（7）企业搬迁补偿：包括基础设施和生产设施、生产设备的补偿、停产损失以及搬迁补助的补偿。

（8）专业项目补偿：交通工程、输变电、电信、广播电视等项目的补偿。

二　水库征地补偿原则

（一）国外征地制度的主要原则

1. 完全补偿原则

完全补偿，是指以被征用人完全恢复到与征用前大致相同的生活状态所需要的代价为补偿标准。这种补偿不仅要考虑到被征地人的直接损失和间接损失，像被征土地的价值、地上附着物、残余价值、失业转业损失等，还要考虑到非经济的精神不适合环境改变等。完全补偿原则秉承着"所有权神圣不可侵犯"的理念，以产权界定为依据。由于土地征收侵犯了土地所有权，因此应该给予完全补偿。完全补偿一般在发达国家居多，像日本和韩国的"正当补偿"原则实际上就是一种完全补偿。

2. 相当补偿原则

相当补偿是相对于完全补偿而言的，其范围限于可以量化的土地价值和财产损失、搬迁和各种必要的费用、营业损失等。这种补偿以客观价值为依据，对于一些无法量化的损失，例如自由生活的损失、精神上的损失等则不考虑补偿。原联邦德国法律明确规定，对土地征用实行"相当补偿"。相当补偿认为所有权具有社会义务，产权在公共利益需要的前提下可以被加以限制。但土地的征收是对于公民财产权的剥夺，大大超越了对财产权限制的范围，应该依法给以补偿。

3. 合理补偿原则

合理补偿原则在美国的征地补偿中体现得最为明显。美国根据《财产法》规定了征收财产必须依据"合理补偿"原则。美国的联邦宪法第五修正案也规定"没有合理补偿，不得征收私人财产为之公用"。合理补偿的内涵是指补偿的标准依据所有者财产的公平市场价格，包括财产的现有价值和财产未来盈利的折扣价格。土地征用补偿根据征用前的市场价格计算标准，不仅补偿被征土地现有的价值，而且考虑补偿土地可预期、可预见的未来价值；在土地征用补偿时，还要考虑补偿因征用而导致邻近土地所有者经营上的损失。合理补偿原则一般在经济和人民生活水平较高的国家中实行。除美国之外，采取合理补偿原则的还有英国、加拿大和意大利等国家。

4. 公平补偿原则

公平补偿的根本目标是将被征地的所有者或使用者处在与征用之前同样的经济条件下，他应当既不因此致富也不因此变穷。公平补偿总体要求被征收土地的补偿价格取决于该土地或周围同类土地的市场价格，并且体现社会经济发展的要求。对于公平的具体细则各个国家可以根据自己的实际情况确定。以巴西为例，巴西规定公平补偿的决定因素包含八个方面：第一，对税收的评估价值；第二，地产的买价；第三，从地产得到的利润；第四，地产的位置；第五，地产的保护情况；第六，地产的投保价值，第七，可比较的地产在过去5年的市价；第八，被指定的土地被征用之后，剩余地产的估价或减值。[1] 除此之外，采取公平补偿原则的国家还有法国等。

（二）我国的征地补偿原则的定位

1. 我国征地补偿的原则分析

我国并没有明确提出征地补偿所应该遵循的原则，但根据《中华人民共和国土地管理法》的有关规定，对土地征收实行的是按照土地原用途进行补偿，这显然不属于全额补偿，甚至也不属于相当补偿，因为其并没有考虑土地的市场价格。《物权法》规定，征收集体所有的土地，应当依法足额支付土地补偿费、安置补助费、地上附着物和青苗的补偿费等费用。可见，我国的征地补偿范围偏窄，且补偿标准偏低，是一种不完全补偿，或者说是适当补偿。

2. 我国确定"公平补偿"原则的合理性

在市场经济体制下，征收土地的补偿标准自然应该以市场为基准。目前中国的征地补偿标准主要以亩产值的倍数加以计算，这既不能反映市场规律，也不能保证失地农民的生活水平。[2] 世

---

① 张术环：《浅谈国外征地补偿的方式和原则》，《农业经济》2007年第6期。

② 薛明川：《农用征地补偿方法和标准的和化探讨》，《安徽农业科学》2009年第18期。

界上大多数国家和地区对被征用土地的补偿，都是根据土地的市场价格或者以市场价格为基础来确定的。借鉴国外的做法，结合土地的利用类型以及地域情况，既要考虑到土地的产值，也要考虑到土地的区位价值。土地补偿费、地上附着物补偿费等要结合当地土地的市场价格。随着经济的发展，经济发达地区征地补偿标准已突破《土地管理法》规定的年产值倍数，以接近于市场价格进行安置补偿。对被征地遵循市场原则对其进行补偿，可以克服征地过程中的各种矛盾和纠纷，也能够保障土地权利人的合法权益。所以，我国需要制定可以适应市场经济和社会发展需要的征地补偿原则，并将其写入法律，为我国的征地补偿提供具有符合经济规律、符合国家发展要求的指导。

"公平补偿"是多数市场经济国家征地补偿的基本原则，总体要求是按照土地被征收时的市场价格或附近同类土地的市场价格补偿。在我国，城乡一体化的发展和市场经济的深入要求征地补偿更加体现"公平补偿"的原则。同时，公平补偿是一个富有弹性的概念，与"全额"或者"完全"相比，"公正"更能灵活地以适应社会经济发展的需要，相比"合理补偿"更能结合我国的实际情况展开操作，使被征收人的损失按照公平的市场价格得到填补。因此，我国应该明确自己的征地补偿原则，从"适当补偿"这种不完全补偿逐步转向遵循市场规律，保证被征地人权益的"公平补偿"。实现征地的"公平补偿"，符合我国市场经济发展的要求，有利于对被征地人合法权益的保护和缓解征地矛盾。

三　市场经济下水库征地补偿标准的确定

（一）国家现行的补偿标准

《中华人民共和国土地管理法》规定，征收耕地的土地补偿费，为该耕地被征收前三年平均年产值的 6 ~ 10 倍。征收耕地的安置补助费，按照需要安置的农业人口数计算。需要安置的农业人口数，按照被征收的耕地数量除以征地前被征收单位平均每人占有耕地的数量计算。每一个需要安置的农业人口的安置补助费标准，为该耕地被征收前 3 年平均年产值的 4 ~ 6 倍。但是，每公顷被征收耕地的安置补助费，最高不得超过被征收前 3 年平均年产值的 15 倍。同时也规定，尚不能使需要安置的农民保持原有生活水平的，经省、自治区、直辖市人民政府批准，可以增加安置补助费。但是，土地补偿费和安置补助费的总和不得超过土地被征收前 3 年平均年产值的 30 倍。国务院根据社会、经济发展水平，在特殊情况下，可以提高征收耕地的土地补偿费和安置补助费的标准。

国务院 471 号令规定，大中型水利水电工程建设征收耕地的，土地补偿费和安置补助费之和为该耕地被征收前 3 年平均年产值的 16 倍。土地补偿费和安置补助费不能使需要安置的移民保持原有生活水平、需要提高标准的，由项目法人或者项目主管部门报项目审批或者核准部门批准。被征收土地上的附着建筑物按照其原规模、原标准或者恢复原功能的原则补偿；对补偿费用不足以修建基本用房的贫困移民，应当给予适当补助。

《国有土地上房屋征收与补偿条例》规定，被征收土地上的附着建筑物按照其原规模、原标准或者恢复原功能的原则补偿；对补偿费用不足以修建基本用房的贫困移民，应当给予适当补助。

（二）补偿标准的分析与确定

1. 土地补偿费补偿标准

土地补偿费根据现行的《土地管理法》是以土地前 3 年年产值的倍数加以确定的，此种方法已逐渐不能适应市场经济发展的要求。市场经济下土地的补偿应该更能反映土地的真实价值。在土地市场较为发达的地区，结合土地的产值和土地区位价值，可以采取市场比较法来确定土地补偿标准。但我国农村土地市场不发达，因此可以采用收益还原法来确定土地补偿标准。其公式为：

$$P = a/r \times [1 - 1/(1 + r)^n] \qquad （式 5 - 1）$$

式中：P = 土地价格；a = 土地纯收益；r = 还原利率；n = 土地使用年限

由于土地收益往往是不同生产要素组合的结果，土地只是其中的要素之一，此外还有人类劳动、资本等因素。因此土地纯收

益是在土地收益中扣除非土地因素对土地收益的贡献量。根据农用地估价规程，各部分组成如下：[1]

　　土地纯收益 = 土地总收益 − 土地费用
　　土地总收益 = 主产品产量 × 单价 + 副产品产量 × 单价
　　土地总费用 = 生产经营费用 + 维护费用 + 其他费用
　　生产经营费用 = 种苗费用 + 肥料费用 + 人工费用 + 畜工费用 + 机工费用 + 农药费用 + 材料费用 + 水电费用 + 农具费用 + 其他费用
　　维护费用 = 灌排设施维护费用 + 生产路或田间道路维护费用 + 电力设施维护费用
　　人工费用 = 标准工日 × 标准工值

　　采取这种方法来计算土地补偿费，补偿的金额考虑到收益、产值、土地区位以及土地供求关系等因素的影响，更能体现市场对土地的影响，更好地反映了土地的实际价值，有利于保护被征地农民的权益，也有利于我国征地制度的完善。

　　2. 安置补助费补偿标准

　　安置补助费是为了解决农民生产和生活问题而设立的补偿费用。现行的安置补助费的计算标准为：

　　安置补助费 = 需要安置的人数 × 年产值 × 补偿倍数
　　需要安置的人数 = 被征地数 ÷ 征地前人均耕地数

　　在土地补偿费依据市场给予充分补偿的前提下，有学者认为，在城乡一体化背景下，政府承担的所谓安置责任应该是促进就业与建立相关的社会保障，[2] 但社会保障是每个公民的基本权利，以土地换社保的思维是不对的。同时，由政府完全承担对于被征地农民的生产和生活所需的补偿是不合理的。安置补助费用应该是用来对失去土地无法从事生产活动的农民给予的重新安置

---

[1]　参考农用地估价规程：GB/T 28406—2012。

[2]　张昕：《安置补助费的改造及政府安置责任的定位》，《合肥师范学院学报》2014 年第 32 期。

的补偿。同时，安置补助费所安置的对象应该是承包经营户，而不是全体村民这一广泛的概念。总体来说，安置补助费的标准应该能满足被征地人的最低生活保障，其计算公式为：

$$S = (f_{t-1} + o_{t-1}) \times (p_{t-1}/100) \times (r_{t-1} \times r_{t-2}) \times n \qquad (式5-2)$$

其中：S 为应该支付的安置补助费；f_{t-1} 为第 $t-1$ 年农村月人均食品支出标准；o_{t-1} 为第 $t-1$ 年农村月人均非食品支出标准；p_{t-1} 为第 $t-1$ 年当地的物价综合指数；r_{t-1} 为第 $t-1$ 年当地农村居民月人均纯收入；r_{t-2} 为第 $t-2$ 年当地农村居民月人均纯收入；n 为需要补偿的月数，即从失去土地到重新安置完成所需的时间。

通过以上公式计算出来的补偿标准，是以保障被征地农民的最基本生活需要为前提的补偿，对于以土地为主要生产资料，由于土地被征收而无法从事生产的农民起到了很好的保护作用。

3. 地上附着物和青苗补偿标准

《土地管理法》规定，被征收土地上的附着物和青苗的补偿标准，由省、自治区、直辖市规定。国务院471号令规定：被征收土地上的附着建筑物按照其原规模、原标准或者恢复原功能的原则补偿。

总体来讲，我国地方制定青苗补偿基本按青苗的当季作物产值计算，地上建筑物及附属设施以原规模、原标准和恢复原功能的方式补偿也能够充分体现被补偿物的实际价值。由于各地物价水平的差异，各地区应该根据地区的实际状况制定相应的标准。

对于房屋的补偿标准，《水利水电工程建设征地移民实物调查规范》将农村房屋结构分为框架、砖混、砖木、土木、窑洞五类，可按此分类以重置价分别制定补偿标准。

对于附属设施的补偿，《水利水电工程建设征地移民实物调查规范》规定：附属设施应包括围墙、门楼、水井、晒场、粪池、地窖、玉米楼、沼气池、禽舍、畜圈、厕所、堆货棚等，不同项目以反映其特征的相应单位计量，如平方米、个、处等。依据此分类制定补偿标准。

对于房屋装修补偿，可按天花板类（吊顶、线条、吊灯、射灯等）、室内墙面（抹灰、墙纸、墙砖等）、门窗（卷帘门、防盗门、平开门、防盗窗、纱窗等)、扶手栏杆 (木质栏杆、不锈钢栏杆等)、室内地面 (木地板、地砖等) 等，按实际成本进行补偿。[①]

对于搬迁补助、过渡期补助、建房困难补助。搬迁补助应该包括搬迁时的车船费、途中食宿费、物资搬迁运输费、搬迁保险费、物资损失补助费、误工补助费等费用。过渡期补助以临时安置期住房补助费为标准。对补偿费用不足以修建基本用房的贫困移民可以增加建房困难补助。

对于基础设施的补偿，《水利水电工程建设征地移民安置规划设计规范》规定，居民点基础设施建设费，包括移民安置点新址征收土地的土地补偿费和安置补助费、青苗补偿费等以及新址场地平整，居民点内道路、供水、排水、供电、电信、广播电视等工程费用，应根据居民点规划设计成果分项计算。

对于林地的补偿，《中华人民共和国森林法》将森林分为五类：防护林、用材林、经济林、薪炭林和特种用途林，可依据此分类制定补偿标准。

4. 残余地及邻接地补偿标准

我国对于残余地的征地补偿标准尚无明确的规定，通过参考发达国家的残余地补偿经验我们可以得到一些启示。英国征收土地残余地的分割或损害补偿，其标准为市场的贬值价格。日本《土地收用法》第74条规定，对于残余地的补偿，其计算标准参考附近同类土地的交易价格进行计算，用公布认定公告时的相应价格，乘以根据到获得权利裁决为止的物价变化计算出的校正系数，所得出的金额数为应补偿的价格。此校正系数依据政令规定的方法进行计算。德国是采取差额计算法，这种计算法是将整块不动产在征收前的市价，减去部分征收后剩余土地的市价，所得的差额，便是应支付的已征收部分土地的补偿费与剩余土地的所失利益的总和。我国台湾地区的接连地损失补偿，此项补偿金以不超过接连地因受征收地使用影响而减低的地价额为准。[②]

---

① 参见河海大学《江苏省水利工程移民征迁补偿标准研究报告》。

② 武光太：《农村土地征收补偿标准比较及借鉴》，《农业经济》2012 年第 1 期。

综合发达国家的残余地及邻接地的征地补偿标准，都是以征地之后残余地或邻接地贬值的部分为依据。因此，残余地和邻接地的补偿，可以采取征收时的估定价格，乘以相应的校正系数的方法得到获得裁决权利时的土地价格，之后再相减得到。

$$v = p_0 \times (1 - r) \qquad \text{（式 5 - 3）}$$

其中：v 为残余地及邻接地的补偿额，p_0 为征收土地时残余地及邻接地的市场价值，r 为矫正系数。校正系数可以运用市场比较法的思路，政府结合区域因素和个别因素加以制定。

5. 经营损失补偿标准

目前国家在征地过程中，因搬迁给被拆迁人生产生活带来不便或损失的，还是以协商解决为主，并没有统一的标准及规定。《国有土地上房屋征收与补偿条例》第二十三条规定，对因征收房屋造成停产停业损失的补偿，根据房屋被征收前的效益、停产停业期限等因素确定，具体办法由省、自治区、直辖市制定。《国有土地上房屋征收评估办法》第 14 条规定，停产停业损失由征收当事人协商确定；协商不成的，可以委托房地产价格评估机构通过评估确定。《中华人民共和国渔业法实施条例》第二十二条规定，其他建设需要占用已经确定给单位或个人用于养殖的全民所有的水域、滩涂的，建设单位应当与持有水域、滩涂养殖证的单位或个人进行协商，并给予补偿。而协商的方式往往造成与被征地人达不成协议的问题，从而影响征地的顺利实施。为此需要制定明确的经营损失补偿标准。对于征收国有土地的，其经营损失可以按照以下公式计算：[①]

$$P = (R + A \times \alpha + S) \times n \qquad \text{（式 5 - 4）}$$

其中：P 为经营损失补偿；R 为用于生产经营土地的月租金；A 为月净利润；α 为修正系数；S 为月生活补助；n 为补偿期限。

月租金在存在出租土地的情况下为出租土地的租金，在承包权与经营权相一致的情况下月租金可由估价机构评估确定，月净

---

① 参见《北京市国有土地上房屋征收停产停业损失补偿暂行办法》。

利润是在停止经营期间每月平均能够获取的净利润，修正系数根据实际生产经营运行状况和市场预期确定。月生活补助按当地最低生活标准计算。补偿期限根据实际情况确定。

6. 临时用地补偿标准

《中华人民共和国土地管理法》规定，临时占用国有土地或者农民集体所有的土地需要签订合同，并按照合同的约定支付临时使用土地补偿费，但没有给出具体的标准。《土地复垦条例》规定，土地复垦义务人对在生产建设活动中损毁的由其他单位或者个人使用的国有土地或者农民集体所有的土地，除负责复垦外，还应当向遭受损失的单位或者个人支付损失补偿费。故临时占地的补偿可以分为临时占地损失补偿和复耕费用补偿。并按照弃土区补偿、取土区补偿和施工临时用地补偿加以细分。各部分组成如下：[1]

临时占地损失补偿 = 弃土区损失补偿 + 取土区损失补偿 + 施工临时用地补偿

弃土区损失补偿 = 施工期损失补偿 + 固结期损失补偿 + 弃土区四周坡地损失补偿 + 恢复期补偿

施工期分不同施工方法计算施工时间，弃土区四周坡地损失补偿中，坡地损失按坡地平面投影面积采用征地标准进行测算。

取土区损失补偿 = 施工期损失补偿 + 恢复期损失补偿

损失补偿按影响时间 × 耕地年产值进行测算，施工临时用地损失补偿主要包括施工期损失补偿。施工期根据工程施工组织设计确定。

复耕费用补偿根据《土地复垦条例》的规定，损失补偿费由土地复垦义务人与遭受损失的单位或者个人按照造成的实际损失协商确定；协商不成的，可以向土地所在地人民政府国土资源主管部门申请调解或者依法向人民法院提起民事诉讼。

---

[1]　参见河海大学《江苏省水利工程移民征迁补偿标准研究报告》。

根据《土地复垦方案编制规程》（TD/T1031.1—2011）规定，土地复垦费用估算应综合考虑损毁前的土地类型、实际损毁面积、损毁程度、复垦标准、复垦用途和完成复垦任务所需的工程量等因素。土地复垦费用构成包括工程施工费、设备费、其他费用（前期工作费、工程监理费、竣工验收费、业主管理费）、监测与管护费以及预备费（基本预备费、价差预备费和风险金）。

7. 企业搬迁补偿标准

企业搬迁的补偿标准，总体按照原规模、原标准和恢复原功能的"三原"原则来确定，这符合市场经济的补偿要求。《大中型水利水电工程征地移民安置规划设计规范》规定，工业企业处理按照原规模、原标准或者恢复原功能所需的投资，列入征地移民补偿投资概（估）算。《水利工程设计概（估）算编制规定》（水总〔2014〕429号）中规定补偿包括房屋及附属建筑物、搬迁补助、生产设施、生产设备、停产损失、零星林（果）木等项目。对补偿标准也做了相应说明。

房屋及附属建筑物单价采用农村个人房屋及附属建筑物单价分析方法确定。

搬迁补助单价按办公和住房房屋面积计算搬迁运输费。单价参照农村搬迁运输补助单价分析方法确定。

基础设施和生产设施补偿单价可按国家和省（自治区、直辖市）有关规定分别计算补偿单价，也可根据工程所在地区造价指标或有关实际资料，采用类比扩大单位指标计算补偿单价。对于不需要或难以恢复的对象，可按适当的补偿原则计算单价。对闲置、报废的设施可根据实际情况予以适当补助。对淘汰、报废的设施一般不予补偿。

生产设备补偿单价包括不可搬迁设备补偿单价和可搬迁设备补偿单价。

不可搬迁设备，应按设备重置全价扣减可变现的残值计算，设备重置全价包括设备购置（或自制）到正式投入使用期间发生的费用，含设备购置价费（或自制成本）、运杂费、安装调试费等。可搬迁设备，应按该设备在搬迁过程中的拆卸、运输、安装、调试等费用计算。

停产损失根据工业企业的年工资总额、福利费、管理费、利润等测算。

搬迁补助按办公和住房房屋面积计算搬迁运输费。单价参照农村搬迁运输补助单价分析方法确定。

8. 专业项目补偿标准

专业项目的补偿，也应当按照原规模、原标准和恢复原功能的原则。《水利水电工程建设征地移民安置规划设计规范》规定：专业项目补偿费包括交通工程、输变电、电信、广播电视、水利水电、管道工程、库周交通、文物古迹、国有农（林、牧、渔）场等补偿费。

受淹的交通工程、输变电、电信、广播电视等设施的补偿费，应按原等级、原标准和选定恢复改建方案的规划设计成果，根据国家、省（自治区、直辖市）颁发的概（估）算编制办法和有关规定计算。

水利水电设施补偿费，应根据复建或其他处理方案分项计算。

征地补偿是征地制度和重要内容，征地补偿范围和标准的合理性与公正性与被征地人的利益密切相关，也是保证征地活动顺利实施的前提。随着城乡一体化的推进，市场经济进一步深入，城市化、工业化进程也逐渐加快，这些都促进了我国经济的发展。同时也使得大量农村土地被征占，失地农民越来越多。而我国现行征地制度在市场经济条件下却仍然采用之前计划经济条件下以前三年农地产值倍数作为补偿标准，逐渐不能适应市场经济发展的需要。合理确定征地的补偿范围，制定符合实际的征地补偿标准，符合市场经济和城乡一体化的要求，有利于保障被征地农民的利益，也有利于在近年来征地事件频发的背景下为征地能够安全有序进行提供保障。

第七章
贵州水库移民政策探索

一 贵州省水库移民改革进程

(一) 贵州省水库移民政策演进历程

政策是国家机关、政党及其他政治团体在特定时期为实现或服务于一定社会政治、经济文化目标所采取的政治行为或规定的行为准则,它是一系列谋略、法令、措施、办法、方法、条例等的总称。

水库移民政策是调整移民利益的杠杆,即特定时期对水利水电工程建设过程中相关利益群体利益进行分配和协调的政策措施的复杂过程。水库移民政策是一个动态的演变过程,由于每一时期的政治路线、经济体制和经济社会发展水平的存在差异,水库移民政策呈现明显的差异,被打上了时代烙印。自新中国成立以来,从1953年第一部土地征用法规到2006年新条例的颁布实施,我国水库移民政策伴随着国家经济体制由计划经济向市场经济的重大转变,经历了探索、形成、发展和完善的过程,贵州省水库移民政策随着国家移民政策的变迁而变迁。

1. 萌芽时期 (1953~1981年)

这一时期,我国经历了社会主义改造、人民公社化运动、"大跃进"和"文化大革命",由于当时政治上强调"以阶级斗争为纲",经济上实行高度集中统一的计划经济体制,水库移民政策均采用国家层面的征地补偿补助政策,没有专门的移民法规、统一的技术规范。这一时期的移民政策体现了计划经济体制下突出的行政手段，导致移民安置产生了大量历史遗留问题。

1953 年 12 月，政务院颁布的《国家建设征用土地办法》是水库移民补偿补助第一部法规，受计划经济农村生产资料"一平二调"的影响，移民补偿补助的标准普遍偏低，为土地年产值的 3~5 倍。随着农业合作化运动的开展，各种形式的互助合作，把以生产资料私有制为基础的个体农业经济改造成为以生产资料公有制为基础的农业合作经济，农村土地由原来的农民私有制向农业生产合作社所有制转变，土地所有权发生了根本性的改变。这一时期水利水电工程开发，主要是通过划拨土地或调剂土地，以土地置换土地的方式进行经济补偿和移民安置，对移民的经济补偿很少，贵州省当时的人均经济补偿标准只有 100~300 元。人民公社时期，国家开展大规模的农田水利建设活动，掀起了第一个水库建设高潮，这一时期全国修建了大批的水利水电工程，涉及众多水库移民，但是贵州省只修建了猫跳河梯级和乌江渡水电站。移民搬迁主要采用行政命令的手段，以就地后靠作为主要的移民安置，土地主要由人民公社就地调剂，个人财产补偿较低，比如 20 世纪 50 年代后期开工建设的乌江渡水电站人均补偿标准 1856 元。[①] 工程建设中普遍存在"重工程建设轻移民、重搬迁轻安置、重生产轻生活"的问题，导致移民的基本生产生活条件较差，出现了住房难、饮水难、用电难、上学难、就医难等诸多遗留问题。

这一时期的水库移民政策由于处于水库移民政策的萌芽阶段，没有专门的移民法规，移民征迁补偿和移民安置基本上无法可依、无章可循。受到了我国当时实行的计划经济体制的深刻影响，移民征迁补偿和安置主要靠地方政府的"红头文件"为行动依据，移民政策带有很大的地域性和随意性，特别是大规模的移民征迁补偿由于没有细致的水库淹没实物指标调查，移民财产补偿缺乏明确性，随意性较大，移民安置也没有编制科学的移民安置规划，对移民搬迁安置去向、安置方式、安置条件、安置目标

---

① 程念高、王应政：《水电开发与移民安置共赢模式研究》，安徽人民出版社，2015，第 30 页。

缺乏科学论证，主要靠政治动员、行政命令的方式进行移民搬迁安置，大多数采用由低向高就近、就地、后靠上山安置，或到未经开垦的荒山、荒坡进行安置，未进行环境容量分析。在生产生活条件上，忽略必要的水、电、路、文、教、文、卫等基础设施建设，带有极大的盲目性和随意性，随着人口的自然繁衍，人多地少的矛盾日益突出，移民缺乏基本的生产生活条件和发展后劲，移民返迁、重迁事件频发。

2. 探索时期（1982～1990年）

以党的十一届三中全会为标志，我国进入了改革开放和经济建设新的历史时期，高度集中统一的计划经济体制开始向社会主义有计划商品经济转型。为了给我国经济发展提供能源支撑，水利水电工程建设加快了发展的步伐，移民安置的规模大幅度提高，伴随着家庭联产承包责任制在全国范围内的广泛实施，土地所有权和使用权分离，农村集体经济组织拥有土地的所有权不再经营土地，而农民拥有土地的使用权。在征地行为发生之后，政府既需要对土地的所有者即村集体支付补偿费，又需要对土地承包者进行安置。鉴于20世纪80年代之前建设的水库移民问题较多的状况，1981年，财政部、电力工业部对30多年的移民工作实践和经验教训进行了总结，1982年由国务院颁布了《国家建设征用土地条例》，标志着我国开始了对水库移民专项法规的研究和起草工作，提出了一系列移民安置的方针、政策和措施。为了规范征地补偿程序，1984年，水利水电部制定并颁布了《水利水电工程水库淹没处理设计规范》，1986年，又制定并颁布了《水利水电工程淹没实物指标调查细则》和《水库库底清理办法》，对水库淹没处理范围的确定、淹没实物指标的调查、移民安置规划和补偿投资概算的编制工作进行了全面规范。同年，我国第一部土地管理法和征收法律——《中华人民共和国土地管理法》颁布，国家征用土地应支付土地补偿费、安置补助费以及土地附着物和青苗补偿费，补偿补助标准以该耕地被征用前三年平均年产值计算，土地补偿费为3～6倍，安置补助费为2～3倍，土地附着物和青苗补偿费标准由各省规定，大中型水利水电工程建设征用土地的补偿费标准和移民安置办法，由国务院另行规定，从而将制定移民专项法规提上议事日程。20世纪80年代，贵州省开工建设的水电工程有东风、普定、天生桥等，其中东风、普定水电站人均补偿标准约为5200元，天生桥水电站人均补偿标准约为9000元。

3. 形成时期（1991~2005年）

1991年，国务院颁布了我国第一部水库移民安置的专项法规——《大中型水利水电工程与移民安置条例》（国务院令第74号），并于当年的5月1日正式实施，实现了水库移民政策从普适性的法律法规向专业性的法规的历史性转变，水库移民工作开始进入了有法可依、依法移民的新时期。国务院74号令明确提出开发性移民的方针，采取前期补偿、补助与后期扶持相结合的方法，逐步使移民生活达到或超过原有水平。并规定了强化移民合法权益保护，依法征地、依法移民，充分尊重移民的知情权、参与权和监督权，保障被征地农民和移民的基本生计。1999年新修订的《中华人民共和国土地管理法》正式实施，土地补偿的综合倍数统一调整到10~16倍。

2000年9月22日，贵州省第九届人民代表大会常务委员会通过《贵州省土地管理条例》，提高了征地补偿费和安置补助费的标准：征收稻田、菜地（鱼塘、藕塘）的土地补偿费标准，为该耕地年产值的8~10倍；征收旱地的土地补偿费标准，为该土地年产值的6~8倍；征收其他土地的土地补偿费标准，为征收旱地年产值的2~4倍；征收耕地的安置补助费，按照需要安置的农业人口数计算，每一个需要安置的农业人口的安置补助费标准，为该耕地被征收前3年平均年产值的4~6倍。

由于从2000年开始，国家实施"西部大开发"和"西电东送"工程，贵州省水利水电工程移民进入了历史上的高峰时期。2001年，贵州省委办公厅、贵州省人民政府办公厅联合下发《关于进一步加强全省大中型水电工程移民工作有关问题的通知》（黔党办发〔2001〕20号）改革和完善移民管理体制，强化移民工作责任制，降低从农民移民土地补偿费和安置补助费中提取安置调控费的比例，以不断调整和完善移民政策。

为了让移民更好地共享经济社会发展的成果，2002年，贵州省调整了水利水电工程移民征地补偿标准，土地综合补偿倍数为水田 12 倍、旱地 10 倍；2004 年，贵州省政府《关于加强重点建设项目征地管理工作的通知》（黔府发〔2004〕5 号）又将土地综合补偿倍数调整为水田 15 倍、旱地 13 倍。

4. 完善时期（2006 至今）

2006 年 5 月 17 日，国务院颁布了《国务院关于完善大中型水库移民后期扶持政策的意见》（国发〔2006〕17 号）；7 月 7 日，修订并颁布了新的《大中型水利水电工程建设征地补偿和移民安置条例》（国务院令第 471 号）。这两项政策法规的颁布实施，标志着我国水库移民政策的成熟和完善，我国的水库移民工作由此进入了一个全新的历史时期，具有划时代的重要意义。新的移民条例较旧的移民条例做了更全面、更具体的规定：一是移民前期补偿补助标准提高、范围扩大、程序规范，国务院 471 号令按照土地管理法规定的上限提高并同意了补偿补助标准，规定大中型水利水电工程建设征用耕地的土地补偿费和安置补助费之和为该耕地被征用前三年平均年产值的 16 倍，如果按照 16 倍的标准补偿补助，仍不能使移民保持原有生活水平的，可以进一步提高标准；适当扩大对移民财产补偿补助范围，移民远迁后，在水库周边淹没线以上属于移民个人所有的零星树木、房屋等应当给予补偿。二是完善管理体制，规定移民安置工作实行政府领导、分级负责、县为基础、项目法人参与的管理体制。三是已经成立项目法人的大中型水利水电工程，由项目法人负责编制移民安置规划大纲和移民安置规划，增强了项目法人参与管理的责任。四是编制移民安置规划大纲和移民安置规划应当广泛听取移民群众的意见，必要时应当采取听证方式，增强移民群众的参与意识。五是规定编制移民安置规划应当以资源环境承载能力为基础，遵循本地安置与异地安置、集中安置与分散安置、政府安置与移民自找门路安置相结合的原则。六是大中型水利水电工程建设占用耕地应当执行占补平衡的规定，对安置移民开垦的耕地、进行土地调整新增的耕地、工程施工新造的耕地可以抵扣工程建设占用的耕地。新条例比老条例更加体现了以人为本，保障了移民合法权益，满足了移民生存与发展需求的基本原则和精神。

贵州省政府根据新条例的规定，出台了《关于调整全省在建大中型水电工程移民补偿投资概算有关问题的通知》（黔府办发〔2006〕125号），要求所有新上马的水电工程，须严格遵守新条例的规定，在建项目还在实施移民搬迁安置工作的，按照程序进行移民投资概算调整。如构皮滩、思林等在建水电站，调整后的土地补偿倍数统一达到16倍，水田补偿标准为1.97万元/亩，旱地1.35万元/亩，使移民征地补偿标准和安置标准有了大幅度调高。[①]

为了保证工程移民征地补偿的公平性，保护水利水电工程移民的合法权益，2009年贵州省人民政府发布《省人民政府关于贵州省征地统一年产值标准和征地区片综合地价成果的批复》（黔府函〔2009〕255号）规定了贵州省行政区域内征地统一年产值标准和征地区片综合地价的补偿标准，并规定2010年1月1日起实施，这标志着贵州省征地补偿标准发生变化。2010年9月17日，贵州省第十一届人民代表大会常务委员会第十八次会议对《贵州省土地管理条例》进行了修订。贵州省现行水利水电工程移民征地补偿基本上采用区片综合地价法，同时为了保障被征地农民长远生计有保障，贵州省加大对移民就业和社会保障工作的建设力度，建立"征地一户、帮扶一户"的就业失业动态管理制度。

2010年9月，贵州省政府下发了《省人民政府关于进一步加强移民工作的意见》（黔府发〔2010〕12号），明确规定"对耕地容量紧张的库区，积极推行征占耕地长期补偿安置模式，科学确定逐年补偿的产值标准和风险防范机制，确保移民生活水平不降低、长远生计有保障"。

2011年，贵州省出台《贵州省移民信访工作管理暂行办法》规定移民信访工作坚持"属地管理、分级负责，谁主管、谁负责，依法、及时、就地、按程序解决问题与疏导教育相结合的原则"以及移民信访事项的处理等方面的内容，以进一步规范移民信访工作。

从以上贵州省水库移民政策实践的历程可知，2000年"西电东送"战略实施之前，贵州省水库移民政策主要依据国家层面的政策，出台的有关政策较少，而2000年之后在国家层面政策的总体

---

① 程念高、王应政：《水电开发与移民安置共赢模式研究》，安徽人民出版社，2015，第35页。

指导之下，贵州省结合本省水库工程建设高峰期中出现的问题，出台了征地补偿补助、移民安置、后期扶持、移民管理体制和运行机制等一系列相关的政策，形成贵州省水库移民政策体系，推进移民工作走上程序化、规范化、制度化和科学化的轨道。

（二）贵州水库移民实践的主要进程

贵州省境内河流水系发达，河网纵横分布，水资源总量为814.6亿立方米，人均 2059.6 立方米，水力资源丰富。[①] 自新中国成立以来，贵州省进行了大规模的水利水电工程建设，贵州省水利水电工程移民最早始于 1958 年的猫跳河水库，涉及移民 6 万多人。在随后的 20 世纪 70 年代至 90 年代，又相继完成了乌江渡、东风、天生桥一、二级等水电站，移民搬迁 6.3 万人。特别是 2000 年，国家实施"西部大开发"和"西电东送"战略，贵州的水库开发、移民搬迁到达了高峰时期。其中"十五""十一五"期间，贵州省先后开工建设 63 座大中型水利水电工程，征占各类土地、林地近 100 万亩，水库淹没影响剑河、沿河、思南3 座县城以及 43 个集镇，涉及搬迁安置人口 67 万人。截至 2010年 12 月 30 日，全省共有已建、在建水利水电工程 2276 座，移民104.7 万人，其中大中型水利水电工程 140 座，移民 86.3 万人，小型水库 2136 座，移民 18.4 万人。[②] 至 2013 年，贵州省水电开发及移民搬迁已经进入尾声，未来 10 年，贵州省将以水利建设为重点，在充分发挥现有各类水利工程效益的基础上，规划建设一批重点骨干水源工程，以适应经济社会发展对供水安全和生态安全的需求，逐步解决贵州工程型缺水问题，夯实水利工程对经济社会发展的支撑作用。

纵观贵州水利水电工程移民实践历程，贵州的水库移民经历了以下三个阶段。

1. 第一阶段（1958～1985 年）

这一时期，贵州省水利水电开发处于起步阶段，相继开工建

---

① 刘永新、罗政：《关于贵州省水利水电工程农村移民安置人口确定的实例分析与探讨》，《贵州水力发电》2011 年第 12 期。

② 黄莉、柯娜：《贵州水库移民与移民安置型城镇建设》，河海大学出版社，2013 年，第 23 页。

设了猫跳河梯级、乌江渡、枫溪口、盐井河、峡门口、东方红、板桥、湄江等一批水利水电工程，产生了大量需要搬迁安置的移民。1958 年猫跳河水库移民，涉及移民 6 万多人，水库淹没涉及贵阳市的清镇市、乌当区、修文县和安顺市的平坝县，共 4 个县（市、区）、21 个乡镇、166 个行政村、498 个村民组，这一水利水电工程的建设，开启了贵州省水利水电工程移民工作的篇章。当时我国正处于"大跃进"、"人民公社"和"文化大革命"等特殊历史时期，整个经济社会发展落后，在高度集中统一的计划经济体制下，贵州省移民安置基本上以"最简单""最经济"为原则，对被征地农民都基本采取就地后靠安置和土地划拨的安置方式。在当时，这种移民安置方式不仅节省了大量的人力、物力和财力，也能使移民在较短的时间内恢复生机，基本符合当时贵州省项目建设和社会发展的需求，然而随着越来越多的水利水电工程开工建设，人口增长产生的移民越来越多，库区资源环境容量有限，大量的移民就地后靠，人均土地拥有量越来越少，就地后靠的实施条件逐渐被削弱，给移民安置后的生产生活带来了许多遗留问题，移民次生贫困问题严重。

2. 第二阶段（1986～1999 年）

这一阶段，我国实施了改革开放战略，经济社会发展步入新阶段，国民经济快速发展，贵州省水利水电工程建设不断加快，水利水电开发项目不断增加，相继开工建设的鲁布革，天生桥一级、二级，木浪河，观音岩，雷公滩，双江，红旗，东风，普定等一大批大型水利水电工程，产生了大规模征地移民需要搬迁安置。其间建成投产的鲁布革，天生桥一、二级，东风，普定水电站，5 个电站移民总户数 1.22 万户，总人数 5.39 万人，其中农业安置移民 4.64 万人。随着经济社会发展，国家法治化水平不断提高，其中体现在水利水电工程移民方面，移民工作开始迈向法制化、规范化和制度化轨道。1991 年，我国第一个水利水电工程移民专门法规——《大中型水利水电工程建设征地补偿和移民安置条例》（国务院令第 74 号）颁布实施，明确提出"国家提倡和支持开发性移民方针，采取前期补偿补助与后期扶持的办法"安置移民；在安置方式上，规定"水利水电工程移民，应当在本乡、本县内安置；如在本县内安置不了的，应当在该工程的受益地区内安置；在受益区内安置不了的，按照经济合理原则外迁安置"。贵州省的移民安置从过去的补偿性安置向开发性安置转变，补偿标准逐步提高，安置方式也从以就地后靠为主向以本土、人随地走、家随土安的"有土从农"安置转变，移民安置工作逐步走向规范化，推进了贵州省水利水电工程移民的发展。

3. 第三阶段（2000 年至今）

2000 年以后，随着国家"西部大开发"和"西电东送"战略的实施，贵州的水电工程建设、移民搬迁达到了高峰时期。贵州省相继开工建设了引子渡、洪家渡、构皮滩、索风营、平班、龙滩、三板溪等"西电东送"水电站。据不完全统计，这批水电站需要搬迁的移民总人数为 16.17 万人，其中农业安置移民 13.156 万人，非农业安置移民 3.014 万人。为了与经济社会发展水平相适应，保障水利水电工程移民的合法权益，2006 年，国务院修订并颁布了新的《大中型水利水电工程建设征地补偿和移民安置条例》（国务院令第 471 号），在移民前期补偿补助标准、范围、程序上有了较大改变，并且颁布实施了《国务院关于完善移民后期扶持政策的意见》（国发〔2006〕17 号），建立了水利水电工程移民后期扶持制度，进一步完善了前期补偿、补助和后期扶持相结合的政策。贵州省在移民安置上也进一步明确以农业生产安置为主的方式，并在生活安置上提倡遵循因地制宜、有利生产、方便生活、保护生态的原则，合理规划农村移民安置点，移民工作取得了很大的发展。

随着贵州省经济社会发展和工业化、新型城镇化的全面推进，人地矛盾日益突出，尤其是贵州山高陡坡，耕地资源碎片化分布，有土安置方式受到严重制约，为减少土地对移民安置的束缚，贵州全面贯彻了科学发展观，因地制宜、积极探索、扎实推进，不断推进移民理念、安置方式、运行机制的实践创新，促进移民由被动搬迁向主动搬迁转变，由后靠安置向多种安置方式相结合转变，由重工程向工程、移民、生态协调发展，实现库区和移民安置区总体稳定。具体主要体现在以下几个方面。

一是贵州省在实践中不断探索，逐步形成了独具特色的贵州

移民安置模式，即"大分散、小集中"安置、长期补偿、城镇化
安置三种方式互为补充、相互促进的复合型安置模式，通过第一
产业和第二、三产业的结合，拓宽了移民安置的空间。其中"大
分散、小集中"移民安置方式主要是针对贵州省耕地资源紧缺、
零散分布、成片流转耕地安置移民难度大的现状，移民按照"人
随土走、家随土安"的原则，根据自己的意愿自主选择安置地
点、自行对接调剂土地、自行购建房，如移民可3~5户或10~20
户进行小规模集中，分散插迁到水、电、路等条件相对较好的地
方进行安置。①"大分散、小集中"的移民安置方式不仅有利于充
分调动移民的积极性、主动性，减轻政府和移民部门的压力和责
任，有利于推动移民搬迁，而且有利于移民融入当地社会，尽快
恢复生产和生活，在实践过程中政府鼓励移民选择在城（集）镇
附近安置，以小城镇为依托，能够根据市场需求自觉调整农业产
业机构，或亦商亦农多渠道增加收入。为使移民长远生计有保
障，2005年贵州省移民部门在双河口电站开始进行长期补偿安置
方式的试点，试点成功之后在全省范围内逐步推广，长期补偿移
民安置是指在一定时期内以水利水电项目水库淹没耕地（含枢纽
工程建设占地）的地类、面积与经核定的年产值为基础，由项目
法人对其所有权人或法定承包人进行逐年补偿的移民安置方式。②
长期补偿移民安置方式实施取得了很大的成效：解决了人多地少
的现实矛盾，保障移民的长远生计，缓解了同地不同价的矛盾，
促进不同政策间的衔接。随着城镇化的发展，贵州省利用此机
会，采用城镇化安置方式安置移民。城镇化安置是相对于农村移
民安置而言的，本质上是一种"无土、少土"安置，是指在安置
去向上引导移民进入城市、集镇，不调剂或调剂少量土地，使其
依托小城镇的发展及其区位优势谋生，逐步由农业向第二、三产
业转移，实现城镇化转变的安置方式。城镇化安置方式与其他安

---

① 王应政、吴贵胜：《对贵州省"大分散、小集中"水库移民安置模式的理性
思考》，《贵州水力发电》2005年第6期。

② 程念高、王应政：《水电开发与移民安置共赢模式研究》，安徽人民出版社，
2015，第46页。

置方式相结合，确保移民的基本生活来源，并且通过加强移民培训，引导移民转移就业，利用移民资金促进小城镇建设，与我国新型城镇化发展规划相符合。在移民实践过程中，综合考虑当地的土地资源以及经济社会发展状况等因素的影响，组合运用不同安置方式的复合型安置方式，具体可以分为四种组合模式：长期补偿＋异地城镇化、长期补偿＋就地城镇化、"大分散、小集中"＋异地城镇化、"大分散、小集中"＋就地城镇化。① 各种模式选择是根据土地资源和社会经济发展水平综合论证的，具体论证思路见图 7 - 1。

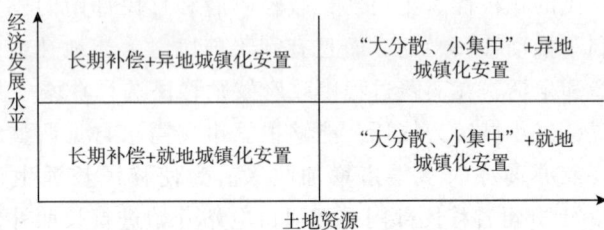

图 7 - 1　贵州省移民安置模式选择思路示意

这几种安置方式在贵州取得了较好的成就并被作为贵州水利水电工程移民安置模式的典型再进一步地完善和推广。后期扶持方面，自 20 世纪八九十年代以来，不断加大移民后期扶持力度，帮助移民恢复和提高生活水平，通过现金直补和项目扶持，不断改善库区和移民安置区基础设施条件，帮助移民发展生产和经济，逐步提高了移民的生产生活水平，促进了移民和安置地的社会融合，实现了移民家庭经济的良性循环和可持续发展。

二是创新移民管理体制和运行机制。贵州省移民局的行政管理机构经历了几次更改，1986 年中共贵州省委印发《对省政府办公厅〈关于建立贵州省水库移民办公室的报告〉的批复》（〔86〕省通字第 1 号），该批复明确：省委同意建立贵州省水库移民办公室，负责全省大中型水电工程的移民安置及库区维护工作。为

———————

① 程念高、王应政：《水电开发与移民安置共赢模式研究》，安徽人民出版社，2015，第 51 页。

了适应"西电东送"工程大规模移民搬迁安置的需要，2001 年省委办公厅、省政府办公厅下发《关于进一步加强全省大中型水电工程移民工作有关问题的通知》（黔党办发〔2001〕20 号），解除省水库移民办与省电力公司的隶属关系，将"贵州省水库移民办公室"改为"贵州省大中型水电工程移民开发领导小组办公室"（以下简称"省移民办"），作为省政府直属正厅级事业单位，履行全省大中型水电工程移民开发行政管理职能，理顺了全省移民管理体制，建立了省、市、县三级移民管理机构。2006 年，省编办下发《关于省移民开发办增加内设机构和人员编制等事项的批复》（省编办发〔2006〕176 号），同意省移民办规划安置处更名为安置处，并增设规划处和政策法规处。2009 年省委、省政府在省委第一会议室召开全省政府机构改革工作会议，传达了省政府机构改革实施意见，宣布所涉机构人事安排方案和干部任免名单，部署市、县政府机构改革。贵州省大中型水电工程移民开发领导小组办公室更名为贵州省水利水电工程移民局（以下简称"省移民局"）。2014 年，省委讨论做出决定：中共贵州省水利水电工程移民局党组更名为中共贵州省水库和生态移民局党组。根据《中共贵州省委贵州省人民政府关于省人民政府职能转变和机构改革的实施意见》（黔党发〔2014〕3 号），设立贵州省水库和生态移民局，为省人民政府正厅级直属事业单位。贵州省水库移民管理机构演变过程见图 7-2。

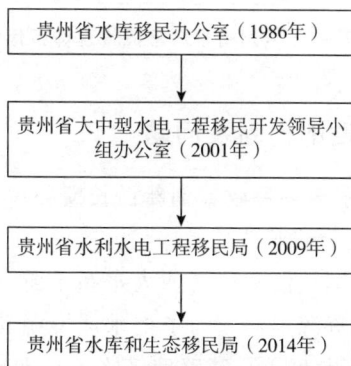

图 7-2　贵州省移民行政机构演变

贵州省水库移民行政管理机构遵循《大中型水利电工程建设征地补偿和移民安置条例》（国务院令第 471 号）的相关条款，已基本建设成了"政府领导、分级负责、县为基础、项目法人参与"的水电工程移民管理体制构建，形成了上下层级完整、机构内部设置完善、人员匹配的移民工作管理体系。基本结构见图 7 - 3。

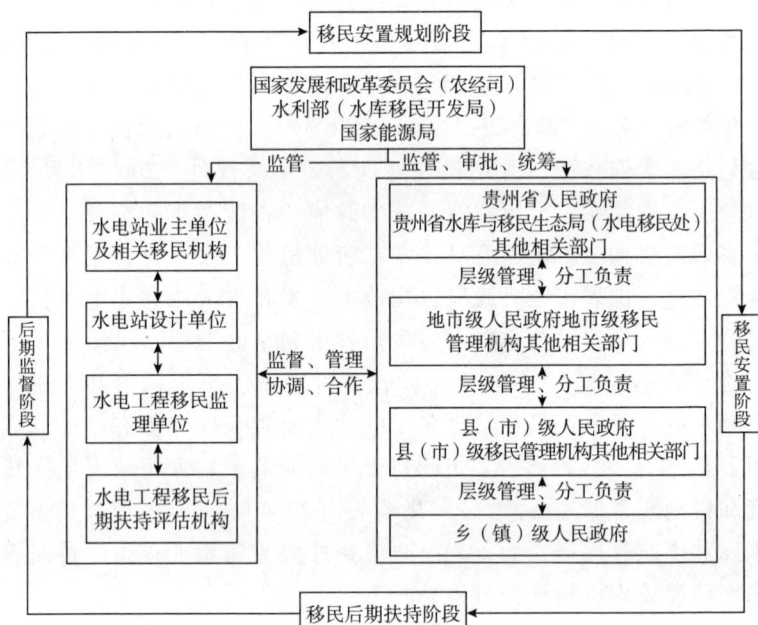

图 7 - 3　贵州省水库移民管理体系运行

二　长期补偿的创新及问题

（一）贵州省水电移民政策创新：长期补偿

1. 贵州省水电工程移民困境

贵州省位于我国长江和珠江两大水系上游交错地带，境内河流水系发达，水能资源丰富。为了把水能资源转化成经济发展的动力，2000 年"西电东送"战略实施之后，贵州省进入水电资源开发的高峰期，水电工程建设不可避免地带来工程移民问题，随着贵州省水电工程建设纵深发展，水电工程移民政策面临越来越多的挑战。

（1）贵州省人多地少的矛盾，有土安置难。贵州省水库移民90%以上是农村移民，加上贵州省第二、三产业不发达，维护移民长远生计最可靠的保障是土地。而贵州省是全国唯一一个没有平原支撑的内陆山区省份，地势西高东低，平均海拔1100米左右，山地多、平地少，耕地破碎，素有"八山一水一分田"之称，宜农土地资源紧缺，耕地资源少，人均耕地不足1亩，人地矛盾突出。2000年贵州省举全省之力实施"西电东送"工程，水电工程建设征占土地，以及多年来实施退耕还林、农业结构调整、自然灾害损毁等因素，耕地逐年减少，适宜开垦的后备土地资源匮乏，调剂大量土地安置移民的难度相当大。如龙滩水电站2001年开工建设，由于环境容量紧张、后备资源有限，至2008年仍有10538名移民无土安置。土地资源紧缺以及移民不愿远离故土，强烈要求后靠，使移民条例中规定的"移民安置应当因地制宜、全面规划、合理利用库区资源，就地后靠安置；没有后靠安置条件的，可以采取开发荒地滩涂、调剂土地、外迁等形式安置，但应当遵守国家法律、法规的有关规定"中的就地后靠和农业安置两种安置方式难以施行，给移民工作带来了前所未有的难题，创新安置方式成为贵州省水利水电工程移民安置的紧迫任务。

（2）移民安置和社会稳定形势紧迫。贵州省实行长期补偿机制与当时移民安置和社会稳定形势密不可分，2004年四川汉源县瀑布沟事件发生后，国家对瀑布沟水电站征地补偿政策进行了"封闭式"调整，与此同时，"南水北调"工程和三峡工程征地补偿标准分别调整到16倍和15倍，而贵州同期建设的水利水电工程征地补偿标准仍然为水田12倍，旱地10倍。外界的信息影响到贵州，移民攀比心理反应突出，加上这一时期境外媒体频繁插手贵州移民问题，煽动移民提出"维权"要求。

2004年12月14日至18日，构皮滩库区瓮安县、湄潭县交界地区的400多名移民聚集在江界河村，要求按30倍进行补偿；次年初，湄潭县和瓮安县委、县政府领导下库区开展工作时，移民又提出要求，复杂的形势造成移民工作举步维艰。

（3）政策性矛盾。贵州省进行长期补偿机制的试点和当时征地补偿补助与安置的政策环境不可分离：①1991年国务院颁布的《大中型水利水电工程建设征地补偿和移民安置条例》中规定的补偿补助标准到2005年已不能适应经济社会发展水平，而新的移民专门政策尚未出台；②2004年国务院发布《国务院关于深化改革严格土地管理的决定》（国发〔2004〕28号）要求"省、自治区、直辖市人民政府要制订并公布各市县征地的统一年产值标准或区片综合地价，征地补偿做到同地同价，国家重点建设项目必须将征地费用足额列入概算，大中型水利、水电工程建设征地的补偿费标准和移民安置办法，由国务院另行规定"和"城市规划区内，当地人民政府应当将因征地而导致无地的农民，纳入城镇就业体系，并建立社会保障制度"，导致水库建设征地补偿和安置标准与其他类型的土地征收补偿标准、享受社会保障等存在差异，"同地不同价"的矛盾逐渐被激化，被征地农民对于土地补偿补助标准存在的差异不满，上访不断；③2004年全国人民代表大会修订的《中华人民共和国土地管理法》规定："国家为了公共利益的需要，可以依法对土地实行征收或者征用并给予补偿""征收耕地的补偿费用包括土地补偿费、安置补助费以及地上附着物和青苗的补偿费。征收耕地的土地补偿费，为该耕地被征收前三年平均年产值的六至十倍；每一个需要安置的农业人口的安置补助费标准，为该耕地被征收前三年平均年产值的四至六倍"，而贵州省2004年执行的标准仍为旱地10倍，水田12倍，补偿补助标准与新的《土地管理法》中规定的标准不相适应；④移民生产安置用地受《中华人民共和国农村土地承包管理法》的制约，按照《中华人民共和国农村土地承包管理法》规定，农村土地承包关系长久不变。承包期内，发包方不得收回承包地和调整承包地。土地承包经营权流转的主体是承包方，承包方有权依法自主决定土地承包经营权是否流转和流转的方式。这些规定，使移民生产安置用地的调剂十分困难。特别是随着经济社会的发展，农业税取消和各种惠农政策的出台，土地保障功能增强，农民不轻易流转，即使流转，价格也非常高，一些工程为了满足移民生产安置用地的需要，不得不采取行政措施，从安置地居民手中强制调剂土地，引发安置地居民的不满。

2. 贵州省水电工程移民政策创新：长期补偿政策

贵州省水电工程移民政策实施中面临的困境，需要探索新的移民政策解决面临的难题。贵州省委、省政府在 2004 年 12 月至 2005 年 6 月，相继召开了一次书记办公会议、一次常委会、三次移民维稳工作会，分析移民安置形势和矛盾诱发原因，研究和部署移民安置和社会稳定工作，会议层次之高、力度之大前所未有。2005 年 4 月，时任省委书记钱运录亲自深入库区调研移民工作，随后召开了省委维稳工作座谈会，认为关键是改进工作方法，完善移民安置补偿政策，因为移民政策的出台都是为了解决一定的移民征迁补偿安置问题或是为了预防征迁补偿安置中发生特定社会问题。

移民征迁补偿安置活动是一个复杂的系统工程，涉及不同的利益相关者，需要调整较多的利益关系。比如由于移民的主要诉求集中在政策层面，而政策的制定权在中央，维护社会稳定的责任在地方，在移民安置补偿政策难以突破的情况下，如何在现行政策框架内寻求一种能兼顾各方利益、维护移民长远生计和长治久安的良策，成为贵州省适应移民形势需要亟待回答的问题。在这种背景下，为了打开移民工作的新局面，贵州不断探索水电工程移民新政策，2002 年贵州省黔东南州平松和龙王潭等小水电站就探索通过租赁和土地入股的形式，对电站水库淹没农田进行了补偿和分红，这种新的政策有效解决了涉淹土地补偿和移民安置的矛盾，在此成功政策的基础上，贵州省制定出了贵州省水电工程移民新政策——长期补偿政策，不过长期补偿政策出台之前不可或缺地进行了一系列的试点。

（1）长期补偿政策试点。长期补偿政策试点是在长期补偿政策正式推广之前，根据移民政策目标群体和移民政策使用范围的实际情况，选择具有代表性的局部地区、范围和群体，使用较低的成本和较短的时间，试行长期补偿政策的办法。

移民工作是一个不断探索总结经验的过程，2004 年贵州省移民办组成调研组，对黔东南州平松和龙王潭等小水电站土地租赁和入股分红进行深入考察研究，于同年 11 月向省政府报送了《关于水电站建设征地实行土地资源租赁、入股、实施长期补偿情况的调研报告》。报告认为："大中型水电工程建设征地实施长期补偿的办法可以试行，建议选择我省 1 ~ 2 个中型水电站进行试点，跟踪调查，完善方法，摸索经验，在此基础上加以总结和完善，为其他库区的移民安置提供经验和借鉴。"报告得到了省政府的充分肯定，明确"为了保证试点工作顺利进行，建议抓紧确定选点，与当地政府商定试点方案，按程序报批后再组织实施"。按照省政府的批示，省移民办随即展开试点确定工作。最先被纳入试点计划的是大花水和双河口两个中型水电站。由于长期补偿机制是一项全新的尝试，最后经多次交流和协商，双河口水电站的项目业主——贵州中水公司和地方政府——黔南州及罗甸县两级政府同意进行试点，并由省移民办会同项目业主、地方政府和设计院共同研究制定长期补偿试点方案。但大花水水电站由于项目业主乌江公司有不同意见，试点未行。

2005 年 5 月下旬，贵州省移民办组织市、县政府及移民部门、项目业主、设计单位和移民代表，反复设计和论证试点方案，并征求省发改、国土、物价、税务等部门意见后上报省政府常务会议讨论，形成决议由省政府报省委常委会审议通过。12 月 13 日，贵州省办公厅正式复函省移民办，原则同意《双河口水电站征占耕地长期补偿试点方案》，并要求抓紧组织实施。以此为标志，试点工作正式启动。

（2）长期补偿政策试点范围扩大及改进。双河口水电站试点的成功，为其他大中型水利水电工程实施长期补偿奠定了基础，积累了经验。与此同时，国务院颁布了新的《大中型水利水电工程建设征地补偿和移民安置条例》（国务院令第 471 号）和《国务院关于完善大中型水库移民后期扶持有关问题的通知》（国发〔2006〕17 号），对移民安置补偿和后期扶持政策进行了调整，进一步提高了征地补偿和移民安置补偿标准、后期扶持标准，得到了广大移民群众的欢迎和拥护。

但是因为水利水电工程建设周期长，移民搬迁跨度大，在贵州出现了同一流域内新上项目依法按新政策执行，而条例出台前开工建设、移民尚在搬迁的项目仍按老标准执行的现象。针对新的形势和问题，贵州省移民办在深入分析论证的基础上，决定改进长期补偿政策，扩大长期补偿的试点范围，由中型电站扩大到大型、特大型电站，由新建项目推进到正在实施移民搬迁安置的在建项目，由水电工程推进到有条件的水利工程，形成全方位、多元化的试点，以便获取更全面的信息，形成比较成熟的经验。这一思路得到了省政府的认可，试点范围全面推开。2007 年 2 月28 日，贵州省政府办公厅以黔府办函〔2007〕11 号批复黔东南州人民政府，原则同意三板溪电站移民长期补偿方案，要求抓紧组织实施，贵州第二个试点正式启动，实施效果同样令移民感到满意。

双河口、三板溪水电站长期补偿试点的成功，使这种新的安置补偿方式得到了更为广泛的认可。2007～2008 年，挂治、石垭子、托口（贵州库区）、白市水电站相继纳入长期补偿试点范围，上尖坡、灰洞、冗各 3 座中型水电站按长期补偿方式开展移民安置规划设计。

2009 年，长期补偿试点在水利工程建设上取得突破，经省政府批准，大型水利工程黔中水利枢纽开始在水源工程区实施长期补偿。标志着试点由大中型水电工程推进到大型水利工程。

2010 年，贵州对整个长期补偿进行了总结和肯定。9 月，省人民政府出台了《关于进一步加强移民工作的意见》（黔府发〔2010〕12 号），明确提出："对耕地容量紧张的库区积极推行征占耕地长期补偿安置方式，科学确定逐年补偿的产值标准和风险防范机制，确保移民生活不降低，长远生计有保障。"正式把长期补偿作为贵州省水利水电工程移民安置的一种制度写入政府文件。

（3）长期补偿政策的实践模式及突破点。贵州省长期补偿的主要模式有四种，即租赁模式、年产值补偿模式、实物补偿模式、实物补偿与年产值补偿相结合的模式。

租赁模式是涉淹农户以土地出租的方式在一定时期内将土地交付给项目业主使用，定期获取租金收益，租赁期满后项目业主复垦农田移交给出租农户，或与出租农户协商后续租。

年产值模式是以地方政府公布的耕地年产值为依据，以现金形式逐年支付给被征地农户，但年产值不得低于项目审批或核准部门审定的年产值标准。

实物模式是以耕地主要农产品为计量单位，亩产量经项目业主、被征地农户认可并报主管部门审核后，按照对应年份省级粮食或物价部门监测的相关县（区）市场交易的平均价格折现给移民，但价格不得低于国家同期的收购保护价格。在贵州省实践中一般都是以谷物为计量单位折现。

"实物 + 年产值"补偿模式是实物模式与年产值模式的混合，一般是根据水利水电工程项目的实际，一段时期选择实物模式，而另一段时期选择年产值模式。

表 7 - 1 对贵州省水利水电工程长期补偿机制的四种模式在实际运行过程中执行的补偿标准、支付方式、所有权是否转移等内容进行了总结和比较。

表 7 - 1　贵州省水利水电工程长期补偿机制的模式

长期补偿模式	补偿标准	支付方式	所有权	代表工程	风险
租赁	500 公斤/（亩干稻谷·年）+ 100 元	逐年支付租金	所有权不转移，一定限期内转移使用权	平松水电站	项目业主：①租金不受项目经营好坏和电站产权转让等影响；②续约风险成本增加 农户：①期满收回使用权面临障碍；②租金收益受电站经营状况影响，租金难以保障；③没有租金调整机制
年产值	2009 年之前，水田 1247.50 元/亩，旱地 850.50 元/亩，2009 年之后 3 ~5 年动态调整一次	逐年支付补偿现金	所有权发生转移，由集体所有转变为国家所有	石垭子水电站	对土地市场价值反映具有滞后性

续表

长期补偿模式	补偿标准	支付方式	所有权	代表工程	风险
实物	谷物为计量单位折现	逐年支付补偿现金	所有权发生转移，由集体所有转变为国家所有	黔中水利枢纽工程	①农作物亩产量随意性较大；②农作物亩产量折现，需投入更多的精力认定市场交易价格；③农作物市场交易价格变化大
实物＋年产值	建设期：年产值　运行期：实物	逐年支付补偿现金	所有权发生转移，由集体所有转变为国家所有	沙沱水电站	

　　通过对比表 7-1 中的内容，相对于国家现行水利水电工程移民政策，贵州省长期补偿政策在以下几方面实现了突破。

　　第一，从所有权是否转移上来看，《土地管理法》第二条第三款规定："国家为了公共利益的需要，可以依法对土地实行征收或者征用并给予补偿。"可知水电工程建设过程中涉及土地所有权转移，而长期补偿机制中的租赁模式所有权未发生转移，只是在一定时限内转让使用权，对于移民的补偿补助也是租金，即用益物权收益性质而非所有权转移补偿补助性质，运作实质上是"租土地"，而非"征收土地"。

　　第二，从补偿标准来看，按照国务院 471 号令第二十二条规定："大中型水利水电工程建设征收耕地的，土地补偿费和安置补助费之和为该耕地被征收前三年平均年产值的 16 倍。"而长期补偿机制的补偿标准采用稻谷等实物或者实物折现、耕地统一年产值等多种形式的补偿标准，突破了国务院 471 号令的耕地统一年产值的补偿标准。

　　第三，从移民安置方式上来看，按照国务院 471 号令第十三条规定："对农村移民安置进行规划，应当坚持以农业生产安置为主，遵循因地制宜、有利生产、方便生活、保护生态的原则，合理规划农村移民安置点；有条件的地方，可以结合小城镇建设进行"，"农村移民安置后，应当使移民拥有与移民安置区居民基本相当的土地等农业生产资料"，即国务院471号令中规定采用农业生产安置的方式，并保证移民安置后与安置区居民拥有基本相当的土地，而长期补偿机制属于一种无土安置的方式，并结合小城镇等其他安置方式，这种方式的抗风险能力需要实践考验。

第四，从补偿补助资金发放方式来看，长期补偿机制突破一次性补偿而变为长期逐年补偿，并建立补偿标准动态调整价格机制，这突破了土地管理法和移民条例土地补偿基本条款。

长期补偿机制在移民补偿安置方面更具有灵活性、针对性，可以结合不同工程库区和移民安置区的环境容量、民族结构、移民的利益诉求，采取有针对性的补偿安置方式，而且采取逐年补偿的方式，一方面减轻了项目业主的投资压力，另一方面有利于移民长远生计有保障，以及动态调整价格机制。一方面符合土地增值保值的特性，另一方面也有利于移民共享水电工程创造的收益，维护社会和谐稳定。

但长期补偿机制在突破现行政策的同时，在实施过程中也会面临着一些风险，通过表7-1中不同的长期补偿模式在实施中所带来的风险可知长期补偿机制在实行中将会面临风险。

为了更好地分析水电工程长期补偿政策的实施过程、实施效果和实施带来的问题，下文以贵州省红水河龙滩水电站作为案例进行分析。选择龙滩水电站主要基于以下几个因素：①2005年12月红水河龙滩水电站发生移民群体性事件，加速了新的《大中型水利水电工程建设征地补偿和移民安置条例》出台；②2009年3月，贵州省人民政府向国家发改委报送了《关于对龙滩水电站贵州库区难以通过生产安置的移民实行长期补偿的请示》（黔府函〔2009〕52号），得到了国家发改委的认可，这是国家层面第一次直面长期补偿安置方式，并给予理解和支持；③龙滩水电站库区是在水库移民已全部完成搬迁的情况下才实施长期补偿安置方式，机遇与风险并存。

（二）龙滩水电站长期补偿政策实践

1. 龙滩水电站工程概况

龙滩水电站位于广西壮族自治区河池市天峨县境内，距天峨县城15千米，是南盘江红水河上游河段10级水电开发规划的第4个梯级电站，是红水河开发的控制性水库。上游为平班水电站，下游为岩滩水电站。工程开发以发电为主，电站具有较好的调节性能，同时有改善上、下游通航条件，兼顾防洪、航运及水产养殖等综合效益，经济技术指标优越。水电站于1992年4月开始筹建，1999年启动电站施工区移民搬迁安置，2001年7月通过国家核准并正式开工，2003年11月主河床截流，2006年9月下闸蓄水，2007年7月首批机组发电，2008年5月完成移民搬迁工作，2009年12月全部机组投产发电。

龙滩水电站建设征地区（贵州部分）涉及贵州省黔南布依族苗族自治州的罗甸县，黔西南布依族苗族自治州的望谟县、册亨县、贞丰县和安顺市的镇宁县，共5个县（以布依族为主）、30个乡/镇、175个村、596个村民小组。共涉及人口11063户45760人，其中罗甸县17611人、望谟县14987人、册亨县8964人、贞丰县4075人、镇宁县123人。各类房屋面积129.58万平方米，其中罗甸县52.33万平方米、望谟38.58万平方米、册亨县24.79万平方米、贞丰县13.4万平方米、镇宁县0.48万平方米。淹没影响耕地4.95万亩、园地2.01万亩、林地6.49万亩，其中耕地涉及罗甸县1.75亩、望谟县1.99亩、册亨县0.76万亩、贞丰县0.42万亩、镇宁县277.9亩。复（改）建红水河、茂井、蔗香、岩架等8个集镇。

2. 龙滩水电站长期补偿政策实践背景

移民问题是一个涉及经济、政治、文化、社会等方面的系统问题，移民政策实施过程中不可避免地会受到外部环境的影响，包括自然环境和社会环境。自然环境对移民政策实施具有影响或抑制作用，包括政治状况、经济状况、文化状况、教育状况、法律状况、人口状况、科技状况等在内的诸多社会因素也对移民政策有着更为直接而重要的影响。龙滩水电站长期补偿政策在实施过程中也受到自然环境和社会环境的影响。

（1）农村移民耕地对接难。首先，龙滩水电站贵州库区自2005年开始实施移民搬迁安置，按照原本龙滩水电站移民安置规划报告采用有土安置的方式，但是由于龙滩水电站库区92%的移民是布依族，普遍要求整组整寨搬迁并聚集居住。集中安置后，其耕地在安置地难以调剂，在涉淹地全县范围来调剂也不可能。个别县即便有调剂的条件，也因耕地分散、不便耕作等原因而难以对接。其次，贵州省普遍存在山多地少、人多地少的矛盾，龙滩水电站库区处于石漠化严重的区域，淹没区周边的情况更严重。再加上有些县已安置其他工程的移民，比如纳雍县人均占有耕地面积为 0.52 亩，已安置洪家渡、引子渡等水电工程移民，要在县内采取调剂耕地、有土安置移民困难大。再次，龙滩水电站调整概算之后土地流转单价大幅提升，调剂耕地的难度加剧。2006 年下半年以来，在县城及交通较为便利的集镇周围，每亩水田流转费用普遍涨至 3 万元，一些乡镇的流转费用在 4 万元左右，移民无法用生产安置费流转等质、等量的耕地。最后，规划方案与实际情况存在差异，岩滩水电站规划方案存在移民前期规划设计深度不够、移民群众有效参与安置规划程度不够等主观因素以及恶劣的地理条件客观因素，这些影响因素使得规划本身在一线的实施操作中，充分暴露了其对各安置区、安置点资源环境容量及承载力估计过高、明显脱离实际等缺陷（如对各安置点剩余坡地坡度大部分计算在 25°以下）。

土地资源匮乏和对接土地未达标等问题凸显，导致移民后续生产开发工作进展缓慢，2007 年秋冬，贵州库区移民综合监理部在贵州省移民主管机构的支持下，会同贵州库区各州（市）、县、设计部门共同对已迁移民耕地落实情况进行了调查，结果显示贵州库区已对接或部分对接耕地的移民为 2 万余人，人均对接耕地 0.7 亩，为淹没前人均 1.02 亩的 71%，仅占已迁需有土安置移民的 65%，对接的耕地质量也明显低于移民被淹耕地；无法对接耕地和长远生计无保障的移民有 1.2 万余人，占 35%。

（2）贵州省长期补偿已试点经验。从 2005 年开始，贵州省相继在双河口、三板溪、挂治等大中型水电站开展长期补偿试点工作。实践证明，凡实行长期补偿的库区，地方政府、移民、项目法人三方满意，干群关系和谐，社会稳定，没有出现一起移民非正常上访和不稳定事件。这就为龙滩水电站实施长期补偿安置方式提供了新思路。

　　由于农业生产安置无法落实，为数众多的贵州库区农村移民不能从事他们熟练的农业生产，其为基本生计难以为继而焦虑，民生诉求不断，情绪不时波动。面对如此不可回避的问题，恰逢贵州省长期补偿试点工作向纵深发展，2008 年 2 月，在贵州省移民工作会议期间，贵州省移民办与库区各州（市）、县对龙滩水电站库区移民生产安置形势进行了专题分析研究，并针对无法落实移民生产安置的突出问题提出拟采取淹没耕地实施长期补偿的解决思路。

　　3. 龙滩水电站长期补偿政策实践准备

　　移民政策实践是一种有目的、有计划、有组织的活动过程，因此在龙滩水电站长期补偿政策付诸实施之前，有必要做好各项准备工作，充分的准备工作为移民政策实践提供保障，因为"良好的开端是成功的一半"。

　　贵州省移民办组织了由电站业主、移民综合监理、移民综合设代等有关单位共同派员参加的专家组，对贵州库区各县移民生产安置进行了现场调研，根据调研情况，编写了《龙滩水电站贵州库区水库淹没耕地长期补偿方案（征求意见稿）》，发各有关单位征求意见。2009 年 3 月，贵州省人民政府向国家发改委报送了《关于对龙滩水电站贵州库区难以通过生产安置的移民实行长期补偿的请示》（黔府函〔2009〕52 号），得到了国家发改委的认可。

　　2009 年 5 月 4 日，广西、贵州两省区人民政府及移民主管部门在贵阳召开了龙滩水电站库区移民安置问题座谈会议，会议对龙滩水电站库区淹没耕地实行长期补偿议定了两项重大问题：一是明确解决龙滩水电站移民安置问题的"一库一策"原则；二是明确对龙滩水电站无法落实生产安置的移民实施耕地长期补偿办法，统一了长期补偿的对象、范围、标准、时限、程序、保障措施、工作费用等。

　　2009 年 10 月 14 日，贵州省人民政府办公厅发布《省人民政府办公厅关于龙滩水电站贵州库区移民安置补偿有关问题的复函》（黔府办函〔2009〕22 号），原则上同意了贵州库区长期补偿方案，并要求抓紧组织实施。2010 年 1 月 19 日，贵州省水利水电工程移民局、黔南布依族苗族自治州人民政府、黔西南布依族苗族自治州人民政府、安顺市人民政府联合印发了《龙滩水电站贵州库区无法落实生产安置移民耕地长期补偿实施细则》，明确 2010 年 8 月 31 日为长期补偿手续办理截止日期，自 2011 年起每年的 4 月、10 月各兑现一次长期补偿资金。

4. 龙滩水电站移民长期补偿政策实施

政策制定之后，如何有效执行，对症下药，破解难题，是移民政策实施的功能和任务，实施移民政策是将移民政策理想转化为移民政策现实、将移民政策目标转化为移民政策效益的唯一途径，因此通过龙滩水电站长期补偿政策实践，在解决龙滩水电站移民问题的同时，实现移民政策效益。移民政策实施主要包括移民政策实施内容、政策实施环节、实施管理、保障措施等内容。

（1）龙滩水电站库区长期补偿政策实施内容。龙滩移民安置点和小城镇建设共规划用地 450 亩，其中移民安置用地 174 亩，安置移民 349 户 1466 人；小城镇建设用地 276 亩，可安置带地入股的农户 646 户 2713 人。总面积中街道道路建设面积 59354 平方米，民居建房面积 100351 平方米，公共用地面积 140295 平方米。通过 450 亩（30 万平方米）的市政基础设施建设，换回移民安置用地 174 亩（11.5 万平方米）。

关于龙滩水电站长期补偿范围和对象。

耕地长期补偿是指在一定时期内，以一定的补偿标准，对被征占用耕地的所有权人或法定承包人进行逐年补偿的一种方式。[①]

补偿范围：电站正常蓄水位 375 米方案淹没的水田和旱地。对由水田和旱地演变而来，补偿标准高于水田和旱地的城郊菜地、菜稻田、甘蔗田、菜旱地、园地等，对应水田和旱地的地类纳入长期补偿；高出水田和旱地地类标准的补偿费，兑现给法定承包人。国有土地（耕地）、集体未承包的耕地、陡坡地、鱼塘、林地、园地和荒山坡地等不纳入长期补偿范围，仍按照国家审定的标准一次补偿。

---

① 梁冰凌：《探析龙滩水电站库区移民实行淹没耕地长期补偿问题》，《红水河》2011 年第 2 期。

补偿对象：龙滩库区和枢纽区无法落实生产安置的移民以及自愿退回已领取的耕地补偿费后，要求参加长期补偿的移民和涉淹农户。对无法对接耕地或开垦耕地的移民，按其被淹耕地面积、地类实行长期补偿；对已对接耕地或开垦了耕地的移民，在移民群众自愿的情况下，可按淹没耕地与对接耕地的面积之差实行长期补偿，或一次性退、扣回已领取的土地补偿费后参加长期补偿。

关于补偿标准及时限。

补偿方式：龙滩水电站采用年产值补偿模式，即项目业主与涉淹农户是土地征收（用）与被征收（用）的关系，使用权发生转移，土地所有权也由农民集体所有变更为国家所有，只是补偿方式由一次性补偿变为长期逐年补偿，补偿标准为地方政府公布的征地统一年产值，或者项目业主、涉淹农户认可并经主管部门审定的年产值。

补偿标准：2005年国家发改委同意对龙滩水电站执行新修订的条例中规定的补偿补助标准，重新审定的耕地年产值标准为水田1247.50元/亩，旱地850.50元/亩，2009年龙滩水电站实行长期补偿机制时仍然采用此标准，电站业主以现金形式拨付，由县级移民部门执行补偿兑现。稻谷实物量折价补偿实行动态调整机制，2009年以后，按照两省（区）谷物、玉米价格因素，依据省级部门公布的价格指数，原则上每3~5年由两省（区）和龙滩公司对长期补偿标准进行一次调整。2014年，根据《贵州省水库和生态移民局关于龙滩水电站贵州库区耕地长期补偿标准调整有关事宜的通知》，将龙滩水电站贵州库区耕地长期补偿标准更新为：水田1453元/亩、旱地990元/亩。

补偿时限：2007年龙滩水电站首台机组发电，因而以2007年1月1日为起点，电站存在一年，补偿一年，一直到电站报废年为止。倘若电站报废停产，可采取复垦方式恢复生产，届时复垦经费和复垦期间移民和涉淹农户的生活问题根据国家和省里有关规定进行办理。

长期补偿办理程序：是否参加长期补偿，由农户自行决定。补偿方式一经确定，不得更改。对自愿参加长期补偿的，由农户提出申请，所在村集体经济组织同意，乡镇审核同意后，由县移民局代表县人民政府与农户签订耕地补偿方式协议，县移民局发放耕地补偿手册，为农户在银行（信用社）办理存折（或银行卡）手续，县移民局根据农户的耕地地类、面积和当年的耕地年产值确定补偿金额，长期补偿金自 2011 年起每年的 4 月和 10 月分两次兑现，每次兑现的金额为当年补偿金的 50%。

（2）龙滩水电站长期补偿政策实施环节。龙滩水电站库区长期补偿机制的实施主要分为六个环节（见图 7 - 4）。一是开展广泛深入、声势浩大的宣传动员，把政策交给人民群众，紧紧依靠群众。全省印制 5 万多份宣传材料分送到库区、安置区的千家万户，并通过媒体多渠道、多形式向库区、安置区社会各界进行宣传，用双语（汉语、布依语）进行通俗解释，使长期补偿家喻户晓，深入人心。确保宣传动员工作乡不漏村、村不漏组、组不漏户，实现全覆盖。二是确定长期补偿指标。库区各县、设计和移民综合监理单位根据已对接耕地的情况将长期补偿的耕地指标分解到各村民组，由村民组召开群众大会，结合本村实际和村民意愿，再将指标分解到户。三是形成指标分配方案后按"村务公开"要求进行定期公示，经群众监督无异议后，由移民户如实填报《淹没耕地参加长期补偿自愿书》，再由村到乡将分配指标方案及自愿书逐级审查、上报，直至省级汇总审批。四是由乡（镇）政府与移民和涉淹农户或村、组集体经济组织签订长期补偿协议。在县移民部门认证并进行司法公证后，由移民部门逐户发放长期补偿手册。五是大唐集团龙滩公司与省移民局共同审定确认参加长期补偿总指标成果，然后签订长期补偿投资协议，省与各州市签订长期补偿工作协议。六是由各县移民部门据实逐年逐次按时执行耕地长期补偿资金的兑现。长期补偿安置方式在实施过程中充分考量收入心理学和当地农事季节因素，明确长期补偿金在每年的 4 月和 10 月分两次兑现，每次兑现的金额为当年补偿金的 50%。根据长期补偿协议，县移民部门通过当地银行或农村信用联社办理，将年补偿金按时直接拨付到参加长补的村组或个人账户上。

```
┌─────────────────────┐
│      宣传动员        │
└─────────────────────┘
           │
           ▼
┌─────────────────────┐
│    确定长期补偿指标    │
└─────────────────────┘
           │
           ▼
┌─────────────────────┐
│   公示指标分配方案     │
└─────────────────────┘
           │
           ▼
┌─────────────────────┐
│    签订长期补偿协议    │
│  （乡或镇政府与村集体）  │
└─────────────────────┘
           │
           ▼
┌─────────────────────┐
│  签订长期补偿投资协议   │
│  （龙滩公司与省移民局）  │
└─────────────────────┘
           │
           ▼
┌─────────────────────┐
│  逐年逐次兑现长期补偿资金 │
└─────────────────────┘
```

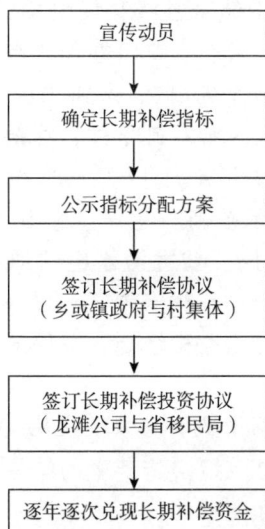

图 7 - 4　龙滩水电站库区长期补偿实施程序

（3）龙滩水电站长期补偿政策实施管理。龙滩库区移民安置工作实行"属地管理，守土有责"的原则，搬迁安置前由迁移区的地方政府和职能部门进行日常的社会管理工作，搬迁后则由安置区的地方政府和职能部门管理，移民安置涉及的耕地、户口、宅基地、民政、税费、教育、医疗、就业等工作都由属地地方政府及职能部门来管理，以迁移区和安置区地方政府的移民搬迁交接手续为界，相互配合和支持。2006 年初，除了部分外迁的移民户口未迁移之外，龙滩库区移民社会管理工作已经步入正轨，各种交接手续已基本办结，与移民相关的各项社会管理工作已经纳入安置区地方政府的管理职责和任务中。

（4）长期补偿政策的保障措施。长期补偿涉及方方面面，较为繁杂。为了确保长期补偿机制的长期、可持续运行，要充分落实好保障措施。①预提取 2 年的补偿费作为长期补偿风险基金存入电站业主和省移民主管机构指定的银行账户，以应对电站发电效益不佳或企业转制、法人变更等情况发生时业主一时难以按期拨付长补资金的问题；②合理计列长期补偿工作经费，每年的长期补偿工作费用按年长期补偿总金额的 3% 另行计列；③地方政府机构改革中，进一步健全县级移民机构，加强执行能力建设，使长期补偿要有长期、常态、专门办理机制，分户建档建账，精细服务管理，确保"放水到田"，做到"百年不废"。

为了帮助移民群众改善基础条件，尽快脱贫致富，进一步保障移民长远生计，2012 年 4 月 17 日，贵州省移民局发布《关于进一步做好水库移民示范新村建设"整村推进"工作的通知》（黔移发〔2012〕18 号），将龙滩水电站纳入新村建设"整村推进"工作，把龙滩水电站移民安置区建设成社会主义新农村。把长期补偿政策与新农村建设相结合，以保障长期补偿政策更好地发挥效力。

5. 龙滩水电站库区长期补偿政策实施成效

政策实施成效既是政策实施产生的结果，又是对政策实施进行分析、评价、修正和完善的依据。龙滩水电站长期补偿政策实施之后，电站业主及时拨付资金，县移民局对农户的补偿资金兑现及时，移民安置长期补偿机制实施顺利并取得了比较明显的效果。实践表明，补偿方式由一次性补偿向动态的逐年长期补偿转变，有效化解了贵州库区安置移民这道十分棘手的历史性难题，实现了移民、业主和政府的"三赢"。

移民满意。耕地长期补偿机制可以解决无法落实生产安置移民的长远生计问题，解除其后顾之忧，当地群众开心地用布依语把耕地长期补偿机制形象地称为"牛死身不朽""国家为移民建了百年的粮仓"。参加长期补偿的移民每年都能从中获得一笔稳定收入，生活有一定保障。参加长期补偿后，移民和涉淹农户能够腾出精力、劳力和财力，安心从事其他各种力所能及的非农业项目经营，这些人也正在发展其他新的产业，融入城镇化的洪流，逐步走上脱贫致富之路。参加长期补偿，还能为其子孙后代留下一份实实在在、长期存在的财富和家业。只要龙滩水电站持续存在，移民就可以长久地获得相应补偿。龙滩水电站长期补偿的标准在 2015 年进行了调整，说明随着耕地年产值标准不断提高，长期补偿随之进行动态调整，减低了移民面临的风险，保障了移民的实际收益。

业主乐意。实行长期补偿机制后，业主不用一次性补偿，节约了电站建设初期的资金投入，大大减轻了电站建设的融资压力。如考虑随迁移民搬迁安置而需要计列的房屋补偿、线上零星树木补偿，搬迁运输费和其他补偿费，电站业主一次性移民投资可相应减少。电站建设也相应减少了贷款年利息支出，减少的利息可以支付移民每年的补偿。"从善如流顺民心"，电站及库区周边环境也随之得到较好保护。同时，也为业主思考、论证龙滩水电站今后400米蓄水扩容，如何妥善安置移民也探索出了可供选择的一条路径。

政府放心。实行长期补偿机制后，原淹地不淹房的随迁移民可不再动迁，节约了安置用地，保护了生态环境，从而大大减轻了因资源环境容量不足对大量移民安置带来的工作压力。将移民切身利益与电站利益融合在一起，形成了"利益共同体"，统筹了双重需求，化解了库区社会主要矛盾，协调了企群、干群关系，进一步密切了党群关系，相关非正常信访诉求、反映问题数量也随之减少，有助于实现库区和安置区的长治久安。

通过上述龙滩水电站达到的"移民、政府、项目业主"三方共赢的局面，可知长期补偿机制实施在解决以下几个问题上具有独特的优势。

第一：解决人多地少，缓解移民安置压力。国内外水电开发的成功经验表明，成功的移民安置措施是尽可能减少移民，长期补偿在这方面取得了成功。长期补偿通过物化土地的保障功能，使移民生产安置不再受土地的束缚，移民离开土地，实现了从"以土为本"向"以人为本"的转变。具体表现为：一是随迁移民不再搬迁，减小移民安置及相应的基础设施建设规模；二是直迁移民在安置去向上选择更多、更自由，既可以后靠，充分利用线上剩余资源，也可以到城集镇安置，享受更好的公共服务；三是有效保护了库区和移民安置区的生态环境和社会生产体系，特别是少数民族地区的民族文化传承得到维系。

第二：缓解同地不同价的矛盾，促进不同政策间的衔接。现行水库移民政策与统一年产值政策的矛盾十分突出，同地不同价现象导致移民不满，征地补偿工作难以开展。采用长期补偿后，移民算账下来，实际补偿已超过统一年值标准，攀比问题得到了解决。

第三：保障移民长远生计。实施长期逐年补偿后，被征地农民不需对土地进行投入和管理，每年便有稳定的土地收益，实质上达到了有土安置的目的。长期补偿按照征占水田、旱地面积计算其补偿费，按时间进行补偿，不再占用之时进行复垦恢复其耕种功能，充分考虑被征地农民长远生计问题。同时库区移民可发展其他生产项目，改善生产生活环境，有利于调整和改善产业结构。①

第四：减少了工程建设初期的投入成本，降低了项目投资门槛。水电站建设具有前期投资额度大、需要从金融部门贷款解决融资问题的特点，实施长期补偿政策，可使有限的资金集中投入基础设施建设，产生更大的经济效益。

第五：实施长期补偿政策，可有效解决移民安置中无土可调的压力，不必再面临土地调补等问题，在一定程度上可避免和减少因移民安置问题引发的群体性事件的发生。

6. 长期补偿政策存在的主要问题

政策是一个不断完善的过程，在政策实施过程中由于政策内容体系尚待完善、政策执行主体对政策的理解存在偏差、政策实施环境匹配存在差距等因素，政策仍处于有待完善的状态。

长期补偿安置方式作为一种创新安置政策可以在一定程度上解决人多地少的现实矛盾，缓解移民安置压力，对项目业主来说可减少工程建设初期的投入成本，但是长期补偿机制是在既定的政策环境下实现的，它受外部环境和内在机制的共同作用，并不适合所有的工程，长期补偿比较适用于有土安置无法实施、移民土地依赖性较强、项目业主资金能力有保证的少数民族聚居地区，而且通过龙滩水电站长期补偿实践反映了长期补偿机制存在的一些问题。

（1）电站负担加重，影响长期补偿支付能力。长期补偿的关键是长期补偿资金来源可持续，核心就是电价问题。由于耕地年产值标准实行动态调整机制，随着今后政府批准公布的耕地年产

---

① 梁冰凌：《探析龙滩水电站库区移民实行淹没耕地长期补偿问题》，《红水河》2011 年第 2 期。

值标准提高，耕地长期补偿费用标准还将不断调整提高，与实行一次性补偿的水电站相比，尽管实行长期补偿的电站前期投资相对减少，但由于粮食等农副产品价格上涨，政府公布的统一年产值标准将会不断提高，实行长期补偿的电站需要支付的补偿费用也将不断增加，时间越长，风险和压力越大，即使将来银行还贷结束，电站效益也根本无法好转，而且形势会更加严峻。而一次性补偿方式则恰恰相反，银行还贷结束后，因为不需要支付移民长期补偿费用和银行利息等财务费用，电站效益指标会越来越好。因此，若实施长期补偿的电站上网电价不能随耕地年产值标准提高而做相应调整，不考虑补偿年限远远超过一次性补偿的16倍即16年，不采取与耕地年产值同步调整的电价联动机制，企业抗风险能力将会越来越弱，造成支付能力下降，甚至出现无支付能力的情况，最终受影响的还是库区移民群众。而电价调整机制涉及多重利益相关者的利益，就像应星《大河移民上访的故事》中描述的"电价过高，输入区拒绝接受，电站发电无法存放，电价太低，发电不划算"，电价联动机制是长期补偿机制的一道难题。

（2）剩余劳动力就业问题。龙滩水电站迫于土地资源的匮乏，采用长期补偿这样一种"无土安置"的移民安置方式，即由"生产性资源安置"转变为"现金补偿安置"。对移民来说，土地的减少或失去，改变的不仅是世代居住的家园，更是社会保障和依赖于被征收土地的直接收入的丧失，再就业将成为移民面临的最大困难，也是地方政府面临的一大难题。特别是文化水平低、没有工作经验和技能或年龄偏大的移民，更难以向第二、三产业转移。这些人一旦将土地补偿金用完，失去了从事其他产业的资金基础，生存将难以为继。而目前，虽然我国已基本形成了以农村最低生活保障、新型农村合作医疗、新型农村社会养老保障三项制度为核心的农村社会保障体系，但保障水平偏低，不足以解决移民的生活保障问题，移民仍然有后顾之忧。

（3）长期补偿机制未来退出的风险。长期补偿机制运行与电站运行时间一致，一旦工程报废，移民如何安置会是一个很大的问题。在实施方案中一般采取通过土地整理恢复耕地，由移民继续耕种。但是，这种措施是否可行，还没有经过科学论证和实践证明。土地能否恢复、恢复后的耕地质量能否保证、外迁后的移民如何耕种等，都有待进一步分析论证。长期补偿的退出机制是与工程项目共存亡，并通过土地整治，还土于民。其突出问题是，到了龙滩水电站运行寿命终结时期，土地政策如何变化尚不可知。如按现行政策，长期补偿耕地已属国有建设用地，再还地于民，将涉及土地用途的逆向改变，且土地能否整治、整治得出多少也是个未知数，不确定性非常大，可操作性难以保证。

三　水利工程、生态和扶贫"三位一体"的移民安置创新

（一）移民安置创新：水利工程、生态和扶贫"三位一体"

1. 水利工程、生态和扶贫"三位一体"政策产生的背景

贵州省水利工程、生态、扶贫"三位一体"的发展模式主要脱胎于 2010 年水利建设、生态建设、石漠化治理"三位一体"。2009 年 7 月至 2010 年 5 月，贵州省遭受到了百年不遇的特大旱灾，给经济社会发展和人民群众生活生产造成了严重影响。贵州省共有 1869 万人、1272 万亩农作物受灾，695 万人、504 万头牲畜出现饮水困难，因灾直接经济损失达 132 亿元。这场旱灾暴露了水利设施薄弱、生态环境恶化、石漠化加剧对贵州省发展制约的问题。

旱灾发生之后，党中央、国务院对贵州省抗旱救灾和经济社会发展非常重视。2010 年 4 月，温家宝在贵州省视察指导抗旱救灾工作，针对干旱暴露的问题，明确指示：要积极谋划长远水利工程设施建设，把贵州省的水利建设与生态建设、石漠化治理三者结合起来，"三位一体"，科学规划，统筹安排，从根本上解决贵州省发展的问题。为了更好地了解"三位一体"发展模式产生的背景，下文将对贵州省工程性缺水问题、生态脆弱、经济发展等方面进行介绍。

（1）贵州省工程性缺水问题。贵州省位于长江和珠江两大流域上游，境内河流众多、水资源丰富，多年平均径流量 1062 亿立方米，人均占有水资源量 2793 立方米，高于全国人均水资源

占有量 2100 立方米（按照第六次人口普查数据计算），但水资源时空分布很不均衡，加之岩溶地貌分布广泛，地形破碎，保水蓄水十分困难，有水存不住、用不上，再加上长期以来贵州省水利设施投入不足，导致水利设施建设严重滞后，工程性缺水问题十分突出。[①] 2009 年贵州省全省中型水库仅 34 座，各类水利工程供水量 92 亿立方米，人均供水量仅 242 立方米，仅为全国平均水平的 54%，水利工程供水量远不能满足经济社会发展和人民群众生产生活需要。特别是由于缺乏大中型骨干水源工程，调蓄能力弱，配套设施不完善，一旦遇到较大旱灾，连群众最基本的生活用水也难以有效保障。工程性缺水问题已经成为贵州经济社会发展的"瓶颈"。

（2）贵州省面临生态环境恶化，石漠化加剧的难题。贵州省地处我国西南部，是全国唯一没有平原支撑的山区省份，岩溶地貌发育非常典型，喀斯特地貌面积达 10.91 万平方公里，占全省面积的 61.9%，全省石漠化面积约 3.3 万平方公里，占全省面积的 19%，被称为"地球表面上的癌细胞"。贵州地区典型的喀斯特地貌和石漠化现象导致贵州省耕地呈现"数量少、质量差；平地少、坡地多；水田少、旱地多"的特点，并且土层瘠薄、水土流失严重，导致耕地资源匮乏，人均耕地不足 1 亩，加上多年来受退耕还林、农业产业结构调整、自然灾害损毁等影响，环境容量小。

贵州省全省森林覆盖率达 39%，牧草面积 2400 万亩，但林草植被质量不高，水土流失和石漠化十分严重，生态环境十分脆弱。贵州省全省水土流失面积 7.3 万平方公里，占国土面积的 42%，平均土壤侵蚀总量达 2.5 亿吨，相当于每年流失 40 多万亩耕地的表层土。石漠化面积约 3.3 万平方公里，占国土面积的 19%，居全国各省份之首，近年来仍以每年 1% 左右的速度在继续扩大。

（3）贵州省贫困地区实现可持续发展的困境。贵州省是我国

---

① 国家发展和改革委员会、贵州省人民政府：《贵州省水利建设生态建设石漠化治理综合规划》，http://news.xinhua08.com/a/20130204/1119362.shtml。

西部多民族聚居的省份，也是贫困问题最突出的欠发达省份。2009 年，贵州省地区生产总值 3913 亿元，财政收入 780 亿元，固定资产投资 2451 亿元，人均地区生产总值、财政收入、固定资产投资仅分别为全国平均水平的 41%、40%、38%，城镇居民人均可支配收入 12863 元，农民人均纯收入 3005 元，分别为全国平均水平的 75% 和 58%，全面建设小康社会实现程度仅为 57%，比全国低 18 个百分点。省内城乡差距也十分明显，2009 年城乡居民收入比高达 4.3∶1，远大于全国 3.3∶1 的平均差距。全省人均收入在国家贫困线以下的人口有 555 万人，贫困发生率达 17%，贫困人口之多、贫困发生率之高均列全国首位。

贵州省水利设施建设滞后、生态环境脆弱、石漠化严重、贫困程度之深、范围之广迫使贵州省在国家政策指导下不断结合地区实际进行探索。另外，由于贵州省自 2000 年开始进入水电开发的黄金十年，在这十年当中贵州省结合水电工程移民实践总结形成了较为完善的水电工程移民政策体系，而水利工程长期处于建设滞后状态，特别是大型水利枢纽工程。但是水利工程与水电工程资金来源不同、工程性质存在差异，导致水利工程移民政策与水电工程移民政策必然存在差异，也使得贵州省需要在借鉴水电工程移民政策的同时结合贵州省经济社会发展水平不断突破，进行创新，探索完善水利工程建设移民政策体系。

面对贵州省贫困现状、水利设施建设落后、生态环境恶化等困境，国家发改委遵照温家宝的重要指示，组织有关部门深入调查，依照国家有关法律法规、产业政策和技术规程规范，于 2011 年 7 月会同贵州省人民政府编制了《贵州省水利建设生态建设石漠化治理综合规划》（以下简称《综合规划》），并以发改农经〔2011〕1383 号文件印发实施，《综合规划》指出，未来 10 年，贵州将以水利建设为重点，在充分发挥现有各类水利工程效益的基础上，规划建设一批重点骨干水源工程。坚持大、中、小、微并举，水源工程建设与灌区、渠系等配套工程统筹安排，建成适应经济社会发展对供水安全和生态安全需求的水利工程体系，逐步解决贵州工程性缺水问题，增强水利对经济社会发展的支撑能力。《综合规划》构建了水利建设、生态建设、石漠化治理"三位一体"的发展规划，指导贵州省水利建设、生态建设、石漠化治理，转变了经济发展方式，实现了可持续发展，解决了贵州省贫困难题。

为了顺利实现全面建设小康社会的目标，2012年国家将贵州省作为新一轮扶贫开发重点支持省份，并于1月12日，国务院印发《国务院关于进一步促进贵州经济社会又好又快发展的若干意见》[国发〔2012〕2号（以下简称《若干意见》）]指出贵州省是我国贫困问题最突出的欠发达省份，贫困和落后已成为贵州的主要矛盾，加快发展是贵州的主要任务，其中交通基础设施薄弱、工程性缺水严重和生态环境脆弱是贵州省主要的瓶颈，要求贵州省抓住"西部大开发"战略深入实施的历史机遇，全面实施"三位一体"规划，坚持开发式扶贫方针，加大扶贫攻坚力度，重点加强公路、水利等基础设施建设，彻底改变集中连片特殊困难地区城乡面貌，构建城乡一体化发展新格局。

贵州省委、省政府抢抓机遇，按照《若干意见》和省第十一次党代会总体部署和安排，制定了《贵州省扶贫生态移民工程规划（2012~2020）》，计划从2012年到2020年，搬迁安置移民47.7万户204.29万人。[1]扶贫生态移民对象主要是居住在生态环境脆弱、生态区位重要、自然环境恶劣的农村人口以及居住在地质灾害隐患地区的农村人口；搬迁方式以自然村和村民小组为单元，实施整体搬迁，坚持"三为主、一优先"，即坚持以深山区、石山区农户为主，以生态位置重要、生态脆弱地区农户为主，以连片特困地区、民族地区农户为主，优先安排最为贫困的自然村寨和深度贫困人口；安置方式以依托城镇（集镇）、产业园区集中安置为主要形式，选择县城、产业园区、重点集镇以及有条件的乡村旅游开发区，对扶贫生态移民进行集中安置。[2]

---

① 贵州省发展和改革委员会：《贵州省扶贫生态移民工程规划（2012~2020年）》，内部资料，2013。

② 王应政、戴斌武：《民族地区生态移民社会适应性研究——以贵州扶贫生态移民工程为例》，《贵阳学院学报》（社会科学版）2014年第1期。

2015 年贵州省面对国家加大"水利设施建设"和"精准扶贫"机遇，启动"扶贫生态移民三年攻坚行动计划"，以充分利用国家加大水利工程投资资金规模的机会，破除贵州省扶贫生态工作的资金短缺瓶颈，以加大扶贫攻坚的力度，在解决地区工程性缺水的难题的同时拉动地方经济发展，实现脱贫，进而改善生态环境，形成贵州省水利工程建设、生态环境建设（包含石漠化治理）、扶贫"三位一体"的策略。

2. "水利工程－生态－扶贫"的耦合关系

贵州省水利工程建设、生态环境建设、扶贫工作在实践过程中能够实现"三位一体"，是因为水利工程建设、生态环境建设（包括石漠化治理）、扶贫三者之间具有耦合关系，具体体现在以下几方面。

（1）水利工程－生态关系。贵州省贫困地区主要集中在基本农田缺乏、水土流失严重的石漠化地区和少数民族聚居区，贫困地区缺少水土，而落后的水利设施不能满足农田灌溉等需要，当地居民由于面对极大的生存压力，不得不对资源进行掠夺式的开发和经营，而落后的生产技术使贫困地区的自然资源未能得到有效利用，低下的生产力水平对劳动力需求增加，使人口压力持续增加，迫使人们高强度地、过度地开发利用自然资源，破坏了本已十分脆弱的生态，导致了水土流失加剧，石漠化面积逐年增加，进一步加剧了生态系统破坏，使其赖以生存的土地质量下降，产出减少；而生态破坏造成众多中小河流断流，降雨时空分布更加失衡，已建水利工程淤积严重，效益不能正常发挥，反过来加大了水资源开发利用的难度。

（2）水利工程－扶贫关系。贵州省由于地处喀斯特地貌高原，岩溶地貌广泛发育，山高坡陡，地形破碎，保水、蓄水十分困难，且易受侵蚀，水土流失严重，土层贫瘠，土壤肥力低导致高产、稳产农田少，单产水平低，农民收入水平低，处于国家贫困线水平之下的人口较多，贫困的深度、广度都居于全国前列。水利工程建设解决了工程性缺水问题，保障了群众的生活用水需求，解决了农业灌溉缺水的问题，改变了较为落后的生产方式，提高了抵抗旱灾的能力，从而提高了农作物产量，缓解了水资源供需矛盾，满足了经济社会发展对水资源的需求，支持了经济快速发展，加快了脱离贫困的进程；水利工程建设的同时给贫困地区的人民带来了致富和发展的机会，带动当地建材、冶金、机械、农牧业和第三产业发展。另外水利工程建设中移民搬迁安置，可以将移民由生态环境恶化地区搬迁安置到小城镇、产业园区，实现相对集中定居和城镇化，同时将农民从过度依赖自然环境的简单农牧业中转移出来，向高科技农牧业、工业、服务业转移，在缓解对生态环境的压力的同时摆脱贫困。

（3）生态－扶贫关系。贫困与生态环境恶化之间是一种相互影响、相互关联的关系，生态环境恶化造成贫困，贫困使得人类加大开发自然资源的力度，贫困与环境恶化陷入了互为因果的恶性循环之中。贵州省是全国贫困人口最多、贫困面最广、贫困程度最深、扶贫开发任务最重的省份，而贵州省的贫困地区主要集中在基本农田缺乏、水土流失严重地区，生态环境脆弱，农业自然条件差。由于生存压力大以及生态环境保护意识薄弱，当地人采取一些简单粗放的生产方式开发，农业上广种薄收，毁林开荒，加剧了生态退化，使本来已经十分脆弱的生态环境更加脆弱，使其赖以生存的土地质量下降，产出减少，不仅使政府财政收入和个人收入减少，而且使扩大再生产的经济积累减少，加剧了贫困，这样就使贫困与生态环境陷入互为因果的恶性循环之中。

（4）水利工程－生态－扶贫互动作用。因为水利建设滞后、生态环境脆弱、贫困之间有着十分紧密的内在联系，这三方面相互叠加，相互影响。问题的关键是水，如果没有水，石漠化治理就无法进行，生态环境也无法改变，只能进一步加重贫困化的程度；只有从根本上解决了水的问题，生态建设、石漠化治理才有基础，水土条件、耕地质量才能得到改善。贫困地区由于缺少水土，而落后的水利设施不能满足农田灌溉等需要，当地居民面对极大的生存压力，不得不对资源进行掠夺式的开发和经营，而落后的生产技术使贫困地区的自然资源未能得到有效利用，商品经济落后，贫困必然发生，低下的生产力水平对劳动力需求增加，使人口压力持续增加，迫使人们高强度地、过度地开发利用自然资源，破坏了本已十分脆弱的生态，导致了水土流失加剧，石漠化面积逐年增加，进一步加剧了生态系统破坏，使其赖以生存的土地质量下降，产出减少，贫困加剧；而生态破坏造成众多中小河流断流，降雨的时空分布更加失衡，已建水利工程淤积严重，效益不能正常发挥，反过来加大了水资源开发利用的难度，加剧了贫困（见图7-5）。因此只有准确把握水利建设、生态建设和扶贫三者之间的内在联系，协调推进三方面的建设，发挥水利对经济社会发展的支撑能力、生态环境对经济社会发展的承载能力，努力形成三者之间的良性循环，才能实现经济社会的跨越式发展和可持续发展，缩小区域差距和城乡差距，基本消除贫困，实现2020年全国全面建设小康社会的宏伟目标。

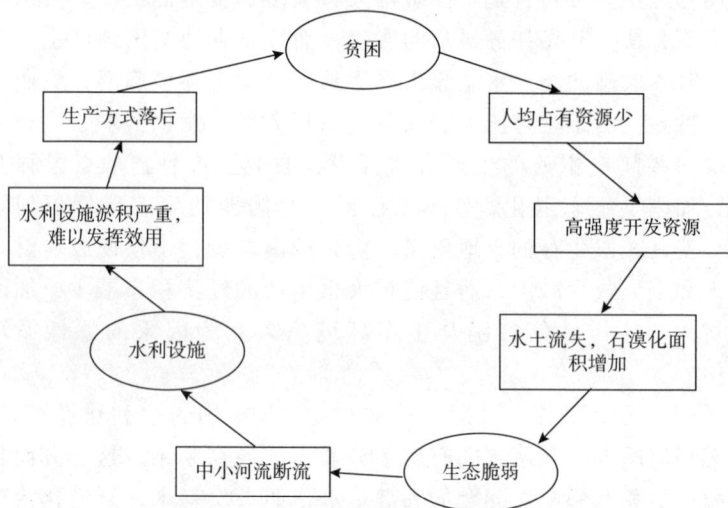

图7-5 水利-生态-扶贫互动关系

（二）夹岩水利枢纽工程"三位一体"政策实践

1. 夹岩水利枢纽工程概况

2010年以后，贵州省逐步加强水利工程建设，以工程建设为契机推动扶贫生态工作，夹岩水利枢纽工程（以下简称"夹岩水利工程"）作为贵州省扶贫生态移民工程的重点工程，2011年由贵州省水利厅直接牵头推动，被列为贵州省水利建设的"1号工程"，纳入了贵州"三位一体"规划（国务院批准实施的《贵州省水利建设生态建设石漠化治理综合规划》）、全国"十二五"水源工程规划、西南五省重点水源工程近期建设规划、长江流域规划等国家规划，摆在了国家支持贵州水利建设的优先位置。

夹岩水利工程是贵州省目前最大的水利工程，工程是开发以供水和灌溉为主，兼顾发电，并为区域扶贫开发及改善生态环境创造条件的综合水利工程。夹岩水利工程由水源工程、提水工程及灌区工程三部分组成。工程的建设将惠及毕节、遵义两市的7个城镇（区）以及8个工业园区、79个乡镇、399个农村集中聚居点，而这片区域是国家扶贫开发工作重点县集中连片区域，贫困面大、贫困程度深，生态恶化，因此工程建设对提高区域水资源调配能力、保障区域供水安全、调整产业结构、实现毕节试验区"扶贫开发、生态建设、人口控制"目标具有至关重要的作用。按《水利水电工程等级划分及洪水标准》（SL252－2000）2.1条规定，夹岩水利工程等别由水库总库容控制，为Ⅰ等大（1）型工程，总投资约170亿元。

夹岩水利建设不仅承担着供水、灌溉和发电的功能，还承担着为区域扶贫开发以及改善生态环境创造条件的功能，即夹岩水利工程建设要作为综合性、资源型工程利用移民带来的人流、物流和资金流，促进地方经济社会发展。移民安置方式从乡镇为主向县为主、跨区域适度规模安置转变，实现规模效应；移民搬迁方式从零星分散向整村整组搬迁转变，保障水利工程建设、生态、扶贫"三位一体"目标的实现。

2. "三位一体"移民政策实施

移民政策实施是实现移民政策目标、提高移民政策效益的关键。贵州省夹岩水利工程为了实现水利工程建设、生态环境建设、扶贫"三位一体"政策目标的实现，其移民政策实施主要包括"三位一体"移民政策实施内容、支撑政策等内容。

（1）夹岩水利工程"三位一体"移民政策内容。夹岩水利工程生态扶贫移民搬迁安置范围涉及毕节市三个县（区），分别为七星关区、纳雍县、赫章县15个乡镇、75个村、239个村民组，水平年总搬迁人口27026人。贵州省移民局和毕节市人民政府考虑到被淹没乡镇人多地少，耕地资源有限，邻村均无可进行流转的耕地，在充分考虑本村调剂安置的基础后选择了不完全依赖的土地的集中安置方式，初步定下外迁集中移民安置点约7个，分别是七星关区田坝集镇安置点、纳雍县姑开集镇安置点、维新集镇安置点、羊场集镇安置点、赫章县古达集镇安置点、平山集镇安置点、双山新区城镇安置点，其中较大的集中安置点为双山新区城镇安置点，约有7032人，其次为羊场集镇安置点，约2067人。双山新区区位优势、发展优势、资源优势十分明显，将成为毕节试验区人流、物流、资金流、信息流较为集中的区域之一，可以依托梨树新客站和飞雄机场等大型综合交通枢纽，承接区域消费人群，提供产业、展贸、商业、教育医疗、休闲娱乐、郊野游憩等职能，与梨树新客站、飞雄机场、职教城等共同组成城市新区，打造未来毕节大方的综合服务中心和未来的城市综合体。

夹岩水利工程生态扶贫移民生产安置方式依据贵州省《关于加快推进小城镇建设的意见》提出的"水利水电工程移民要突出城镇化安置模式，尽量将移民搬迁安置到小城镇，促进小城镇建设，着力改善移民生产生活条件，提高自我发展能力"。夹岩水利工程在移民安置实践中把移民安置于城镇化建设结合起来，移民生产安置以集镇少土安置、城镇无土安置和农村有土移民安置三种方式为主。集镇少土安置方式，是将移民安置与离乡（镇）经济文化中心较近集镇进行安置，为每户移民配置人均半亩左右的耕地，并辅之以门面、摊位等进行的生产安置；城镇无土安置，是将移民安置于城市，享受城市各种福利，每户配置门面摊位一个，每户至少安排、培训一位移民进行就业。

按移民安置任务和移民安置规划目标，根据建设征地及移民安置村组实际情况进行生产安置规划，其主要方式有：

A. 通过自主调剂土地的方式，调整耕地安置，为妥善安置移民，省移民局和毕节市通过多次协调组织，建设征地区内各政府积极筹措，调剂了耕地1.2万亩供移民选择。

B. 开发后备土地资源发展种植业、林果业、养殖业。

C. 进行农业基本建设和农田水利建设，提高土地的质量。

　　D. 利用集镇安置配置门面开展商业活动。

　　E. 集镇、城镇安置人口经过教育培训后劳动力转移至其他渠道就业和第三产业解决生产安置问题。

　　水源工程区规划设计水平年生产安置人口 19376 人，其中水库淹没影响区 18828 人，枢纽工程建设区 548 人。其中村组内调剂耕地安置 4428 人，出村集镇少土安置 7957 人，城镇无土安置 6991 人。

　　生产开发规划根据可利用的土地资源及移民规划目标，合理选择生产开发项目及规模。村组内调剂耕地安置应优先发展种植业、林果业，有条件的可发展养殖业等，集镇安置主要发展第三产业，并兼顾种植、养殖业，城镇安置主要发展第二、三产业。主要途径有：

　　A. 耕地调整规划。共有 12584 亩可流转用于移民的生产安置。

　　B. 土地生产基础设施建设规划。为使移民的生活水平在两三年内达到或超过搬迁前的水平，应采取相应的工程措施或生物措施，使耕地稳产、高产，故要投入资金加强农田水利基础设施的建设，将一部分旱地改造成水田。

　　C. 种植业规划。根据当地的气候条件、农民的种植习惯以及农产品市场状况，规划利用所调剂、开发的耕地发展水稻种植和蔬菜种植。利用市场广阔、交通便利、信息灵通、产业结构多样的优势，在当地政府的组织下，利用靠近集镇的有利条件，在政策允许的前提下发展第二、三产业。

　　D. 生活、生产经营等相关设施。为满足城集镇安置的生产安置发展，集镇需配置门面、城镇配置摊位或商铺进行经商。

　　E. 教育培训。结合库区经济现状、主导产业现状和移民的需求，以新型劳动者生产技术，第二、三产业技能，职业教育和就业技能作为重点，制定移民培训工作实施计划。

双山新区拟建、在建、已建项目企业较多，根据与毕节双山新区经济发展局对新增就业人数的统计，双山新区就业岗位约24000个，所有岗位均优先考虑移民就业。

（2）夹岩水利工程生态扶贫移民补偿补助。依据国家《水利水电工程建设征地移民实物调查规范》（SL442－2009）和《夹岩水利工程建设征地移民实物调查细则》规定，经移民规划设计单位、项目主管部门会同地方人民政府共同调查、复核、公示、确认并经国家审定的实物指标类别和数量，是移民补偿补助的基本依据。

根据夹岩库区实际，夹岩水利工程征占耕地采取一次性补偿和长期补偿相结合的方式进行。根据贵州省人民政府办公厅发布的《省人民政府办公厅关于夹岩水利枢纽及黔西北供水工程建设征占耕地长期补偿实施方案的复函》（黔府办函〔2015〕5号）规定，确定了以下内容。

补偿范围：夹岩水利工程水库区和枢纽工程建设区、安置点占地区征用的耕地，原则上纳入长期补偿范围。由耕地演变而来且具备耕地承包证的园地，可以比照耕地实施长期补偿。其他土地和未承包到户的集体耕地以及输配水区、提水区、专业项目复建征占耕地不纳入长期补偿范围。

补偿标准：在工程建设期，按照国家审批的耕地年产值标准，即每亩1600元（不分水田、旱地）逐年进行补偿。在工程建成投产和正常运行后，结合各地经省人民政府审批的统一年产值标准，考虑地方物价水平、生产成本等因素进行调整，原则上3年左右调整一次。如调整后补偿标准低于每亩1600元的，按每亩1600元的标准保底执行。

补偿对象：长期补偿的对象为在实施中难以对接耕地（包括开垦、整理等）、对接耕地达不到安置标准或长远生计无法保障的移民和涉淹农户，按其被淹没征占耕地面积实行长期补偿。长期补偿对象所涉及的出生、死亡、婚进婚出等人口变更问题，补偿资金分配由补偿对象自行处理。

（3）后期扶持。依据《国务院关于完善大中型水库移民后期扶持政策的意见》（国发〔2006〕17号）、《省人民政府关于深入

贯彻落实国务院大中型水库移民后期扶持政策的意见》（黔府发
〔2007〕7号）、《省人民政府办公厅关于转发省移民办等部门贵
州省大中型水库移民后期扶持政策宣传工作提纲的通知》（黔府
办发〔2006〕108号）以及原贵州省移民开发办出台的《贵州省
大中型水库移民后期扶持政策问答》（黔移办发〔2007〕6号），
认定水库移民后期扶持的范围为大中型水库的农村移民，对纳入
后期扶持范围的移民每人每年补助600元。从完成搬迁之日（指
搬迁安置后经安置地县级人民政府验收合格之日）的次月起扶持
20年。

《国务院关于完善大中型水库移民后期扶持政策的意见》规
定：水库移民后期扶持资金能够直接发放给移民个人的应尽量发
放到移民个人，用于移民生产生活补助；也可以实行项目扶持，
用于解决移民村群众生产生活中存在的突出问题；还可以采取两
者结合的方式。具体方式由地方各级人民政府在充分尊重移民意
愿并听取移民村群众意见的基础上确定。

（4）地方政府支撑政策。2013年3月12日，毕节市人民政
府印发《关于整合资源抓好夹岩水利工程移民安置工作的意见》，
从地方政府的角度对夹岩水利工程移民工作进行安排部署，针对
无土城镇安置具体措施如下。

在生产发展扶持方面，"金融部门在移民具有还贷能力的前
提下，要加大从事个体经营、新办企业的信贷资金支持力度。对
特困移民发展生产，符合贷款条件的，要按现行小额贷款政策优
先给予安排"。

在就业扶持方面，既要"对有劳动力能力和就业愿望的移
民，人力资源和社会保障、农业、林业、农机、畜牧、教育、扶
贫等部门要免费开展种植养殖及其他实用技术培训，转移和输出
移民劳动力，拓宽移民就业门路，增加移民经济收入"，又要求
"工商部门要积极引导移民从事各类生产经营创业活动，为移民
提供注册登记服务。从健全就业再就业服务机制、进一步放宽市
场准入条件、面授相关行政费用、大力扶持创办微型企业等方
面，支持移民尽快安家、创业、致富；在移民安置点建立消费者
投诉站和12315联络站，切实保护移民合法权益不受侵害"。

在税费减免方面，"对移民从事个体经营没有达到增值税和营业税起征点的，免征营业税、城市维护建设税、教育费附加、个人所得税"。

此外，还在移民城镇购房、入学就医及组织领导保障措施等方面提出具体要求以保障夹岩水利工程移民安置的顺利实施。

3. "三位一体"移民政策实践分析

夹岩水利工程移民、生态、扶贫"三位一体"的发展模式体现了一种结合移民搬迁安置、生产、就业、生态等多目标的新兴联动发展模式，以水利工程建设为契机，通过明确不同权利主体的权利和义务，增强不同部门之间的互动关系来实现扶贫、生态环境建设的目标。夹岩水利工程实践工程、生态、扶贫"三位一体"模式体现了两种含义。

第一层含义是参与主体的"三位一体"。在这种模式中主要涵盖了三类主体：政府、项目法人、移民，明确这些主体的责任是发展模式运行的前提条件。

从政府角度来看，政府所承担的责任主要包括以下几个方面。

第一，加强制度建设，规范扶贫生态工程实施过程中政府和其他参与主体的责任与行为。规范化的政策是生态扶贫工程从规划、实施到运行过程的依据，法规化程度低容易导致各行动主体特别是各政府部门的权责不清晰、扶贫生态政策本身的稳定性与连贯性难以得到保证、扶贫与生态建设的效率损失或是短期行为盛行等，因此政府相关部门应该加强建立健全相关政策，以此来规范工程建设过程中扶贫、生态建设等活动中的政府责任与行为，保证工程建设、扶贫、生态环境建设三个目标的实现。

第二，引导多主体参与，保障工程建设、扶贫、生态建设多元目标主体团结协作。由于工程建设是由项目业主主导，扶贫、生态建设是由政府主要负责，而扶贫开发中的产业开发是受市场影响，且移民长远生计保障等涉及不同的部门，因此实际行动中不能寄希望于单一机构来解决农村的发展问题，而必须将多重行动者考虑在内。首先，应该将更多的社会组织吸收进来，通过整合社会资源来提升扶贫生态的整体效果。其次，完善扶贫生态中移民的参与机制，构建一个完善的利益表达与参与渠道让移民真正参与到反贫困和生态环境的治理结构中来。通过认真倾听移民的需求，发挥与培育他们的主观能动性以及自我发展、自主脱贫和保护生态的生产积极性，将过去政府与移民的主动—被动关系变为新型的合作平等关系。

第三，积极推动农村公共事业发展，拓宽移民就业的渠道，为移民长远生计有保障铺平道路。贫困与生态之间的恶性循环的形成一方面是资源环境不可持续性，造成发展的动力不足，另一方面从贫困的本质来看，能力贫困是贫困的主要原因，因此在扶贫生态的过程中，以工程建设为契机，通过移民搬迁安置到小城镇、产业园区，加强贫困人口的脱贫能力建设，保障移民长远生计。政府的主要责任体现在致力于投资教育、投资家庭的社会政策的构建，大力发展并全面推进农村的公共社会事业，包括医疗、教育、文化事业等，以此为扶贫开发的良性发展提供一个良好的治理环境。

从项目法人的角度来看，主要承担的责任包括以下几个方面。

第一，移民补偿投资是工程投资的一部分，项目法人要负责移民补偿资金的筹措，根据《大中型水利水电工程建设征地补偿与移民安置条例》第五条规定："移民安置工作实行政府领导、分级负责、县为基础、项目法人参与的管理体制。"项目法人要负责编制移民安置规划大纲以及包括防护工程的建设费用等在内的费用。

第二，项目法人在项目建设过程中一方面要重视生态环境保护，防止工程建设外溢对生态环境造成破坏，另一方面我国正处于经济体制转轨时期，水利水电工程的项目法人虽然还不是真正的市场主体，但是目前作为自负盈亏的市场经济活动的参与者不能一味追求经济利益，应理性看待项目法人在保护移民合法权益中的责任。

从移民的角度来看，主要承担的责任体现在以下几个方面。

第一，正确认知自身在解决移民补偿补助、反贫困、生态保护中的作用。政府通过工程建设实现扶贫、生态环境建设是通过外部支持的手段解决问题，但内因对于事物的发展起决定作用，移民才是反贫困和生态建设的关键，但是从以往水库移民的实践来看，移民对于政府的依赖心理仍然存在，而这种依赖心理并不利于国家和地方扶贫生态政策的推行和贫困生态问题的解决，因此，对于移民来说，应该扭转被动式接受的思维模式。

第二，积极地参与多种形式的反贫困、生态环境建设。对于移民来说，搬迁安置之前移民的贫困主要是自身经济资本、技术资本缺乏等，扶贫生态工程正是通过将移民安置在小城镇、产业园区等以及培训改变贫困地区传统的生产方式。这对于提升移民自身的竞争力是较好的机会，因此，积极参与扶贫生态工程不仅对于移民脱贫有重要意义，而且可以改善生态环境，改善移民生产生活环境，提升幸福指数。

工程、扶贫、生态"三位一体"实践模式的第二层含义是扶贫生态目标的"三位一体"。主要体现在以下三个方面。

第一，从夹岩水利工程移民安置和扶贫的工作目标上看，主要目标是一方面改善移民的经济收入，另一方面也希望改善移民的生存环境和生活质量。移民安置工作除了将移民搬迁出原来生态环境较为恶劣的区域，安置在小城镇周边、产业园区等经济、生态环境较佳的地方，完善的基础设施也是不可或缺的一部分，比如道路、交通等设施在移民安置、后期扶持过程中不断完善，提升了移民整体的生存环境，有利于达到脱贫的目的，对于促进地区间的稳定有一定的积极作用。

第二，从工程的角度来看，夹岩水利工程建设一方面为经济发展解决供水和灌溉问题，另一方面兼具发电功能，为地方经济发展提供能源动力和为财政税收做出贡献，为地区创造价值的同时为地区发展提供了城市建设和社会管理的资金。因此工程建设成为经济发展、扶贫、生态环境建设的关键点。

第三，从生态保护的角度来看，贵州省地处喀斯特高原，石漠化严重，生态环境恶化，自然灾害频繁，加之广大群众经济基础差，抵御自然灾害和抗风险能力极弱，每年都有相当数量的脱贫人口因灾返贫，因此工程建设一方面要注重生态保护，另一方面移民安置将移民从生态环境脆弱的地区搬迁出去，减轻了生态环境的承载压力，促进了生态环境恢复。

四　贵州省水库移民创新实践出现的问题与经验借鉴

贵州省在国家政策的指导下结合贵州省的实际情况进行了有益的创新探索，并且取得了一系列的成就，但是由于水利水电工程移民的复杂性以及社会经济形势发展和政策调整的协同机制尚未建立健全，贵州省移民实践中的问题不断显现。对贵州省水库移民创新实践中存在的问题以及原因进行探索，对于全国的水库移民实践具有重要的借鉴意义。

（一）存在的主要问题

1. 投资审批体制与移民工作新要求不相适应

国家从维护移民的合法权益、社会稳定、保证工程建设有序进行的角度出发，制定了先移民后建设、先安置后搬迁、有临时过渡安置的不准下闸蓄水等政策，但是在贵州省的实践过程中受到各种因素的影响往往很难按照国家政策要求来实施。按照现行的水电项目审批体制，项目实行核准制，从预可研到可研到项目申请各个阶段，涉及很多专题需要审批、咨询、评估，前期工作量大、时间长，完成一个项目的核准需要四五年时间。而在项目核准前，电站业主以施工准备的方式开始大坝主体工程施工，造成工程建设时间与移民搬迁时间不协调、不同步，移民搬迁滞后于工程建设。有的项目甚至没有用地指标、没有获得审批但是因为符合地方经济发展需求就上马，待项目核准时，大坝施工往往已经完成大半，而移民搬迁工作尚未启动，出现"水赶人"现象。以龙滩水电站为例，1992 年 4 月开始筹建，1999 年启动电站施工区移民搬迁安置，2001 年 7 月通过国家核准并正式开工，2003 年 11 月主河床截流，2005 年开始移民搬迁安置工作，2006年 9 月下闸蓄水，2007 年 7 月首批机组发电，2008 年 5 月完成移民搬迁工作，2009 年 12 月全部机组投产发电。在正式下闸蓄水之前只有 1 年的时间供移民搬迁安置，留给移民搬迁安置的有效时间非常短暂，移民安置工作压力非常巨大，地方政府不得不采取非常规手段，导致地方政府承担很大风险，移民后期扶持问题、信访问题成为地方政府头上悬着的一把利剑，电站业主也要承担应急搬迁等费用，额外增加建设成本。因此，改革现行水电项目审批机制，为"先移民后建设"制定配套相应的政策措施势在必行。

2. 概算调整机制不健全

目前国家出台了一系列水利水电工程设计概（估）算编制规定，但由于移民工作的长期性和复杂性，一个水库的移民搬迁往往时间跨度较大，其间政策变化、物价变化、方案变化、国家政策方针等各种因素交叉重叠，原审定的移民安置规划以及投资概算发生变化不可避免。而移民安置规划的调整及移民补偿投资概算的调整如何开展，目前在国家层面除了国家能源局于2011年3月印发的《水电工程概算调整管理办法（试行）》（国新能源〔2011〕92号）第十六条对移民规划及补偿投资调整有原则性规定，基本上处于空白状态。贵州省人民政府在2006年出台了《贵州省人民政府办公厅关于调整全省在建大中型水电工程移民补偿投资概算有关问题的通知》（以下简称《通知》），但主要是为了解决新的移民条例出台，补偿补助标准提高导致新老政策衔接出现的问题，调整的范围也主要针对2006年正在实施移民搬迁的在建大中型水电工程，比如构林滩、三板溪等水电工程。《通知》中的规定限定了适用范围，限定了对后期建设的水利水电工程投资概算调整适应性，后期水利水电工程建设过程中由于没有依据投资概算调整的政策，然而在实践过程中贵州省水库建设投资中超概现象很普遍，移民投资概算出现超出概算之后能否进行调整、如何调整以及调概报告何时审批等都缺乏相关明确的规定，投资概算调整机制不健全导致人为因素影响较大。

在投资概算调整机制不健全的背景下，即使2006年贵州省就启动了洪家渡、引子渡等电站的移民遗留问题处理和构皮滩、彭水等电站的移民补偿投资概算调整工作，但截至2016年除了洪家渡水电站移民遗留问题处理报告于2009年得到国家批复外，其他均未获批。

3. 后期扶持政策实施效力有限

"搬得出、安得下、能发展"是移民工作的三个层次性目标，三者递次推进、相辅相成、互为促进。当前，无论是地方政府还是项目业主，对于移民搬迁安置后续发展问题支持度有待提高，特别是老水库受"重工程建设，轻搬迁安置"思想的影响，大多采用后靠安置，随着人口自然增长，资源环境承载能力日渐不足，移民群众增收渠道狭窄，经济来源单一，生产生活条件相对落后。虽然国务院于 2006 年发布《国务院关于完善大中型水库移民后期扶持政策的意见》（国发〔2006〕17 号文），被纳入后期扶持范围的移民每人每年可获得 600 元的后期扶持资金以及项目资金，但是随着经济发展水平的提高以及通货膨胀的影响，600 元后期扶持资金的边际效益递减，对于移民生产生活的改善作用有限，移民与当地居民的收入水平和实际生活水平存在较大差距，并有逐步扩大的趋势，库区移民后续发展动力不足，移民长远生计问题如何保障是不可逃避的现实难题。

4. 项目管理制度不规范

目前贵州省水利水电工程建设项目管理的主要政策是 2000 年国家经济贸易委员会发布的《水电站基本建设工程验收规程》和 2011 年贵州省移民局发布的《贵州省大中型水利水电工程移民安置建设项目管理暂行办法》（黔移发〔2011〕38 号），但是由于尚未形成完整的项目管理制度体系，另外在实践过程中受地方利益左右以及监督管理不健全的影响，贵州省有些项目存在边施工边建设的现象，项目建设过程中对投资管理不规范，项目建成之后没有及时进行移交、验收。比如龙滩水电站库区常坪工程，地勘没有进行，出现实方量和土方量相反的问题，最后是靠协商解决而非估算的方法。

5. 库区社会稳定维护机制面临挑战

移民的社会稳定，伴随着移民安置和后期扶持始终，并且随着形势的变化，移民诉求也会不断发生变化，移民的社会稳定是一个长期的课题。当前，水库移民反映比较多的问题主要有：一是要求尽快兑现调概项目和资金，尽快结算移民个人补偿费用，尽快实施处遗问题或调概新增的项目，完善基础设施；二是乌江渡、东风、普定等老库区，移民生产生活条件较差，危房问题、耕地缺乏问题等十分突出，移民要求加大扶持力度，尽快解决库区突出的遗留问题；三是移民外迁后，库区周围剩余的耕地、林地等无法管护，客观上造成一定的利益损失，移民意见较大。

6. 后期扶持资金管理制度不规范

后期扶持资金存在被挪用或者被整合的现象，由于后期扶持资金是由国库统一支付的，没有现行制度对地方政府财政部、发改委部门进行约束，出现账面上不存在问题，但实际上资金被挪用的"账实不符"问题，贵州省曾经出现过一起政府利用50万元的项目扶持资金建设了一个工厂，但后来被转让给一个私人企业主经营，移民无法享受到项目扶持资金给自己的生活带来的帮助，地方政府将后期扶持资金作地方财政预算，用来给公务员发工资的事件。

（二）主要原因分析

水库移民探索实践中出现上述问题，既有政策上的问题，也是现行体制机制不完善造成的，主要表现为以下几个方面。

1. 利益分配结构不尽合理

从工程项目投资结构分析，导致建设成本普遍上升的因素是多方面的，但水库淹没处理及移民安置投资占工程总投资比重的大幅度上升居于首要地位，大大超过枢纽工程建设成本的上升幅度，其原因是征地补偿补助费标准提高，导致征地费用和移民安置费用相应增加。其次是耕地占用税、土地开垦费以及森林植被恢复费缴纳标准提高。2010年以后，贵州省耕地占用税由2～2.8元/平方米提高到现在的18～20元/平方米，而且计税范围扩大到林地、草地等所有农用地。最后是专项复建工程投资上升。由于物价上涨，专业复建项目投资呈直线上升趋势。以砖混结构为例，2012年至2013年，贵州省每平方米补偿标准为818元，导致部分移民建房困难。

2. 政策的科学性和约束性作用弱化

政策是调整各方利益关系、处理工程建设和移民问题的标准和行为准则。2006年修订的《大中型水利水电工程建设征地补偿和移民安置条例》自颁布以来发挥了重要的积极作用，但随着形势的发展变化和移民工作实践的深入，已难以满足新形势下移民安置的需要，政策性矛盾日渐凸显。上述出现的移民工程投资概算调整问题究其原因就是专业项目和非专业项目等基础设施工程项目在立项、变更、超概等环节约束性弱化，导致一些工程超概严重，一些不该由企业承担的项目挤进水库投资概算。更深层次的原因是利益关系的变化，分税制实施以后，水库项目的税收大头在中央，就业岗位又因市场化的竞争大幅减少，地方政府在水电开发中得到的实际利益减少，承担的移民风险增加，因此把利益关注点转向了专业复建项目，只要与水库沾边的项目都尽可能挤进电站投资盘子，以移民搬迁进度为"砝码"打擦边球。

3. 后期扶持项目资金缺乏专业管理

后期扶持项目资金被挪用主要是因为后期扶持资金是由财政统一下拨，没有设立专库，更没有独立的会计科目，后期扶持项目资金原定是专门用于移民后期扶持项目建设，但是由于扶持资金金额较小，无法形成专账管理，另外地方项目配套资金短缺，导致资金难以发挥作用，形成一部分移民资金就被整合到非移民工程，一部分移民资金花不出去的怪现象。

4. 移民工作管理体制不尽完善

水库移民补偿补助和移民安置是一项复杂的社会系统工程，任何环节的缺失和疏漏都可能影响到移民安置的成效，涉及的各个方面应围绕统一的目标，履行各自的职责，形成工程建设及移民安置的合力，但由于权责分明、运行通畅、约束有力的管理体制尚未形成，各行其是的现象时有发生。比如，有的项目业主为了减少工程建设成本，缩短移民安置规划周期和移民安置周期，"重工程，轻移民"；有的规划设计部门在设计规划过程中存在随意性的问题，重视工程进度轻质量，导致移民安置规划深度和精度不够，给实施过程中移民安置方案调整和投资突破留下了极大的隐患。

（三）创新经验借鉴

贵州省水库移民长期补偿和水利、生态、扶贫"三位一体"的移民创新，对促进贵州省水库移民安置起到了很多作用，在一定程度上保障了贵州省水库工程建设，促进了贵州省社会经济发展，对国家水库移民政策改革和创新具有很大的借鉴意义。

第一，水库移民政策应该是宏观规则和程序性条款，具体应该由地方根据实际情况制定具体政策，以保障政策的"落地"和"切实解决政策问题"。

第二，贵州省长期补偿资金增长压力，以及社会不稳定压力，从另一个侧面也反映了要"征地补偿"和"移民安置"放到两个政策范畴解决问题。征地是政府和农民集体以及农民就土地产权的交换问题，征地补偿应该在市场经济规则下解决，征地的强制性应该在公共领域解决，要解决的是补偿的公平性和征收的合法性；移民安置是在市场经济规则主导下解决的，政府服务和提供社会保障，防止移民发生生活风险，陷入生计困难。

第三，水利、生态、扶贫"三位一体"的移民创新，主要是为落实"移民安置规划和地方其他发展规划的衔接"，贵州省创新的一条途径。现行水库移民政策要求移民安置规划和地方发展规划衔接，实际操作中都是就水库移民安置规划而规划，根本没有融合地方发展规划，所以，地方发展的其他项目和投资很难和水库移民安置投资形成合力，从而统一、协调解决移民安置和地方发展问题。

第八章
南水北调中线丹江口水库
河南库区移民政策探索

南水北调工程是世界上供水规模最大、受益范围最广、获益人口最多的调水工程，是党中央、国务院根据我国社会经济发展需要做出的重大决策，是关系国家可持续发展和长治久安的千秋伟业。丹江口库区移民搬迁是工程建设的重要组成部分。移民政策是党中央、国务院及各级政府部门为解决工程建设过程中出现的移民问题而出台的一系列谋略、法令、措施、办法、方法、条例等的总称，是顺利实现移民迁安的行动指南，是科学、有序、合理推进移民安置工作实施方案的重要举措和基本保证。移民政策是工程移民的行动纲领，涉及移民活动的各个重要环节与领域，移民政策体系的构建则是移民安置行动能否成功的重要保证。

一 丹江口水库初期建设移民历程

丹江口水库移民经历了两个时期，一是丹江口水利枢纽工程建设时期；二是南水北调中线工程建设时期。第一个时期是水库初期建设移民，第二个时期是水库大坝加高建设移民。以下对南水北调中线工程大坝加高水库移民统称丹江口库区移民。

丹江口水库初期建设移民的搬迁安置自枢纽工程开工的 1958 年开始至 1978 年河南省最后一批（第六批）移民迁完为止，前后历时 20 年。其间自 1962 年 1 月 18 日丹江口工程大坝混凝土停止浇筑进行质量处理，至 1964 年 12 月 16 日大坝恢复施工，这一段为水库移民的间隙时间，其间国务院以（64）国计字第 572 号文批准丹江口枢纽工程按防洪结合发电方案以压缩原定正常蓄水位 170 米方案的初期建设规模。因此，水库移民迁置的实际时间为 17 年。其后至 1984 年为水库移民遗留问题处理初期阶段。1984 年 6 月 25 日国务院（84）国函字 102 号文下达后，丹江口水库移民工作由搬迁安置转入全面处理移民遗留问题和促进移民收入恢复阶段，开始进行库区内外移民安置区的全面建设。

丹江口水库初期建设移民按 120、124、147、152、157、159 米等高程分期搬迁安置，其中 120 米、124 米是按正常蓄水位 170 米和 175 米建设方案所要求的施工移民水位；147 米系 1964 年调整初期工程建设规模的移民水位，以后水库蓄水位数次抬升，最终的水库移民高程 159 米以下总计动迁 38.3 万人，其中湖北 23.3 万人，河南 15.1 万人。159 米水位以下的移民是根据大坝主体工程分次蓄水方案实施分期、分批搬迁安置的。

丹江口库区从地形、地质、气候、水文条件等多方面综合考虑是较为理想的建坝地址，但是淹没区原有居民人口稠密，涉及迁移人口众多，则是其不利之处。淹没区居民原本就生活贫困，劳动生产率和技术水平都很低下，组织和发展生产能力不强，这都增加了搬迁后移民适应新的生活环境，恢复生产生活的困难。这些问题显然未被当初的政策制订者纳入考虑范围之内，因此为之后数十年的移民问题埋下了伏笔。

二 丹江口河南库区移民安置：任务和困境

（一）丹江口河南库区移民安置任务

丹江口水库大坝加高工程在原有基础上加高 14.6 米，坝顶高程达到 176.6 米，大坝总长 3.45 千米，坝前正常蓄水位由 157 米提高到 170 米，相应库容达到 290.5 亿立方米，由年调节水库变为不完全多年调节水库，水库任务改变为防洪、供水、发电、航运等。

丹江口水库大坝加高工程淹没影响涉及湖北、河南两个省，其中涉及河南省南阳市淅川县 11 个乡（镇）、184 个村、1276 个村民小组、3 座集镇、178 家单位、36 家工业企业，淹没影响区土地 21.70 万亩，淹没影响各类人口 10.72 万人、各类房屋 258.37 万平方米，另外还有道路、桥梁和电力、电信、广播电视线路等设施以及文物古迹等。

河南省库区移民安置实施规划分试点移民、库区第一批移民、库区第二批移民三个批次编制，规划搬迁 168 个行政村，搬迁移民 165471 人，安置在 6 个省辖市、25 个县（区、市）、208 个安置点，规划征地 23.24 万亩（不含分散、投亲靠友移民和对外道路占地），其中新村占地 2.02 万亩、生产用地 20.46 万亩、养殖园区 0.76 万亩。

（二）丹江口库区移民安置困境

丹江口水库大坝加高工程是南水北调中线工程的关键工程，大坝加高引起的水库移民安置是南水北调中线工程成败的关键，是工程如期通水的前置环节和必要条件，既是工程建设的重要组成部分，又是关系民生、关系社会和谐稳定的重要社会经济活动。做好丹江口库区移民安置工作，对于保障工程按期蓄水、如期通水，维护移民合法权益，实现南水北调工程建设总体目标十分重要。移民过程中的问题实质表现为两个方面：一是库区移民是否能得到妥善安置？二是移民是否能得到长期稳定和发展？这两个问题既是南水北调中线工程建设者和湖北省、河南省两省人民政府在南水北调工程建设中必须面对和解决的问题，也是在移民搬迁安置基本完成后应该给出初步答案的问题。

由于丹江口水库建设历史遗留的移民问题以及大坝加高建设所处的时期，丹江口库区移民搬迁安置面临错综复杂的形势，库区移民安置不仅要解决移民历史问题与现实问题，还要面对经济快速发展时期利益分配的调整，而且，由于多次后靠搬迁，库区人地矛盾极其尖锐，经济发展水平很低，移民绝大多数从事农业生产，必须外迁农业安置，最重要的是还要面对农村社会转型和变革对村庄产生影响、移民意识形态变化、思想敏感、维权意识强等问题。所以，丹江口库区移民面临以下几方面的情况，必须认真面对，并在实践中加以解决。

一是移民数量多、时间紧、安置强度大。如果单从数量上看，丹江口库区移民人数远不及三峡工程的 130 万移民，但从完成的时间段和紧迫性看，南水北调移民工程的强度则不亚于三峡工程，更大于当年的小浪底移民工程。① 始于 1993 年的三峡工程百万移民安置进行了 17 年，而且农村移民仅 40 多万人，2010 年基本结束；始于 1991 年的小浪底 20 万移民前后花了 13 年才完成；而南水北调中线工程水源地丹江口库区 33 万移民大部分要在 2～3 年内完成。

二是新形势下农业安置调整土地难度大。丹江口水库建设初期就预备大坝加高，保障工程自流输水入京。所以，库区经济发展受到制约，移民一直是以农业为主，库区工业及基础设施投入有限，经济水平较低，交通闭塞，移民文化和非就业能力较低。为稳妥安置移民，丹江口库区移民生产安置就要以农业为主。加之库区资源限制和移民遗留问题的制约，移民安置还要以出县外迁为主。河南省 16.54 万人要寻找新的耕地资源安置是不可能的，只有调整土地资源进行安置。河南省是人口大省，也是农业大省，全省人均耕地只有 1.22 亩，不及全国人均水平。要从现有土地使用者手中调整一部分土地安置移民，是一个难题。

三是新老移民并存，遗留问题和现实问题交织在一起。此次大坝加高，既有初期工程老移民，又有大坝加高淹没产生的新移民，部分老移民搬迁过三四次，最多的搬迁六次，各方面的原因导致了老移民生产生活水平低，库区人地关系紧张、生态环境恶化、发展滞后、住房条件差等一系列遗留问题。新老移民重叠，历史遗留问题和现实问题交织，导致移民安置问题复杂多样。原移民村农转非户口、嫁、娶、添丁等要求搬迁，移民之间的私人恩怨、邻里纠纷，宗族、群体矛盾纷争，债权债务纠纷，

① 段跃芳、孙永平：《南水北调中线工程丹江口库区外迁移民安置策略探析》，《三峡大学学报》（人文社会科学版）2010 年第 5 期。

人口登记问题，辞退民师、临时工要求复职等问题都在此次移民搬迁之际爆发。同时，新老移民在安置政策、补偿标准等方面的差异容易引发"算旧账"现象。新时期移民的觉悟和维权意识不断提高，移民诉求不断增多，此次移民安置的难度前所未有。

四是处于我国各种工程移民补偿政策与标准变化较大的敏感时期。由于我国经济社会发展的需要，水利水电工程、高速公路、铁路项目等各种工程不断修建，工业和城市建设不断发展。国家对各类工程项目征地补偿政策不统一，征地补偿标准差异较大，尤其是水利水电项目的土地补偿费用，远远低于高速公路、铁路、城市改造等项目。水库移民与其他工程移民比较，容易形成较大差别。目前移民的攀比心理较为严重，维权意识强，尤其是水库移民对这种差异较为敏感，容易对国家的征地补偿与移民政策产生不公平感，甚至产生不满情绪，不利于移民搬迁工作的顺利展开。

（三）河南省配套移民政策应对安置难题

面对这样的任务和困境，需要政府在制定移民政策过程中加以考虑和提出解决的方案。移民政策的出台都是为了解决一定的移民迁安问题或是为了预防移民迁安中特定社会问题的发生。移民政策制定主体在政策上对所希望发生的行为予以鼓励，对不希望发生的行为予以处罚，从而实现对移民迁安活动的控制。因为移民迁安活动是一个复杂的系统过程，涉及不同主体，有较多的利益关系需要调整。河南省面临着任务重、时间紧、难题多的情况，因此在国家层面的移民政策的指导下，需要出台相应的地方政府层面的移民政策来切实解决河南省实际移民工作中遇到的问题。地方政府层面的移民政策是在国家层面移民政策指导下制定而成的，是地方政府具体领导移民迁安活动的行动指南，主要包括移民安置工作实施方案、移民安置优惠政策、试点移民搬迁实施方案政策、移民新村建设政策、移民后期扶持政策、移民教育政策及其他配套政策等。河南省具体移民政策详见表 8 - 1、表8 - 2、表 8 - 3。

表 8 - 1　河南省南水北调丹江口库区移民安置基本政策

政策类型	政策名称
移民安置 优惠政策	• 河南省人民政府关于《南水北调中线工程丹江口水库移民安置优惠政策的通知》（豫政〔2008〕56 号）
移民搬迁实 施方案政策	• 河南省委、省政府《关于印发〈河南省南水北调丹江口库区移民安置工作实施方案〉的通知》（豫文〔2009〕114 号） • 河南省委、省政府《关于成立河南省南水北调丹江口库区移民安置指挥部的通知》（豫文〔2009〕115 号） • 河南省人民政府《关于调整河南省移民工作领导小组成员的通知》（豫政文〔2008〕142 号）
移民新村 建设政策	• 河南省人民政府办公厅《关于进一步推进南水北调中线工程丹江口库区移民新村建设的意见》（豫政办〔2009〕11 号） • 河南省农业厅、河南省移民办《关于印发南水北调中线工程丹江口水库移民村沼气建设工作意见的通知》（豫农科教〔2010〕43 号）

表 8 - 2　河南省南水北调丹江口库区移民安置主要具体政策

政策类型	政策名称
搬迁方 案政策	• 省移民安置指挥部《关于印发〈河南省南水北调丹江口库区移民安置指挥部领导分工〉的通知》（豫移指〔2009〕1 号） • 省移民安置指挥部《关于成立河南省南水北调丹江口库区移民安置指挥部办公室的通知》（豫移指〔2009〕2 号） • 省移民安置指挥部《关于省直单位分包南水北调丹江口库区移民迁安工作的通知》（豫移指〔2009〕3 号） • 省移民安置指挥部《关于印发〈河南省南水北调丹江口库区试点移民搬迁实施方案〉的通知》（豫移指〔2009〕4 号） • 省移民安置指挥部《关于印发河南省南水北调丹江口库区移民群体性上访事件应急预案的通知》（豫移指〔2009〕5 号） • 省移民安置指挥部《关于南水北调丹江口库区移民迁安工作包县工作组有关管理问题的通知》（豫移指〔2009〕7 号） • 省移民安置指挥部《关于印发〈河南省南水北调丹江口库区第一批移民安置工作实施意见〉的通知》（豫移指〔2009〕51 号）
移民新村 建设政策	• 省移民安置指挥部办公室《关于印发河南省南水北调丹江口库区移民新村建设工程质量和施工安全管理办法的通知》（豫移指办〔2009〕21 号） • 省移民安置指挥部办公室《关于转发〈河南省南水北调丹江口库区移民新村农田水利建设实施方案〉和〈河南省南水北调丹江口库区移民新村饮水安全工程建设实施方案〉的通知》（豫移指办〔2010〕16 号）

续表

政策类型	政策名称
	• 省移民安置指挥部办公室、省环保厅《关于加快移民新村推进省级生态村创建工作的通知》（豫移指办〔2010〕16号） • 省移民安置指挥部办公室、省住房和城乡建设厅《关于印发〈河南省南水北调丹江口库区第二批移民新村工程建设先进施工、监理单位奖励办法〉的通知》（豫移指办〔2010〕103号）
住房建设政策	• 省移民安置指挥部办公室《关于印发河南省南水北调丹江口库区移民新村建设工程质量和施工安全管理办法的通知》（豫移指办〔2009〕21号） • 省移民安置指挥部办公室《关于印发〈河南省南水北调丹江口库区移民门楼院墙建设奖补办法〉的通知》（豫移指办明电〔2010〕47号） • 省移民安置指挥部办公室《关于印发〈河南省南水北调丹江口库区移民新村房屋建设招标、投标管理办法〉的通知》（豫移指建〔2009〕5号） • 省移民安置指挥部办公室《关于印发〈河南省南水北调丹江口库区移民新村房屋建设工程质量通病防治措施〉的通知》（豫移指建〔2010〕6号）
督查政策	• 河南省人民政府移民工作领导小组《关于印发〈河南省南水北调工程征迁安置工作督查办法〉的通知》（豫移〔2009〕12号） • 河南省人民政府移民工作领导小组《关于印发〈河南省南水北调丹江口库区移民安置工作督查办法〉的通知》（豫移〔2008〕9号）
奖惩政策	• 河南省人民政府移民工作领导小组《关于印发〈河南省南水北调丹江口库区移民搬迁安置奖惩暂行办法〉的通知》（豫移〔2009〕2号）

表8－3　河南省南水北调丹江口库区移民安置主要配套政策

配套政策部门	配套政策名称
省政府、 省政府办公厅、 省移民安置 指挥部	• 河南省人民政府《关于南水北调中线工程丹江口库区移民安置优惠政策的通知》（豫政〔2008〕56号） • 河南省人民政府办公厅《关于进一步推进南水北调中线工程丹江口库区移民新村建设的意见》（豫政办〔2009〕11号） • 河南省南水北调丹江口库区移民安置指挥部《关于印发省直单位支持南水北调丹江口库区移民安置配套政策措施分解任务的通知》（豫移指〔2009〕59号）

配套政策部门	配套政策名称
国土资源厅	• 河南省国土资源厅《关于印发南水北调丹江口库区移民安置配套改革措施落实方案的通知》（豫国土资〔2009〕115号）
财政厅	• 河南省财政厅《关于下达丹江口库区移民安置点专项补助的通知》（豫财农〔2009〕318号） • 河南省财政厅《关于印发南水北调丹江口库区移民安置配套政策措施落实方案的通知》（豫财办〔2009〕61号）
教育厅	• 河南省教育厅、河南省政府移民办公室《关于南水北调中线工程丹江口水库移民考生录取、教师调动等有关问题的通知》（豫教发规〔2009〕92号） • 河南省教育厅《关于印发南水北调丹江口库区移民安置配套政策措施落实方案的通知》（教办〔2009〕826号） • 河南省教育厅《关于加强移民学校管理有关问题的通知》（教办〔2009〕829号） • 河南省教育厅《关于进一步落实将移民学校纳入农村中小学校舍安全工程和校舍维修工程有关问题的通知》（教办〔2009〕998号）
民政厅	• 河南省民政厅《关于印发河南省民政厅南水北调丹江口库区移民安置配套政策措施落实方案的通知》（教办〔2009〕826号） • 河南省民政厅《关于印发河南省民政厅南水北调丹江口库区移民安置配套政策措施落实方案的通知》（豫民文〔2009〕210号）
人力资源和社会保障厅	• 河南省人力资源和社会保障厅《关于进一步做好南水北调丹江口库区移民安置工作的通知》（豫人社〔2009〕334号）
其他重要厅、局	• 河南省卫生厅《关于印发南水北调丹江口库区移民安置配套政策措施卫生工作落实方案的通知》（豫卫农卫〔2009〕17号） • 河南省水利厅《关于印发〈河南省南水北调丹江口库区移民新村农田水利基本建设实施方案〉和〈河南省南水北调丹江口库区移民新村饮水安全工程建设实施方案〉的通知》（豫水农〔2010〕10号） • 河南省环境保护厅《关于对南水北调丹江口库区移民安置村生态创建工作加强督导的通知》（豫环文〔2010〕11号） • 河南省文化厅《关于印发南水北调丹江口库区移民安置配套政策工作实施方案的通知》（豫文社〔2010〕26号） • 河南省农业厅《关于贯彻落实河南省南水北调丹江口库区移民安置工作实施方案的通知》（豫农综法〔2009〕8号） • 河南省广播电影电视局《关于做好南水北调移民新村通广播电视工作的通知》（豫广〔2009〕121号） • 河南省国家税务局《关于下发南水北调丹江口移民安置配套政策落实方案的通知》（豫国税发〔2009〕322号）

三 试点工作：政策试验和政策改进

（一）移民试点政策试验

移民政策试验是移民政策在正式推广之前，根据移民政策目标群体和移民政策适用范围的实际情况，选择具有代表性的局部地区、范围或群体，使用较少的成本和较短的时间，试行移民政策的办法。

移民工作是不断探索的历程，没有成熟的经验可以借鉴。对于丹江口河南库区移民这项重大工程，起初之时，其成功与否尚不清晰，河南省委、省政府也没有十足的把握确保工作的顺利完成，因此选择符合试验条件的地区进行移民政策试点，并在评估基础上确定是否对移民政策进行相应的改进和推广。坚持从移民群众的利益出发，是制定任何一个移民政策的根本宗旨，也是移民政策创新的一个基本特点，这是由我们党和国家的性质决定的。河南省以符合广大移民群众利益为根本进行移民试点工作，在较小经济和社会成本的条件下，实现各方利益格局的调整，让移民政策深入人心，为大批移民工作提供了理论和实践依据，减少了由于移民政策制定失误而可能引起的利益冲突和社会动荡。

南水北调丹江口移民规模大，形势复杂，政策是否可行，能否为群众所接受，移民干部队伍能否适应如此巨大的工作，都是河南省委、省政府要考虑的问题，为妥善处理好丹江口库区移民问题，加快南水北调工程建设，维护移民群众切身利益，保障库区社会稳定，探索移民安置经验，锻炼移民工作队伍，实现库区移民尽早搬迁的要求，探索新形势下移民工作的新思路、新办法，河南省提出先试点，对政策进行试验，对移民队伍进行检验，找出存在问题以及薄弱环节，进行修改完善，以利于大规模搬迁。2007年9月，国务院研究后同意先行启动库区移民试点工作。2007年10月，国务院南水北调办在北京召开移民试点工作会议，对移民试点工作进行了部署。11月下旬，河南省召开试点工作会议，对试点工作进行了安排，对移民干部进行了培训。会后，河南省移民办会同中线水源公司，组织有关市县，配合长江委设计院，完成了试点村移民实物指标复核、移民安置对接及规划设计外业工作，编制了移民安置试点规划报告。2008 年 8 月，试点规划得到国家发展和改革委员会的审批。

按照国务院南水北调办批复的移民安置试点规划，河南省移民试点涉及淅川县丹江口水库 8 个重点乡镇的 10 个移民村，移民10627 人。外迁安置区涉及南阳市的邓州、唐河、新野、社旗县，平顶山市的宝丰县，漯河市的临颍县，许昌市的许昌县，郑州市的荥阳、中牟县，新乡市的原阳县，共计 6 个省辖市的 10 个重点县（市），规划移民安置点 14 个，新村占地 1345 亩，人均 80 平方米；生产用地 13156 亩，人均水田、水浇地、园地、鱼塘 1.05亩，或旱地 1.4 亩。控制性基础设施项目确定为淅川县省道 S335线复建和小三峡大桥建设。

移民政策试点阶段是移民政策得以全面推行的基础，对于开展移民安置试点工作具有十分重要的意义。一是积累新形势下移民工作经验。通过试点发现新形势下移民安置工作的新情况和新问题，研究探索新做法，积累总结新经验，为下一步大规模移民积累经验。二是广大库区移民群众的期盼，也是解决库区移民的生产生活困难最有效的途径。三是锻炼移民干部队伍，提升新形势下移民干部队伍的素质。四是推动南水北调工程进展，通过试点工作的顺利推进，进一步推动南水北调工程整体工作的进展。移民安置试点工作降低了移民政策执行成本，有利于检测政策的可行性和有效性，并及时修改和完善，获得重要的经验和教训。

（二）"四年任务，两年完成"政策改进

为了切实有效地解决丹江口库区移民安置过程中的一系列难点问题，河南省丹江口库区移民安置各级部门在认真分析了河南省南水北调丹江口库区移民问题后提出、论证进而抉择出一系列解决方案，在政策目标的确立、方案设计、方案评估和论证、方案抉择这几个环节中处处体现政策制定的动态性、指向性、系统性和前瞻性。主要表现为政策内容系统全面且指向明确，更加细化、有针对性地解决了相应问题；政策制定过程连续动态，及时出台接续性政策和追加政策。

丹江口库区试点移民搬迁后，河南省政府移民办做了认真总结研究，然后向省委、省政府做了汇报。随后通过调研，河南省委、省政府对压力和形势进行细致分析和研究，下定决心，提出"四年任务，两年完成"。2009 年 3 月河南省人大、省政协两会期间，河南省委、省政府就丹江口库区移民迁安问题进一步深入研究，决定将丹江口库区移民搬迁安置完成时间由原来的四年调整为两年。

为了认真贯彻落实河南省委、省政府领导的指示精神，进一步加快南水北调丹江口库区移民安置进度，省政府移民办结合试点工作，充分分析河南省省丹江口库区移民的实际情况，就"四年任务，两年完成"的要求提出了初步计划：在 2008 年 8 月底完成 1.06 万试点移民搬迁安置的基础上，2009 年 9 月下旬启动第二批移民 4.3 万，2010 年 8 月底前完成搬迁；2010 年 9 月下旬启动第三批移民 7 万人，2011 年 8 月底前完成搬迁；2011 年 2 月下旬启动第四批 3.8 万人，2011 年底前完成搬迁。

这一政策的调整和改进，是在试点成功的基础上，考虑了工程的建设进度和整个搬迁进度，既在时间上给了各级政府部门非常大的安置压力，也给移民外迁安置带来许多挑战，如何有效执行这一政策，妥善完成移民搬迁安置的任务，这给各级政府部门改变传统的工作方式，在工作中进行创新实践提供了一个良好的契机。

（三）移民政策执行创新

河南省南水北调丹江口库区移民迁安工作中将党的领导在实施移民迁安工作中凸显，创造性地提出和实行了"党委统一领导、党政齐抓共管，政府分级负责、县乡政府为主体，项目法人参与"的管理体制。在整个迁安过程中真正实现了"两个转变"，即将部门工作转变为政府行为，再将政府行为转变为社会行动。

为了保障河南省丹江口库区移民迁安工作按期、高效地完成，达到"四年任务，两年完成"的宏伟目标，河南省在执行具体的移民政策时进行了政策执行组织和手段的创新。提高了移民迁安工作的组织性、纪律性和有效性。

主要表现在以下几个方面。①成立移民安置指挥部。河南省委、省政府专门成立了河南省南水北调丹江口库区移民安置指挥部，指挥部下设办公室，负责移民迁安工作的组织、协调、指导、监督检查和服务。内设综合组、协调组、建设组、督查组、宣传组、稳定组，各组工作由办公室统一协调，人员从省直有关单位抽调，实行集中统一办公。②实行省直单位分包责任制。从2009年7月开始，河南省实行了库区移民迁安包县工作责任制，省直25个厅局，均由一名副厅级实职领导干部带队，由5~7人组成工作组，分别驻扎在有移民迁安任务的25个县（市、区），驻村蹲点，一包到底。③各市、县实行市包县、县包乡、县乡干部包村包户的逐级分包制度。在移民迁安过程中，各个工作组都充分发挥了督促检查、协调迁安、政策帮扶的重要作用。④成立移民迁安组织。以"两委"班子为主体，由每个组群众推选的移民迁安代表组成移民迁安组织，开拓性地实施"双委托"制度，即移民群众委托迁安组织，迁安组织委托安置地方政府来完成具体的对接工作。移民迁安组织全程参与移民迁安的事项，具体负责安置点土地征收划拨、移民建房、搬迁和资金支付管理及监督工作，迁安组织在移民与政府之间架起一座桥梁，形成了有利于移民迁安的工作合力。这一创新性的举措减少了对接工作中的难度和工作量，提高了各方利益集团的沟通效果，切实做好了搬迁安置工作和后期扶持工作，完善的组织机制使政策优势落到了实处。

四　移民难题破解：征地补偿和安置协调

面对移民过程中遇到的诸多难题，在政策制定好之后如何有效执行，对症下药，破除难题，是移民政策执行的功能和任务。移民政策执行是将移民政策理想化为移民政策现实、移民政策目标转化为移民政策效益的唯一途径，移民政策执行的有效性事关移民政策的成败。它是将移民政策付诸实施的各种活动，并通过一定组织作为执行主体、作为依托来执行。其价值在于：一是移民政策执行是移民政策解决问题的手段；二是移民政策执行的高绩效是达成移民政策目标的坚强保障。河南省南水北调丹江口水库移民政策本身所具有的目标显著性、程序复杂性特点决定了移民政策执行是移民迁安工程成败的关键。

（一）坚持政策执行原则破解土地调整难题

河南省丹江口库区移民政策执行原则一般是指可以作为整个

移民政策体系的基础或政策依据的综合性、稳定性的原理和准则，是整个移民政策活动的指导思想和出发点，它体现移民的本质和根本价值，决定移民政策执行的统一性、连续性和稳定性，对移民政策的执行起到有效的推动作用。坚持以民为本原则，政府主导与市场机制调节相结合的原则，层次与模式选择的多样性原则，探索破解移民土地调整的难题。河南省在对以往经验总结和对安置区实地调查的基础上，大胆探索，通过"三步走"的思路，成功破解了安置区土地调整这一难题。

　　第一步：土地对接。由于外迁移民规模大、安置范围广，做好土地对接工作便成为移民外迁成功与否的关键因素。因此在安置地的筛选阶段，先由省政府及移民主管部门提出外迁安置备选区；再由设计单位对备选区进行技术论证，就土地数量、质量、地类、安置人数等各个方面对库区和备选安置地的土地资源状况进行评价。参考人均耕地面积、粮食综合单产、耕作半径三种评价指标计算综合得分，即土地资源总得分 = 调地村人均耕地面积得分 ×0.30 + 粮食综合单产得分 ×0.55 + 耕作半径得分 ×0.15，具体评价标准如表 8 - 4 所示。在土地评价基础上，综合其他评价因素，分别以迁入县、迁出乡为单位进行综合评分并排序，根据总体排序情况，考虑其位置值和容量因素提出迁入县与迁出乡的初步对接方案，由省、地市级人民政府确定最终对接方案。安置地对接成功后，移民安置指挥部就积极主动与移民新村"两委"班子进行对接，详细介绍移民新村划拨给移民的生产地块现状及耕作半径等，并将移民生产用地规划图印发给移民新村"两委"班子成员，引导他们及早谋划分地到户方案。随后是实地察看。由镇政府移民安置指挥部人员带领移民新村村干部、部分组干部、党员代表、群众代表等，对照规划图，逐地块进行实地察看，为科学制定分地方案提供第一手翔实资料。最后是解答释疑。针对移民提出的问题，依据有关文件、政策等及时给予答复。评价指标见表 8 - 4。①

---

　　① 朱春芳、颜扬：《丹江口水库农村移民安置对接方法简介》，《人民长江》2011 年第 21 期。

表 8 - 4　土地资源评价

人均耕地		粮食综合		平均耕作	
面积 （公顷）	评分 （分）	单产 * （千克/公顷）	评分 （分）	半径 * * （千米）	评分 （分）
≥0.2	100	≥15000	100	≤2	100
0.133 ~ 0.2	80	10500 ~ 15000	80	2 ~ 3	80
0.067 ~ 0.133	60	—	—	—	—
<0.067	0	<10500	0	≥3.0	0

注：＊根据村统计年报确定；＊＊根据现场查看，并结合图纸资料确定。

　　第二步：土地推磨式调整。移民生产用地调整是移民搬迁和稳定的重中之重，更是移民迁安的一大难题。河南省南水北调丹江口库区移民共调整南阳、漯河、平顶山、新乡、许昌、郑州等6 个地区的 24 个区县、107 个乡镇、438 个村、25 个单位的生产用地 19.64 万亩，工作量之大，工作难度之高，是前所未有的。

　　按照要求，移民生产用地土地调整要满足"经济发达、交通便利、区位优越、土地肥沃、集中连片"的大村安置要求。土地是农民赖以生存的根本，尤其是随着国家一系列强农惠农政策的出台和各种补贴政策的兑现，土地已成为农民群众宝贵的财富。安置地普遍土地资源紧张，大部分地方只能通过大范围内的推磨式调地解决。据统计，河南省划拨生产用地 21.17 万亩，推磨调地 225.67 万亩，移民生产用地与推磨调地之比为 1 : 10.7；在推磨调地过程中，涉及安置地群众 159.97 万人，移民与受影响群众之比为 1 : 9.7。① 该方法工作量大、难度高，当地群众意见较大，给移民安置地带来很大困难。如：试点移民中，荥阳市为移民集中调出土地 1860 亩，需涉及周边 12 个行政村，推磨式调地 2.6 万亩，涉及范围广、影响群众多，且涉及调地的当地农民也需要重新调整土地，难度可想而知。

　　经过对试点工作的总结和仔细研究，河南省移民生产用地调

---

① 河南省人民政府移民工作领导小组办公室：《河南省南水北调丹江口库区移民安置实施评价报告》。

整主要把握了以下原则：一是移民生产用地应及早划拨，同时考虑到人口变动因素，生产用地应有预留；二是生产用地和建设用地尽可能在一起或就近调整，划拨后完善手续，确定四至，栽桩定界；三是土地质量应与当地居民土地质量基本相当；四是实事求是，是水浇地就是水浇地，未达到水浇地条件的就按旱地人均1.4亩划拨；五是在广泛征求移民意见的基础上，由村级迁安组织对搬迁当年的秋作物要么统一耕作收获，平均分成，要么统一租赁承包；六是将土地补偿资金及时发放给安置地群众。在各村、组专门成立资金分配工作组，将人口确认到位，以户为单位填表由户主按指印确认，资金原则上以存折的形式发放到户。

第三步：土地划拨和分配。为保证移民搬迁后能够迅速恢复正常生产，省办针对移民搬迁时间和生产季节，明确规定必须在每批次搬迁年份的夏收前将生产用地从安置地群众中调整出来，夏收后将生产用地移交给县级移民机构，对不需要土地整理和水利设施配套的土地，县级移民机构可直接移交给移民村。9月底前将生产用地分配到户，保证移民种上小麦。生产用地调整到位后，大部分移民村按照"4＋2"工作法，将生产用地分配了到移民手中。部分未能及时分配到户的移民村，或由村集体统一耕种，或依据村民会议同意由村集体统一进行流转。

（二）明确政策执行目标破解新村建设难题

河南省丹江口库区移民政策执行的目标是通过建立和不断完善有效的政策执行体系来完成的，政策执行的总体指导思想是坚持以移民为本，按照开发性移民的方针，妥善安排移民生活问题，促进移民安置区生活稳定，为生态环境改善、经济发展、社会和谐稳定奠定基础。

《河南省南水北调丹江口库区移民安置工作实施方案》明确要求南水北调丹江口库区移民工作要以实现移民"搬得出、稳得住、能发展、可致富"为目标，以加快实施规划编制为突破口，以新村建设为主线，以调整土地为重点，加强组织领导，全面安排部署，大力宣传发动，凝聚各方力量，整合各类资源，实行分级负责，加速推进移民安置工作，努力实现和谐移民。

新村建设的难题在于移民新村建设是移民搬迁安置工作的关

键环节，事关移民群众切身利益，事关社会和谐稳定。但是在河南省南水北调丹江口移民安置实践中，这一任务却面临着距离远、时间紧、人员少、技术缺等诸多困难和问题。

第一，移民迁入地和迁出地路途相距甚远。由于丹江口库区移民大多需要县外安置，外迁安置移民最近的安置点是 20 多千米，最远的有 560 多千米，多数安置点距离库区 250 千米左右，这种远距离、大规模外迁移民建房存在交通不便等现实问题。第二，大规模外迁移民对迁入地情况不了解，对房屋材料的进料、施工队伍都不熟悉。移民间协调用工材料、施工队伍和用人确实存在许多困难。第三，库区大多数缺少建筑方面的相关知识，由移民自己监管新居建设很难监管到位，成本比较高。第四，移民自己建造房屋质量无法保证，这样一来政府必然存在后续更大的责任，会使政府与移民之间产生不必要的矛盾。第五，大规模的外迁移民导致了大规模的建房需求，要在两年内完成移民迁安工作给新村建设出了难题。第六，即使新房建好了，由于有的地方质量意识不强、监管不力，个别移民房屋出现地坪空鼓起沙、屋顶渗水、门窗缝隙较大等质量通病。

依据规划决策，河南省丹江口库区移民 16.38 万人，且需要在两年时间内全部搬迁完毕，这就意味着如此大规模的移民住房建设，需要在不到两年的时间内全部建成，保证入住。因此，河南省针对以上困境和问题，在新村建设过程中，坚持将社会主义新农村建设和移民新村建设有机结合，争取做到一次规划、一步到位，积极探索出了适合新时期外迁移民的建房管理模式。一是移民村建立了具有广泛代表性的移民迁安组织。代表全体移民管理移民村迁安事项，在新村布局、房屋造价、施工招标、房屋建设等方面全程参与。二是实行"双委托"建房模式（即移民委托迁安组织，迁安组织委托各地方政府），创建了移民自主建房的新形式。三是提高施工企业准入门槛。要求施工企业具有总承包三级及以上资质，确保房屋质量安全，维护移民合法利益。四是严格质量安全监管。强化建设主管部门的监管责任，同时，通过招标择优确定监理单位，实行 24 小时旁站监理。针对个别移民房屋后续质量出现的问题，河南在进一步抓好移民房屋建设质量的同时，全力做好移民房屋质量排查和修缮工作。省政府多次下发通知，安排部署房屋修缮工作；安排每人 300 元的房屋修缮资金，为房屋修缮提供资金保障；多次组织检查，督促各地认真做好移民房屋修缮工作，坚决避免"带病"搬迁。

（三）整合政策执行体系破解搬迁安置难题

河南省丹江口库区要解决的问题是复杂的，每一项移民政策的制定都不可避免地涉及不同公共部门之间利益的调整，各部门利益的调整就会出现不同程度的联动效应，正是河南省移民政策架构的高度整体性才保障了这种联动效应发挥出其正面导向作用。为保障移民迁安顺利进行，作为政府行为产出项的移民政策，根据不同层次的移民政策主体具有不同规格。从权利主体来划分，移民政策包括中央政策和地方政策；从内容上来看，移民政策体系又可分为总政策、基本政策、具体政策、配套政策等。河南省移民政策体系的显著层次性从纵向和横向两个维度为具体的移民迁安工作提供了纲领性文件，指明了清晰的操作方向。

不同层级政策之间相互联系，但并非"平起平坐"的关系，具有明显的主次之分。移民总政策是国家或地区带有全局性、根本性的政策，决定移民迁安活动基本方向的政策，是国家或地区从宏观层面就工程移民问题出台的谋略、法令、措施、办法、方法、条例等，是其他层级移民政策的出发点和落脚点，是其他移民政策制定、实施与评估的依据。移民基本政策是次于移民总政策而在移民迁安工程的各个领域、部门或方面起主导作用的实质性政策，移民基本政策处于移民总政策和具体政策之间，具有中介性、制约性、稳定性与变动性的统一，发挥承上启下、协调整和、倾斜扶持的作用。移民具体政策是移民基本政策的具体规定，是为落实移民基本政策而制定的具体实施细则，移民具体政策针对性强、内容详尽，能直接解决移民迁安中的利益冲突、能直接解决移民迁安中问题、能直接调节移民的公众利益。移民配套政策是为了更好地推进移民迁安工程的顺利开展而制定的辅助性政策，是围绕移民迁安工程针对其他部门或领域的措施、办法、条例等。移民配套政策是保证移民总政策、基本政策顺利实施的重要条件，也是对移民具体政策的进一步补充完善。

从移民政策体系的纵向分析，高层次的移民政策即总政策和基本政策对低层次的移民政策即具体政策、配套政策起支配作用，如河南省以中央政策为导向，依据本省实际情况，具体分析客观对象，制定出相应适合本地区的具体政策和配套政策。

因此，面对高强度的移民任务带来的搬迁安置过程中的困难，以及搬迁后如何进行生产恢复及发展，在具体的政策执行过程中，河南省建立了移民迁安机制，保证移民在搬迁安置过程中的权益，同时维护在搬迁过程中的社会稳定。整个移民迁安机制包括五个具体的工作机制。

一是建立高效权威的移民指挥工作机制。为确保"四年任务，两年完成"目标如期实现，河南省委、省政府明确了移民迁安工作，实行党委统一领导，政府分级负责，县、乡政府为主体，项目法人参与的管理体制。将移民迁安工作纳入市、县、乡各级政府目标管理，移民任务不能按期完成或出现重大失误的，实行一票否决。河南省委、省政府专门成立了河南省南水北调丹江口库区在移民安置指挥部，各有关市、县也都成立了高规格的指挥部或领导小组，党政"一把手"亲自挂帅，分管领导现场指挥，为移民迁安提供了坚实的政治基础和组织保障。

二是建立责任明确的移民分包工作机制。为了充分发挥各级各部门的职能作用，加大移民迁安工作实施力度，确保移民迁安任务的圆满完成，从2009年7月开始，河南省实行了库区移民迁安包县工作责任制，河南省直25个厅局，均由一名副厅级实职领导干部带队，由5~7人组成工作组，分别驻扎在有移民迁安任务的25个县（市、区），驻村蹲点，一包到底。各市、县实行了市包县、县包乡、县乡干部包村包户的逐级分包制度。明确了分包工作组在移民迁安工作中督促检查、协调迁安、政策帮扶的职责。提出了"队员当代表，单位做后盾，领导负总责"的工作方针。从移民迁安包县工作开展以来，25个省直包县工作组认真履行职责，为丹江口库区移民迁安工作的顺利完成做出了重要贡献。

三是建立政策集成的移民帮扶工作机制。在移民迁安工作中，河南省移民安置机构一方面认真贯彻落实国家有关移民迁安政策，另一方面又坚持大力帮扶，将各项支农惠农资金和新农村建设资金向丹江口库区移民倾斜，放大移民安置政策效应，努力将移民新村建设成为社会主义新农村建设的示范村。河南省委、省政府印发了《河南省南水北调丹江口库区移民安置工作实施方案》（以下简称《实施方案》），明确了河南省直有关部门和有关市县的帮扶职责和具体任务。河南省直 36 个厅局按照省委、省政府《实施方案》的要求，在项目、资金、政策、技术等方面积极开展移民帮扶工作，直接帮扶移民资金 20.92 亿元，向移民安置区倾斜支持达 50 亿元。河南省直有关单位积极响应省委、省政府的号召，全力支持移民迁安工作。各地也按照河南省委、省政府的统一安排，积极出台优惠政策，整合支农惠农资金，倾力支持移民。

四是建立快速高效的移民新村建设工作机制。

五是建立平安和谐的移民搬迁工作机制。

移民问题历来就是世纪难题，在世界各国水库移民过程中都出现过许多难以解决的问题，在我国历史上许多大中型水利水电工程也遗留下不少移民难题，河南省南水北调丹江口库区在移民安置过程中也有很多移民难题，在顺利实现了"四年任务，两年完成"的宏伟目标后，这些难题都初步得到了很好的解决，这与河南省在移民搬迁安置过程中的各项政策创新与各级移民部门实施政策的方式方法创新有直接关系。在以后的移民工作中需要延续这一创新思维，继续开拓进取才能解决移民工作面临的新问题。

五　河南库区移民探索的经验

水库移民问题涉及政治、经济、社会、人口、资源、环境、工程技术等多个领域，是一项庞大复杂的系统工程。水库移民问题的解决，直接关系到移民的切身利益，关系到库区的发展，关系到社会的和谐稳定。

河南丹江口水库移民搬迁安置正处于经济社会高速发展的时期，与传统的计划经济时期不同，新时期下政府与市场的关系如何协调，如何既保证移民生活水平不低于搬迁前并有所提高，同时又保证工程的顺利实施，是一项复杂的问题。河南省能够短时间内妥善处理其中的利益分配，真正做到了"四年任务，两年完成"，其中有许多经验值得借鉴。

（一）运用"双引擎"发挥政策执行有效性

河南省丹江口库区移民政策并不是一项独立的政策，它是指在一系列环境政策中各种相关政策的集合体，这就决定了作为一个政策体系出现的河南省丹江口库区移民政策的执行就要比其他单一政策的执行更复杂，它要解决将多项相关政策协调统一的问题，表现为相关政策目标的协调，相关政策的执行原则协调等。河南省丹江口库区移民政策执行体系有效运行的基本架构主要包括：移民政策执行目标、移民政策执行原则、移民政策执行"双引擎"。河南省丹江口库区移民政策执行的引擎主要有两方面。

第一，以政府为主导，表现为命令控制的政治引擎。政府依靠其强制力以命令控制的方式发布其在移民迁安方面的主张和具体实施其有关的政令，在河南省丹江口库区移民迁安过程中起主导作用。河南省委、省政府将丹江口库区移民安置工作提上政府的重要议事日程，自上而下地由各级政府组织落实，落实可靠的管理体系。

第二，运用市场机制，以经济激励为表现的经济引擎。河南省丹江口库区移民政策的总体目标是实现移民"搬得出，稳得住、能发展、可致富"，移民政策执行是以保障移民顺利搬迁为总方向，与经济活动结合的一种特殊政策执行活动。因此，它不仅有政治方面的目标，还有经济效益方面的目标。按照政策执行的基本方法论"原则－利益"分析，运用市场经济的激励手段保障移民迁安工作的顺利完成对实现 16.5 万移民的后续生产发展、生活改善，以及提高河南省地方经济发展必然产生正面导向作用。但在目前的移民政策实施过程中，市场机制运用较少。

（二）整合资源实现政策执行体制集成管理

河南省在南水北调丹江口库区移民的迁安过程中，不断创新社会管理方式和手段，成立了移民迁安指挥系统，建立了移民迁安组织，实行了省直单位分包，营造了强大的宣传动员氛围，创建了全程监督与专项监督相结合的监督管理体系。将政府和社会力量有机结合起来，对移民工作的各个组成部分进行有序地组织、协调和有力地监督、控制。协调了社会关系，规范了社会行为，促进了社会公正，应对了社会风险，保持了社会稳定。

集成管理是一种效率和效果并重的管理模式，它突出了一体化的整合思想，管理对象的重点由传统的人、财、物等资源转变为以科学技术、信息、人才等为主的智力资源，通过提高管理机构的知识含量，提高信息传输的效率，激发知识的潜在效力，形成协调、统一、灵活的管理系统。集成管理是一种全新的管理理念及方法，其核心就是强调运用集成的思想和理念指导管理行为，也就是说传统管理模式是以分工理论为基础的，而集成管理则在分工的基础上，突出了一体化的整合思想。

成立高规格的一体化移民迁安指挥系统，保障移民安置管理系统化。为切实做好河南省南水北调丹江口库区移民安置工作，如期完成"四年任务，两年完成"的总体部署。河南省委、省政府成立了一个高规格的河南省南水北调丹江口库区移民安置指挥部，对丹江口库区移民迁安工作进行统一部署。

精心组织，强化细节，将任务逐级分解，明确到最末端。各级都成立了移民搬迁指挥中心，形成了指挥有力、协调到位、运转高效、保障有力的移民搬迁指挥体系。在搬迁前，提前制订了详细的工作预案和操作流程，具体分解为46个关键环节，对待年老体弱、临产孕妇、高危病人等特殊群体，逐一进行登记造册，有针对性地制定具体措施。

建立能够代表移民意志的移民迁安组织，参与实施管理。河南省在丹江口水库移民迁安过程中，坚持尊重移民的意愿、尊重移民知情权的原则，创造性地建立了具有广泛代表性的移民迁安组织。移民迁安组织以村"两委"班子为主体，每个村民小组推选一批群众基础好、社会威望高、懂工程、会管理的农村能人作为成员参与其中。移民迁安组织代表全体移民管理移民村迁安事项。

实行了省直单位分包的责任管理制度。为了保证丹江口库区移民迁安工作的速度与质量，河南省深入研究移民迁安的管理实施办法，全省实行了省直单位包县工作责任制。从河南省25个厅局抽调130多名干部组成工作组，由一名副厅级领导干部带队进驻有移民迁安任务的 25 个县（市、区），包县驻村，依靠当地党委、政府和基层组织，一包到底，全程协调，督导库区移民迁安工作，并将工作延伸到相对应的库区乡（镇），直至移民搬迁安置结束。

营造强大的宣传动员氛围，保障政策透明和深入人心。河南省丹江口库区移民宣传工作紧紧围绕水库移民迁安的重要新闻事件跟踪报道，通过构建媒体通联网络，与各级各类媒体建立稳固合作关系，及时把库区工作重点、宣传报道计划通报国内主要新闻媒体，通过媒体全面深入地宣传报道河南省水库移民工作。不断更新宣传内容，宣传国家和省移民相关政策法规，解读移民补偿、补助、安置、建设等方面的政策，使广大移民群众真正了解南水北调工程建设的伟大意义，由被动的"要我搬"变成了主动的"我要搬"，彻底扫除了移民搬迁的思想障碍，为整个移民工作的顺利进行营造了浓厚的舆论氛围。

创建全程监督与专项监督相结合的监督管理体系。河南省委、省政府按照南水北调安置政策的要求重视监督管理，在保证政府有效监督的基础上，突出移民群众的监督，形成了全程监督与专项监督相结合的监督管理体系。全程的监督管理体系是由政府成立的省、市、县、乡各级指挥部和审计监察部门共同组成的监督组织体系，对移民安置规划和后期扶持规划进行全过程的监督，对安置点优化整合、安置对接、土地调整、移民新村建设、移民后期扶持等进行全方位的监督。

构建信息报告制度，保障决策信息畅通、及时、全面、准确。集成管理重要的手段就是信息收集和传递，只有信息及时、全面、准确，做出的决策才能够准确，采取的措施才能够及时、有效。河南省丹江口库区移民行动在实施过程中，通过完善的管理体系，建立了全面、系统的信息制度，以省指挥部为信息中枢，及时收集、处理和发布信息。构建了指挥部逐级信息报告制、信访及处理制度、包干情况汇报制度、监理与监测评估信息制度、应急处理制度，利用现代通信和计算机技术，构建信息传递和处理系统，保障信息及时、全面，决策及时、准确，处理及时、正确，保障了和谐、平安移民安置。

（三）多层次有机结合创新安置社区治理机制

根据实践做法，可以将河南省南水北调移民安置社区治理建设分为两个阶段，一是搬迁建设工程中的社区治理建设，二是移民安置稳定下来后的社区治理建设。

搬迁安置时期社区治理建设具体内容可概括为五个方面。

一是宣传机制。移民"天下第一难"，难点之一是移民的思想工作难做。为了让移民进一步加深对政府政策的理解与支持，消除移民的心理障碍，加大宣传力度，营造浓厚的"大移民、大搬迁"社会舆论氛围，河南省构建了强有力的宣传机制，具体包括：一是成立完备的宣传组织；二是拓宽宣传形式，构建了一体化的宣传网络；三是强化宣传工作方法；四是创新宣传模式，出台了"四统一、五公开、六到户、八对比"的人性化宣传模式；五是广大移民干部进村包户，解疑释惑，宣传移民政策和法律法规，化解矛盾和纠纷。

二是移民迁安机制。为解决"信任危机"，适时建设"移民迁安组织"，推出"双委托"机制：移民委托迁安组织，迁安组织委托当地政府建房。实施过程中，坚持"六个统一"，即统一征地、统一规划、统一标准、统一建设、统一搬迁、统一发展；严把"五道关口"，即招标投标关、市场准入关、材料进场关、监测检验关、竣工验收关；实行"四位一体"，即政府监督、中介监理、企业自控、移民参与；落实"三项机制"，即每月一次互督互查，关键时间节点评比奖惩，搬迁前省、市、县三级验收，通过层层把关，严格监管，建立完善的质量监督体系，使移民新村建设质量始终处于受控状态。

三是移民权益保护机制。对于移民权益的保护，河南省建立了相应的移民权益保护机制，通过建立奖惩分明的移民监督工作体系来加强对移民权益的保护。

四是公民参与机制。南水北调移民的参与机制包括：信息发布及公开、公众参与调查、信访、申诉诉讼等，确保移民能够表达自己的意愿和利益诉求，并保证及时答复或解决问题。

五是信访稳定机制。实行落实到个人的目标责任制。按照"属地管理""谁主管谁负责"的原则，层层签订移民信访工作目标管理责任状，落实责任到人。完善水库移民矛盾纠纷排查化解工作制度，组织库区和移民安置区及时开展移民矛盾纠纷排查化解工作，使农村各类不稳定因素能够被及时收集获取，群众的诉求能够及时得以化解调处，从而及时将各类不稳定因素消除在萌芽状态。推行"大信访"工作格局，落实挂销号制、领导包案制、督查督办制、集中会诊制等七项制度，确定地方政府"一把手"是移民维稳第一责任人。科学合理地制定各类应急预案，畅通移民信访渠道，并把维护社会稳定工作纳入全省移民工作目标管理，逐级签订目标责任书，明确各级信访稳定任务，切实维护好移民群众的合法权益。构建畅通的移民信访渠道，建立信访信息报送和重大信访事项报告制度。各市移民机构每月月底前向省办信访办公室报送受理群众来信来访情况；本辖区发生的重大信访事项，须于24小时内报省办信访办公室，不得迟报、漏报、瞒报。建立领导接访和包案处理重大信访问题制度，对重大问题明确领导接访和包案处理。

移民安居后，能否稳定发展生产是关系移民能否长治久安的关键，而移民新村社区治理又是这一关键问题的关键。所以，移民搬迁安置后，河南省移民办立即将工作重心转入社区治理和生产发展工作中。尤其是2012年以来，河南省移民办按照省委提出的农村"双基双治"，即抓好基层、打好基础，一手抓法治、一手抓德治，在移民村管理上进行了积极探索。先后组织人员外出调研考察，专程赴京向中科院陈祖煜院士请教，并成立了以陈院士为组长的河南省移民社会管理创新课题组，积极与省社科院联系，邀其组成专家组提供智力支持，同时广泛征求基层群众干部意见，最后精心设计了一整套移民村社会管理创新方案，即在村"两委"领导下，建立健全"三会一中心"模式，实行民主管理，实现基层党组织与村民自治的有机统一。这种模式是"4+2工作法"基础上的简化，简便易行，操作性强，群众普遍欢迎。

河南省在实施南水北调中线工程丹江口库区移民中，进行政策整合和资源整合，实事求是、因地制宜、有效地解决了移民难题，但也隐含一个问题就是土地调整问题。举全省之力和政府效力，调整了大量土地资源，有效地解决了"土地需求"和"土地供给"矛盾，但实际调整过程还是困难重重，政府强制大于"群众自愿"，在"移民做出牺牲和贡献"思想下，调整土地被安置区原居民接受，但随着深化改革、产权明晰和保护、市场经济深入发展，这种模式是不可复制的，在一定时期、一定区域土地资源条件下可以作为地方政策执行，但上升到国家政策，政策的适应性和延续性值得进一步研究。

第九章
城乡一体化下移民安置的挑战和机遇

一 城乡一体化对农村社会、经济的影响

(一) 生产方式

新中国成立以后,我国实行严格的城乡分割的二元体制,农村通过农产品统销统购制度、人民公社制度和户籍制度三大手段强有力地支持城市,也因此造成了农村的普遍贫困和发展滞后。改革开放以后,农产品统销统购和人民公社制度都逐渐被废除,户籍制度虽然被保留了下来,但其对于农民的约束和限制作用也大大削弱了。随着我国开始统筹城乡发展,城乡一体化进程不断推进,这些变革为农村的生产方式带来了巨大变化。

生产方式是指社会生活所必需的物质资料的谋取方式以及生产过程中形成的人与自然、人与人之间的相互关系。物质内容是生产力,社会形式是生产关系。物质生活的生产方式制约着整个社会生活、政治生活和精神生活的过程。

城乡统筹对生产方式的影响广泛而深入,最突出的特点就是农村生产方式的多样化。随着城乡统筹的推进,农村逐渐摆脱了单一的封闭的经济发展方式,传统经济增长方式下,以农为生的温饱型经济和农村内部市场的狭小规模都只能维持缓慢的发展节奏,可以推动农村经济腾飞的条件很少,而且缺乏抵御经济风险的能力。[①] 城乡一体化背景下,首先,人口流动变得自由,国家

---

① 余文学、范云:《城乡统筹背景下的水库移民安置方式》,中国水利水电出版社,2010,第 192~193 页。

取消了对于农民迁徙的限制，给农民生产方式的转变提供了机会。在允许农民进城之后，我国农村大量剩余劳动力得以进入城市。2014 年我国的常住人口城镇化率为 53.7%，户籍人口城镇化率只有 36% 左右，① 按照我国总人口 13.67 亿②计算，则有 2.4 亿农民成为城市与农村之间的流动务工人员。这种人口的流动既满足了城市发展巨大的劳动力需求，也为农民提供了农业之外的务工收入。而实际上，这部分务工收入在农民总收入中正占据着越来越大的比重。其次，农业现代化水平不断提高。现代化水平体现在两个方面：一是科学技术在农业生产中的运用，机械化、自动化在农业中不断推广，不断开发新型优质农作物品，大大提高了生产效率和产量；二是农业经营模式和组织模式呈现多元化的局面。家庭农场、农业大户、专业户、合作社等新兴组织不断涌现，种植模式也逐渐向集中化和高附加值的方式演变，不断探索农业增收创收新模式。同时，农村的土地和劳动力与城市的资金相结合，成立农业公司等经营实体成为城乡资源配置结合的一种新模式。

（二）土地制度

我国宪法规定土地实行国家所有和集体所有两种所有制形式。"城市的土地属于国家所有。农村和城市郊区的土地，除由法律规定属于国家所有的以外，属于集体所有；宅基地和自留地、自留山，也属于集体所有。国家为了公共利益的需要，可以依照法律规定对土地实行征收或者征用并给予补偿。"同时，《土地管理法》规定："中华人民共和国实行土地的社会主义公有制，即全民所有制和劳动群众集体所有制。全民所有，即国家所有土地的所有权由国务院代表国家行使。任何单位和个人不得侵占、买卖或者以其他形式非法转让土地。土地使用权可以依法转让。国家为了公共利益的需要，可以依法对土地实行征收或者征用并给予补偿。""任何单位和个人进行建设，需要使用土地的，必须依法申请使用国有土地"；"建设占用土地，涉及农用地转为建设

---

① 《国家新型城镇化规划（2014～2020 年）》。
② 国家统计局官网，http：//data. stats. gov. cn/easyquery. htm? cn = C01。

用地的，应当办理农用地转用审批手续"。而至于土地的补偿标准，《土地管理法》规定：征收耕地的补偿费用包括土地补偿费、安置补助费以及地上附着物和青苗的补偿费。征收耕地的土地补偿费，为该耕地被征收前三年平均年产值的 6~10 倍，每一个需要安置的农业人口的安置补助费标准，为该耕地被征收前三年平均年产值的 4~6 倍，土地补偿和生产安置补助的上限不得超过年产值的 30 倍。大中型水利水电工程建设征收土地的补偿费标准和移民安置办法，由国务院另行规定。《大中型水利水电工程建设征地补偿和移民安置条例》规定：大中型水利水电工程建设征收耕地的，土地补偿费和安置补助费之和为该耕地被征收前三年平均年产值的 16 倍。

这些法律规定实际上也是城乡二元结构下的产物，是城乡二元结构在土地制度上的具体体现。对于农村的土地，其关注重点仍旧在于农业用途。关于国家在征用农村集体土地的补偿方面，规定较为模糊，且浮动空间很大。然而，在中国城市化的快速推进过程中，征地规模越来越大，伴随而来的是相关的巨大利益。因此，征地问题一直是全社会关注的焦点之一。

在过去，对于农村土地的补偿一直采用土地年产值的倍数作为赔偿标准，在城乡一体化的大背景下，这种补偿标准渐渐暴露了许多问题，比如年产值标准不统一、同地区不同用途的征地价格不一致，渐渐不能适应现今的征地工作，因此才出现了新的补偿计算方法。在国土资源部 2010 年下发的《关于进一步做好征地管理工作的通知》中规定：全面实行征地统一年产值标准和区片综合地价。制定征地统一年产值标准和区片综合地价是完善征地补偿机制、实现同地同价的重要举措，也是提高征地补偿标准、维护农民权益的必然要求，各类建设征收农村集体土地都必须严格执行。对于新上建设项目，在用地预审时就要严格把关，确保项目按照公布实施的征地统一年产值标准和区片综合地价核算征地补偿费用，足额列入概算。建设用地位于同一年产值或区片综合地价区域的，征地补偿水平应基本保持一致，做到征地补偿同地同价。

除了土地补偿费用的计算方法发生变化之外，许多和土地相关的政策也在不断发生变化。2015 年中央一号文件中指出："建立兼顾国家、集体、个人的土地增值收益分配机制，合理提高个人收益。完善对被征地农民合理、规范、多元保障机制。赋予符合规划和用途管制的农村集体经营性建设用地出让、租赁、入股权能，建立健全市场交易规则和服务监管机制。依法保障农民宅基地权益，改革农民住宅用地取得方式，探索农民住房保障的新机制。"① 同时，国家对农民对于土地的权利也做出了更明确、更具体的规定。2013 年中央一号文件指出："全面开展农村土地确权登记颁证工作。健全农村土地承包经营权登记制度，强化对农村耕地、林地等各类土地承包经营权的物权保护。加快包括农村宅基地在内的农村集体土地所有权和建设用地使用权地籍调查，尽快完成确权登记颁证工作。农村土地确权登记颁证工作经费纳入地方财政预算，中央财政予以补助。各级党委和政府要高度重视，有关部门要密切配合，确保按时完成农村土地确权登记颁证工作。"② 十八届三中全会上通过的《中共中央关于全面深化改革若干重大问题的决定》中提道："坚持农村土地集体所有权，依法维护农民土地承包经营权，发展壮大集体经济。稳定农村土地承包关系并保持长久不变，在坚持和完善最严格的耕地保护制度前提下，赋予农民对承包地占有、使用、收益、流转及承包经营权抵押、担保权能，允许农民以承包经营权入股发展农业产业化经营。"

可见，在城乡一体化的大背景下国家为了维护农民的权益和农业的稳定发展，围绕土地相继出台了众多法规政策，而土地制度上的变革也将对农村以及农民的生活产生重要影响。

（三）社会结构

农村社会结构是指一定农村社区中的不同行动主体围绕农业生产和日常生活所结成的相互关系的模式。通俗地说，是该农村

---

① 中共中央、国务院：《关于加大改革创新力度加快农业现代化建设的若干意见》。
② 中共中央、国务院：《关于加快发展现代农业进一步增强农村发展活力的若干意见》。

社区中不同的人们是怎样联结在一起的。① 改革开放以来，一系列政治经济领域的变革对农村的社会结构产生了巨大的影响。

首先是农村人口群体呈现异质化的趋势。在过去传统城乡二元结构下，"农民"人数虽然有 9 亿之多，然而却有着高度统一的特质特征。由于其从事的职业均为农业，身份则是人民公社的"社员"，同一公社中的社员每天从事同样的工作，服从集体统一指挥和安排，遵循同样的生产作息规律。同时，由于人口流动被限制，与外界的交流很少，农民的生活习惯、衣食住行都趋向一致。尤其是在过去中国农村普遍贫困的大环境下，可以说，9 亿多农民可以凝结成一个简化的符号，他们拥有共同的发展需求、共同的利益关切。随着城乡间壁垒的逐渐消除，农民开始拥有更多自主选择的权利。在农业生产领域，农民在自家的承包地上可以自主选择种植的农作物种类、规模、方式；在农业生产之外，农民可以自由选择外出务工的地点，从事的职业等。同时，在市场经济条件下，允许按劳分配与按生产要素分配并存的分配制度，这就使得农民可以根据自身拥有的生产要素，如资金、技术、企业家精神等获得收入。这些自主权利使得农民群体内部开始出现分化，在就业方式、收入水平、居住地点、家庭结构等各个方面都表现出差异。这就意味着，原来同质化的农村已经呈现异质化的趋势，随着城乡一体化的不断深入，这种异质化的程度也将越来越明显。

其次在于农村管理治理方式的变化。过去中国农村基层组织实质上是政府在农村的"代言人"，具有全面和合法管理经济的功能，政府组织是唯一自主的要素，非政府组织和个人只能是政府组织的附属物，政府组织对非政府组织、组织对个人是一种命令与服从的关系。伴随着政治改革的步伐，政府组织的职能部门和管理方式发生了变化，从行政上直接管理经济的职能部门功能减弱，用经济杠杆和法律手段对经济进行宏观调控的职能部门的功能相应加强；由于政府将微观经济管理的权力交还给农民，由

---

① 谭明方：《论农村社会结构与农村体制改革》，《中南民族大学学报》（人文社会科学版）2005 年第 1 期。

此出现了所有权与经营权的分离，在一些地区经济组织和社会组织蓬勃兴起，利用中介力量进行间接经济管理或操纵其他事务活动。[①] 市场经济条件下，村级治理的主要角色不再依靠单个的"能人模式"，而是掺入了更多经济利益。村庄治理从能人规则转向利益关系规则，村庄的权威从德高望重的长者转变为经济能人，经济越来越成为影响村庄治理秩序的重要因素。[②] 同时，伴随着城乡一体化，劳动力得以自由流动、人才得以自由流动，导致近年来农村的青壮年劳动力大量涌向城市，受过良好教育的高素质人才也都选择留在城市中就业，使得留在农村的人口无论是在劳动能力还是受教育水平上都比较低下，农村的"空心化"日益严重，这也就使得基层缺乏高素质、能力强的领导者。农村的凝聚力大大减弱，社会结构松散。

（四）产业转移

产业转移是指资源禀赋结构或市场需求环境发生变化后，某些产业从一个地区或国家转移到另一地区或国家的一种经济过程。[③]而城乡产业转移则是指城市产业转移到农村，是产业在城乡重新布局的过程。广义上，城乡产业转移的路径不仅包括产业从城市到农村的转移路径，也包括产业从大城市到中小城市的转移过程。[④]

城乡一体化中，为了统筹城乡发展，需要给农村注入发展的原动力，因此工业将逐渐从城市转移到城市郊区和广大农村，即产业转移。产业转移一方面可以带动农村落后地区的发展，另一方面也是实现地区产业结构调整和升级的重要途径。

许多国家也正是沿着这样的路径实现了城乡一体化的目标。比如法国在 20 世纪中期明令禁止在巴黎、里昂、马赛三大城市以及东部、北部的老工业区新建和扩建工厂，并且通过一系列优

---

① 李爱：《新时期我国农村社会结构变迁研究》，《东岳论丛》2004 年第 5 期。

② 余文学、范云：《城乡统筹背景下的水库移民安置方式》，中国水利水电出版社，2010，第 190 页。

③ 任金玲：《价值链分割生产、不完全转移与我国的产业转移》，《中国科技论坛》2011 年第 10 期。

④ 陈明生、康琪雪：《我国城乡产业转移的路径研究》，《新疆社会科学》（汉文版）2010 年第 1 期。

惠政策鼓励巴黎等大城市的工业企业向外地搬迁或者新建工厂。韩国则在 20 世纪 70 年代和 80 年代分别提出"新村工厂"和"农村工业园区"的计划，发展农村工业企业。[①] 在我国，城乡之间在劳动力成本、工业化程度、土地存量、技术水平存在巨大差异，这为城乡之间的产业转移、产业持续转移和升级提供了广阔的地理空间。农村具有劳动力优势、资源优势和工业化、城镇化的空间，城市又具有高端技术、人才、资金等现代生产性服务业优势。城乡一体化的提出会加速产业转移的步伐，而产业转移反过来又会促进城乡一体化的进程，二者相互作用，相互促进。目前，我国的产业转移正在快速发生，2005～2010 年，中西部地区接收的省外资金增长了 2.5～12.8 倍不等。其中，2010 年安徽、四川、广西承接的省外资金分别高达 6864 亿元、5336 亿元、3491 亿元，分别是其 2005 年的 8.6 倍、7.5 倍、8.4 倍；2010 年，仅广东、上海、浙江、福建四省市转出的产业产值就在 14000 亿元左右，这些在一定程度上说明当前我国的区域之间承接产业转移进入高速增长阶段。[②] 而我国的产业转移，在东部向中西部和城市向农村这两条路径上同时发生，相互交叉，相互渗透。产业的转移也必将对我国的农村产生重大的影响。

（五）城乡关系

在传统的城乡二元体制中，虽名为"二元"，实有主次之分。城和乡的地位不对等，国家通过工农产品剪刀差不断从农村获得剩余支持城市。城市和农村地位的不平等，体现在个人身上，就是城市居民和农民之间待遇的不平等。城市居民享受完备的教育、医疗、就业、养老等一系列的服务，农民则无法拥有。在生活基础设施方面，城市的交通、通信、水电设施也都远远优于农村地区。我国的改革开放虽然肇始于农村地区，但不久后改革的中心便从农村转向城市，因此城市与农村的差距在日益拉大。数

---

① 白永秀、王颂吉、鲁能：《国际视野下中国城乡发展一体化模式研究》，中国经济出版社，2013，第 41～62 页。

② 孙浩进、樊欣：《我国产业转移的现状分析、模式构建与政策支持》，《河南师范大学学报》（哲学社会科学版）2013 年第 2 期。

据显示，近年来，我国的城乡居民收入比长期维持在 3∶1 左右，远高于世界平均水平。图 9 - 1 给出了我国 1985～2013 年城乡居民收入变化。从图中可以发现，城乡之间收入水平差距有不断拉大的趋势。

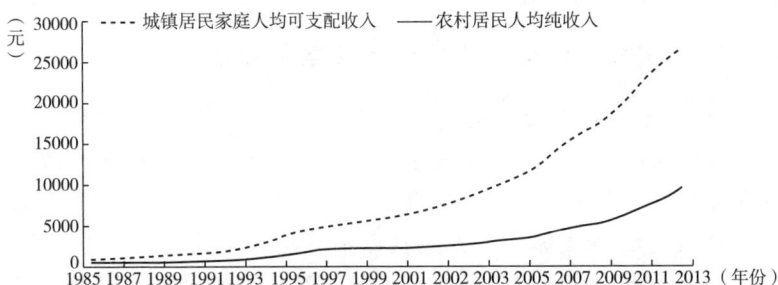

图 9 - 1　1985～2013 年我国城乡居民收入差距

资料来源：国家统计局官网，http：//www.stats.gov.cn。

我国社会主义的本质要求和根本目标是实现共同富裕，城乡如此巨大的差异显然与我国的社会主义制度背离，因此传统的城乡关系亟须改变。

在城乡一体化协同发展的理念下，中央开始逐渐把目光的焦点投向农村。进入 21 世纪以来，中央政府对涉及农业、农村、农民的"三农"问题高度重视，中共中央在 2004～2015 年连续十二年发布以"三农"为主题的中央一号文件，强调了"三农"问题在中国的社会主义现代化时期"重中之重"的地位。党的十七大报告提出"我国总体上已进入以工促农、以城带乡的发展阶段，进入加快改造传统农业、走中国特色农业现代化道路的关键时刻，进入着力破除城乡二元结构、形成城乡经济社会发展一体化新格局的重要时期"。党的十八大报告进一步指出："加快完善城乡发展一体化体制机制，着力在城乡规划、基础设施、公共服务等方面推进一体化，促进城乡要素平等交换和公共资源均衡配置，形成以工促农、以城带乡、工农互惠、城乡一体的新型工农、城乡关系。"国家对农村实施"多予少取"的政策，在废除延续了几千年的农业税的同时，每年不断加大对农村的财政投入，仅在 2008～2013 年，中央财政"三农"累计支出 4.47 万亿元，年均增长 23.5%。建立健全的种粮农民补贴制度和主产区利益补偿机制，补贴标准逐年提高，覆盖范围不断扩大，补贴资金从 2007 年的 639 亿元增加到 2012 年的 1923 亿元，新建改建农村公路 146.5 万千米，改造农村危房 1033 万户，解决了 3 亿多农村人口的饮水安全和无电区 445 万人的用电问题。①

二 城乡一体化对水库移民安置的挑战

（一）利益主体复杂化

水库移民工作是一项系统工程，过程涉及移民的搬迁、移民安置以及后期的生产生活恢复众多环节，而在各个环节之中，又牵涉众多的利益主体，其中包括政府、项目业主、农村基层组织、移民个人，移民的迁出地、迁入地等。这些利益主体都有着各自的利益诉求，而这些利益诉求之间实际上是一种多方的博弈关系，其中必然存在矛盾与冲突。在城乡一体化的背景下，由于政府对农村的管控减弱，生产要素可以自由流动，移民意愿表达渠道的拓宽，单靠过去的行政指令已经无法调解这种矛盾，这就给移民安置工作带来了挑战。

政府和项目业主都希望工程能够顺利推进，移民安置尽快实施，并且保证社会稳定。同时地方政府和项目业主分别出于财政支出和项目成本的考量，希望尽可能降低移民安置费用。然而移民出于自身生存发展的需要，必然要求更多的补偿。在市场经济和法治社会的要求下，政府无法强制实施方案，而必须和农民进行协商沟通。而一旦这种沟通协商失败，无非两种结果，要么政府妥协，则工程将陷入停滞，要么政府强行移民，则必将引发巨大的社会风险，影响社会稳定。

基层组织作为政府与农民之间的连接体，既要完成上级布置的任务，又要充分倾听农民的诉求并向上级反馈，在过去很长一段时间内，其组织能力强，行政效率高。然而城乡一体化下，由于人口外流，农民生产生活方式发生改变，我国农村的基层组织力量大大减弱，丧失了过去对于村民强有力的组织力和约束力，

---

① 《十二届全国人大一次会议上政府工作报告》。

因此能够发挥的作用很有限，常常处于"两头不讨好"的境地。

移民迁入地区也是一个重要的利益主体，由于需要接纳大量的外来人口，势必会对当地居民造成影响。外来人口的到来必将分享原本属于当地居民的资源，包括耕地、住房、就业机会等。同时，如果两地方言、风俗等差异较大，还有可能造成文化冲突。

移民工作本身的复杂性，加之社会在不断发展中产生的多元化，使得移民涉及的利益主体越来越复杂，而如何调节各方之间的利益诉求，成为对新时期移民工作的一大挑战与考验。

（二）移民诉求多元化

新中国成立后的很长一段时间里，由于实行人民公社式的集体生产方式，农民都是公社中的一员，因此没有独立的个体经济利益，决策过程参与的愿望不强、机会不多。改革开放以来，随着人民公社的解体，以及市场经济的发展，农民在经济上有了很大的自主权，农村各种类型的经济蓬勃发展，农村家庭经济结构产生了变化。经济领域的变化深刻影响到社会领域的变革，首先，社会结构从同一性向异质的多样化转变，从职业、所有制结构、经济来源等方面都从过去单一的模式向多元化发展。其次，农村的社会结构从封闭走向开放，农民有更多的机会生活在城市中，社会流动加强也体现着这一特点：农民向第二、三产业流动，农村人口向城市流动，体力劳动部门向脑力劳动部门流动，从低级简单工作向技能型、专业型岗位流动。[①] 肖平和秦朝钧的一份关于龙滩电站的调查显示：移民选择回农村的占 2/3；有28% 选择在县城和城镇安家，只有不到 5% 的外出户选择留在大中城市。这反映了现阶段只有33%左右的农民就业收入实际或预期达到城市化实现条件或能力，而更多的人尚处于需要增加收入用于盖房、支付子女教育费用、提高生活水平的层面。在对承包地的处置方式上，77% 选择了自耕或亲友代耕，8% 出现抛荒，

---

① 余文学、范云：《城乡统筹背景下的水库移民安置方式》，中国水利水电出版社，2010，第193页。

只有13%以租让等形式实现了土地经营权的流转。①

移民诉求呈现多元化趋势也为移民安置工作带来了挑战。有的移民希望得到更多的一次性货币补偿，有的希望获得土地仍旧从事农业，有的希望借助移民的契机搬迁到外县、外市甚至外省，有的则安土重迁不愿远离家乡；有的看重当下的经济利益，有的则重视日后的发展机遇。不同个人、群体对于就业、土地、医疗、教育等方面的关切程度都呈现差异。这就需要政府采取多种安置方式相结合的安置方法，然而并不是所有的移民要求都能满足，政府也有自己的局限和制约因素，以有土安置为例，这是我国广泛采用的一种安置方式，优点是资金需求少，农民接受程度高，社会风险小。但是由于我国的人均耕地大约为1.5亩，不足世界平均水平的40%，在水电项目集中的云贵川地区，人地矛盾更为突出，因此，在这样的情况下，如果仍旧要大规模地实现有土安置，会引起当地居民的反对，而且如此小的耕种规模也不利于移民生活水平的提高。

因此，城乡一体化条件下，移民有着多样化的诉求，政府既需要适应这种变化，然而同时也不得不受制于实际情况，有时候就会引发矛盾，如何破解这个难题，是对移民安置工作的一个新的挑战。

（三）市场化下移民成本增加

市场经济下，一切生产要素都可以参与收入分配，并且形成了自发的要素市场，行政干预逐步减少，这大大提高了资源的配置效率。市场经济的概念也不断深入人心，并且在人们生活的方方面面发挥着作用。经济利益成为指导人们行为决策的首要因素。水库移民工作也不得不面对这样的变革趋势。在改革开放以前，国家在征地建设的时候，虽然也有法律对补偿做出了规定，但往往都没有执行，由于整个社会政治热情高涨，农民甚至愿意无偿拿出自己的土地。而在改革开放初期，国家征用农民土地虽然会给予补偿，但是补偿标准都很低，而且随意性较大，但是农民的权利意识、经济意识也比较淡薄，较低的补偿标准也不会引

---

① 肖平、秦朝钧：《城市化背景下中国水电移民安置的政策选择——以龙滩水库为例》，《长江流域资源与环境》2010年第4期。

起社会问题。随着市场经济的建立，农民越来越意识到土地的价值以及自身的权利，国家也相继颁布了相关的法律法规来保障农民的土地权益。无论是"承包关系长久不变"的规定还是对农村土地的确权工作，都强化了农民与土地之间的联系，使得土地在某种程度上成为农民的"财产"，农民也越来越会从"市场"的角度去看待自己的土地，使得国家在征地时的成本越来越高。而现行的水库移民征地的土地补偿费标准则无法体现这种市场化的趋势。第一，土地管理法和国务院 471 号令关于土地补偿费标准存在不一致，前者规定最高不超过 30 倍，后者则规定为 16 倍，而政府则往往不会给到最高的标准，这种规定上的不一致导致了农民的不满。第二，在同一地区内，与同样征用农民土地的其他工程比如高速公路、铁路等相比，水库移民的土地补偿费是最低的。在市场经济条件下，同样的土地却获得不一样的补偿，这也是移民不满的原因之一。第三，由于现阶段有的地区对于土地补偿费已经开始依据区片综合价进行补偿，补偿费用和用年产值计算得到的费用往往又不一致，因此农民希望采用更高的标准。

　　与土地补偿费的增加一样，市场经济下安置补助费、青苗补助和地上附着物补助、房屋的补偿、由于征地搬迁造成的个体工商企业的停产损失、专业项目补偿等，较过去有了大幅度增长。

　　这些费用的增长，就导致了移民投资占工程总投资的比重越来越高。比如，在贵州乌江流域三个不同时期建设的索风营、思林、沙陀三座电站中，移民占工程总投资的比重分别为在 3.17%、13.54%、26.5%，上升幅度明显；而 2003~2011 年华电集团在西南三省份已建成投产的 6 座电站的实际移民投资占工程总投资的比例在 7.44%~31.82%，平均值为 23.35%。这种投资的上升也就导致了移民投资超概呈普遍现象，据 2003~2011 年华电集团在西南三省份已建成投产的 6 座电站指标分析出实际移民投资均超过科研阶段移民投资概算，超概幅度在 27.54%~265.07%，平均值为 83.07%，移民投资超概幅度远高于电站总投资超概幅度。①

――――――――――

① 程念高、王应政：《水电开发与移民安置共赢模式研究》，安徽人民出版社，2015，第 30 页。

三 城乡一体化带来的水库移民安置机遇

(一) 公共服务更加完善

1. 基础设施改善

我国农村地区的道路交通、电力供应、通信网络等基础设施远远落后于城市，而在我国水利资源集中的广大中西部地区，尤其是云、贵、川三省的农村，由于本身自然条件较为恶劣，地区经济发展水平较低，因此基础设施更为落后，基础设施的落后同时也进一步限制了这些地区的经济发展。基础设施的完备程度是一个地区社会发展水平的重要指标，影响着社会发展的各个方面。水库移民能否在完成迁移后实现生活水平的提升，基础设施是很重要的一个因素。然而政府财力有限，往往在搬迁后没有能力再去配套基础设施，于是不仅给移民的日常生活造成了不便，也为生产发展设置了障碍。

然而，城乡一体化给移民地区的基础设施改善提供了契机。随着国家财政向农村倾斜，农村地区的基础设施将大大得到改善。生产方面，通过在农村修建公路车站等交通基础设施以及网络通信设施，可以构建城乡统一的物流体系，实现农村与城市资源的快速流通，城市中的先进技术和产品进入农村，农村丰富的资源、农产品可以更便捷地进入城市；要让生活基本服务覆盖到所有农村地区，让农民享受到水、电、天然气等现代生活服务。在农村地区，兴建医院、学校、社区活动中心、文化站等场所设施，解决移民群众"看病难""上学难"的问题，丰富移民文化生活。同时，城乡一体化鼓励社会资本投向农村建设，允许企业和社会组织在农村兴办各类事业，这就使得农村基础设施的建设不完全依赖于政府，而是向社会资本开放，在实现农村事业发展的同时，也为城市资本提供了新的去处。

2. 社会保障完善

移民的社会保障问题也一直是关注焦点。当前的移民安置方式，按照是否给予土地可以划分为有土安置和无土安置。对于无土安置的移民，则在征地后失去了原有的生活来源，政府应当提供就业就会，或是将移民纳入社会保障体系，而即便是有土安置，在当前中国很小的耕作规模下，也难以获得足够的收入。作为现代国家的公民，这些移民也应该享受到社会保障服务，但过去同样由于中央和地方财政能力有限的原因，为全体移民提供社会保障有较大的难度。由于社会保障问题没有得到妥善解决，部分移民在失地后失去生计，陷入贫困，只得不断上访乃至引发群体性事件。因此，建立完善全面的社会保障体系势在必行。

建立全面的社会保障体系也是城乡一体化的重要内容，十八届三中全会提出要建立更加公平的可持续社会保障制度。《中共中央关于全面深化改革若干重大问题的决定》提出要推进农业转移人口市民化，逐步把符合条件的农业转移人口转为城镇居民；把进城落户农民完全纳入城镇住房和社会保障体系，把在农村参加的养老保险和医疗保险规范接入城镇社保体系；加强农村社会保障体系建设，提供优质的社会公共服务。为此，政府部门应在切实完善"农村最低生活保障制度、'五保'供养制度和临时救助制度"的基础上，健全新型农村养老保险制度和新型农村合作医疗制度。同时，努力提供优质的社会公共服务，要让贫困地区的农民也能够享受到社会发展带来的优越成果。[1]

（二）优化就业结构拓宽增收渠道

库区移民在完成搬迁后，迫切需要解决的就是生计问题。如何使移民获得稳定的收入，保证生活水平迅速恢复并逐步提高，是地方政府必须考虑的问题。在有土安置模式下，虽然移民仍旧可以从事农业，但是小农化的经营模式难以获得更高的收入，从而丧失了更好的发展机遇；而在无土安置下，移民虽然脱离了土地，但是由于自身受教育水平不高、专业技能缺失以及受当地经济水平限制等原因，除非选择外出到大城市务工，否则也难以获得稳定生计。总的来说，移民的就业结构单一，收入偏低，同时也缺乏稳定性。

城乡一体化的推进为解决移民就业提供了机遇。首先，随着产业转移，众多工厂企业，尤其是劳动密集型的企业，纷纷来到

---

① 李全喜：《新形势下农村劳动力转移对农村反贫困的助推与挑战》，《农村经济》2014年第2期。

农村地区，他们的到来，不仅能够为当地创造 GDP 和税收，同时也能够为当地提供大量的就业机会。其次，产业的转移带来的是人气的聚集，大量的企业可以发挥中心辐射的作用，吸引周边人气，带动小城镇的发展，从而带动餐饮、商贸、娱乐、住宿等服务行业的繁荣发展，同时又能够吸收一部分移民就业。

同时，在引导部分移民进入第二、三产业就业之后，也为农业的发展提供了更好的机遇。现代化农业不需要过多的劳动力，而是需要规模化的土地、先进的种植技术和现代管理方式。第二、三产业的移民将闲置的土地流转出去，集中到一起，从而能更规模化经营，提高农业的效率。同时，移民也可以自发地成立合作社等组织，统一种植，统一销售。也可以用自己的土地入股，与城市的资本成立农业公司，不仅可以在公司上班获得工资收入，也能凭借股份取得分红。

城乡一体化不仅为移民创造了新的非农就业机会，也为仍旧从事农业的移民开拓了经营方式，使得收入更加多样，更加稳定。

（三）加速移民与当地社会融合

社会融合是个体和个体之间、不同群体之间或不同文化之间互相配合、互相适应的过程，并以构筑良性和谐的社会为目标。作为外来人口的移民群体，进入城市后如何实现与城市生活相互融合，一直是城市研究的经典命题。[①] 作为水库移民，同样也面临着这样的问题。而实际上，水库移民与当地的融合进行得并不是十分顺利，由于语言、风俗、职业、收入水平等原因，移民与当地居民之间存在一些障碍与隔阂，移民与当地居民的交流较少，其活动和交往范围仍旧局限于移民群体，移民也遭受不同程度的排挤和歧视。总的来说，移民在新环境中属于弱势群体、边缘群体，这种身份、地位上的差距不利于移民的生产生活，甚至可能引发移民的负面情绪，爆发与当地居民的冲突。而在城市化进程中，城市和农村人口的相互流动也越来越频繁，这也就不可

---

① 任远、邬民乐：《城市流动人口的社会融合：文献述评》，《人口研究》2006年第3期。

避免地涉及城乡人口的融合问题，尤其是进城农民的社会融入问题。由于进城农民总体上受教育水平低，缺乏专业技能，在城市中往往从事繁重的体力劳动，工资水平低，因此在城市中也遭受着各种歧视。同时，由于户籍制度的限制，进城农民在子女教育、医疗、社会保障等方面都遭受着不公等待遇。这些差异都影响着他们的身份认同和社会融入。

城乡一体化的重要内容之一就是要消除农民和市民的地位差异，打破城乡固有隔阂，促进城乡居民更好地融合，这也就为水库移民融入新的社会提供了机遇。首先，通过消除制度上的歧视，水库移民可以拥有和当地居民一样的身份，成为当地社会的一分子，无论是在子女上学、看病，还是在社会保障，企业招工等方面都享受同等的待遇和福利；其次，通过对移民进行职业技能培训，提高自身素质，让移民可以在当地充分就业，从而实现经济地位上的提升，也有利于消除对移民的歧视；最后，移民生产方式的改变、就业结构的多样性也能够使移民跳出传统的封闭狭小的农业圈子，更多地接触并融入社会。

四　现行水库移民政策应对新形势的不足

我国的水库移民工作从新中国成立以来历经了半个多世纪，移民政策伴随国家的经济社会发展的变化，也在不断地发展。总体来说，随着相关法律制度的不断完善，国务院及有关部门的政策法规的相继出台，移民工作正在变得越来越规范。同时，随着城乡一体化不断推进，市场经济的不断发展，农民的生产方式也发生了巨大变化，伴随而来的是自身维权意识的增强。现代社会媒体技术的发达，拓宽了移民获取信息和表达意见的渠道。现行水库移民政策体系虽然总体上为移民工作提供了保障和操作依据，但是面对新的形势，仍在存在一些不足。

（一）市场作用不突出

十八届三中全会指出要转变政府职能，使市场在资源配置中起决定性作用和更好地发挥政府作用。这不单单是对经济体制改革的要求，同时也适用于社会的方方面面。当前社会经历快速变迁，在移民工作上，政府和移民部门同样应当适时转变职能，转变角色，多发挥市场自身的作用。

现行移民政策体系下，政府仍旧是一切工作的决策者和指挥者，制定政策时仍旧过多沿用过去的行政指令思维，市场的地位和作用没有凸显，政策与时代的发展出现脱节。比如在制定水库移民的征地补偿标准上，仍然局限于农地年产值倍数的计算方法，其结果往往较低。在市场化程度越来越高的大环境下，虽然土地在性质上仍属集体所有，但是随着国家规定"土地承包关系长久不变"，农民也视土地为自己的财产与资源，对于农民而言，周边土地被征用为城市改造，如高速公路、铁路的等建设时的补偿标准就是自己土地的"市场价格"，当发现水库移民的土地补偿明显低于"市场价格"时，自然会引发不满情绪。再比如，国家为了扶持移民后续的生产生活，对大中型水库移民实行后期扶持的政策，后期扶持中就包含有生产经营类的项目扶持。然后政府在建立这类项目的时候，往往出于完成指标的目的，没有对市场进行充分考察调研，也没有了解当地移民是否具备经营该项目的能力与技能，匆匆上马项目。由于移民缺乏经营管理的能力，移民机构又缺乏对项目相应的指导和监督，这些项目往往难以为继直至失败。同时，由于项目的报批审核手续复杂，流程较长，而市场则瞬息万变，如此长的时间跨度往往会错失市场机会，等到上马之时往往已经过时。这样一来，不仅浪费了国家宝贵的资金，也耽误了移民的生产恢复，使移民错过发展良机。

（二）移民参与程序不完善

移民作为整个移民工作的对象，应该是开展所有工作围绕的核心，移民的利益诉求应该得到合理的表达，在移民政策中应得到体现。然而在现行政策框架中，尽管提倡移民参与，但移民参与程序不完善，导致移民参与程度低，作为移民安置重要文件和实施依据的移民安置规划在实施中不断变更，导致摩擦、矛盾和冲突。在政策制定过程中几乎没有移民参与，在规划和实施中，也没有建立移民信息反馈的合理通道和监督机制。对于已经制定的政策，移民只能选择接受，没有协商讨论的余地，移民处于极其被动的不利地位。首先体现在补偿标准上，无论是土地补偿费、安置补助费还是对于房屋、地上附着物、青苗等的补助，都是政府单方面进行测算，而不考实际情形中对于移民的真实损失。其次是在安置方式的选择上，政府也是单方面制定方案。由于移民的结构已经发生较大变化，每个人的社会网络不同，对未来的发展有着不同的预期，因此对于移民安置方式有着不同的要求，然而，这些诉求都不能影响到方案的最终制定。村集体组织作为农村的自治组织，本应该充分代表农民的利益，作为农民集体代表和政府及业主进行协商，这样也能充分凝聚农民的力量，更好地表达农民诉求。然而在实际中，农村基层组织涣散，难以有效组织村民，同时受到上级政府的压力，也无法代表农民发声。因此，无论是通过移民个人还是集体，农民的意愿都无法得到表达。而政府这样的决策，从短期角度来看，似乎使移民工作简化，缩短了前期工作时间，省去了与农民协商的麻烦与周折，但是从长远角度看，却为日后的诸多问题埋下了隐患。由于安置方案没有考虑移民的真实意愿和需求，移民一旦出现经济困难、生活不便或者社会无法融入等问题时，仍然会去寻求政府，而到那时再去解决问题，时间成本、经济成本、风险成本，都会大大增加，对政府造成更大的负担。

（三）社会公平体现不足

十八大报告提出"要让广大农民平等参与现代化进程、共同分享现代化成果""实现发展成果更多更公平惠及全体人民"，表明新时期国家开始更加关注社会公平问题，这不仅是全面实现小康社会的要求，也是社会主义制度的本质目标和根本要求。水库移民作为社会中的一个特殊群体，也应该享受社会公平带来的好处和机遇。然而在现行水库移民政策下，仍旧存在较多的不公平因素。公平意味着消除歧视，消除不平等的对待。现行政策下，这种不公平首先体现在移民与移民之间，同样的土地，被征收用于不同的项目建设，补偿标准往往会有很大的差距，损害了水库移民的权益，这不能仅仅用移民的攀比心理来解释。国家对于土地的用途不同，但是失地农民遭受的损失是相同的，补偿标准的不一显示了这种不公平。其次体现在移民与非移民之间。移民失去了土地，也就失去了生活来源与保障，国家理应将移民纳入社会保障体系之中，解决移民日后养老、就医的问题。同时，也应该提供给移民平等的就业就会，由于移民本身教育水平低、缺乏专业技能，政府应该对失地后移民进行专业培训，增强其就业择业的能力与范围。而在现行政策中，并不能做到或者完全做到。

总的来说，由于水库移民本身来自农村，且大多位于经济欠发达地区，一些地区自然条件恶劣，交通不便，原本的生活水平就处于低下水平，本就应该享受国家更多的支持，为了水库建设失去土地以后，面临着更加困难的生存局面。现行政策对于移民的考虑和关怀仍旧不够，需要政策、资金、体制等多方面帮助移民解决困难，摆脱贫困。

（四）移民"特殊化"

由于历史原因，长期以来，水库移民一直作为一个特殊群体存在。国务院专门颁布了《大中型水利水电工程建设征地补偿和移民安置条例》（国务院令第471号）和《国务院关于完善大中型水库移民后期扶持政策的意见》（国发〔2006〕17号）等政策文件指导水库移民安置工作。这些专门制定的政策虽然体现了有关部门对于水库移民的关注，却也造成了水库移民群体的特殊化现象。这种特殊首先体现在移民与其他失地农民之间，同样是征收土地，被征收用于不同的项目建设，补偿标准却相差很大，国家对于土地的用途不同，但是失地农民遭受的损失是相同的，补偿标准的不一体现出了不公平，自然会引起移民的不满；同样是失地农民，水库移民的补偿政策里就包含后期扶持，而一般的失地农民则没有。其次体现在移民与社会其他成员之间。移民首先是国家的公民，是整个社会的成员。国家在开展移民工作时，首先应该把移民与其他社会群体统一对待。十八大报告提出"让广大农民平等参与现代化进程、共同分享现代化成果"，"实现发展成果更多更公平惠及全体人民"[①]，表明新时期国家开始更加关注社会公平问题，这不仅是全面实现小康社会的要求，也是社会主义制度的本质目标和根本要求。这就要求国家对移民群体与其他

---

① 《中共中央关于全面深化改革若干重大问题的决定》。

大众进行统筹发展规划。比如在修建公路、桥梁、电力、自来水等基础设施时，不应局限于使用移民资金，而是把移民所在社区纳入城市的基础设施建设规划之中。在社会保障方面，也该将移民与非移民一视同仁，使用各级政府用于全社会社保的专项资金，把移民纳入社会保障体系当中，而无须专门在移民费用中增加社保的费用。

同时，水库移民政策上所体现的"移民特殊化"也使得水库移民愈发成为一种标签，甚至由于误解与冲突造成"污名化"的现象，容易滋生对立与隔阂，更加不利于移民与当地社区居民的融合。水库移民本身来自农村，在城乡一体化的进程中也急需融入城市，而身背"水库移民"的标签却更加容易遭到歧视。

水库移民的特殊化，不仅仅损害了移民的利益，引发移民因不公平待遇而造成的不满与抵触情绪，也给政府和移民工作部门造成了额外的工作负担和压力，增加了行政成本，使得工作变得更为复杂与困难。

第十章
水库移民政策创新构思

　　水库移民实践和历史经验告诉我们：水库移民是一个连续不断的社会现象，只要有水库建设活动，我们不能消除水库移民社会现象，就有可能出现水库移民问题；我们无法凭借一个模式或方案彻底解决问题，但可以找到更好的解决原则和程序；水库移民政策的创新应该是"化解水库移民问题"，使之去"身份"的社会过程，而不是固化"水库移民问题"，使其成为"特殊身份"的社会过程。

　　政策创新的动机和目标是解决政策问题，对水库移民问题来说，要解决问题不是哪一个方案更有效，而是哪一个原则和程序更适合解决这个问题。水库移民政策创新要立足于现实的实际需求，对新情况、新问题进行科学分析，对原来政策进行完善和改进。党的十八届四中全会明确提出："坚持法治国家、法治政府、法治社会一体建设"，"完善行政组织和行政程序法律制度，推进机构、职能、权限、程序、责任法定化"，"建立健全行政裁量权基准制度，细化、量化行政裁量标准，规范裁量范围、种类、幅度"，"把公众参与、专家论证、风险评估、合法性审查、集体讨论决定确定为重大行政决策法定程序"。这些改革精神和方向，给水库移民政策创新思考提供了方向、逻辑起点和政策创新边界。

一　构建依法移民基本框架

　　水利水电工程移民（以下简称移民）是工程建设的关键环

节，也是一个难题，工程能否顺利建设和发挥效益，取决于移民安置是否成功。移民问题是政府和社会关注的热点、焦点问题。全面推进依法治国是国家治理的深刻变革，是党和国家在新时期的历史选择，是国家治理走向现代化的必由之路。在依法治国要义下，依法行政是依法治国的重要内容和关键体系之一。在移民"政府领导，分级负责，县为基础，项目法人参与"管理体制下，作为政府如何"领导"移民工作，如何"分级负责"完成移民安置，在依法行政要求下，依法移民既是依法行政的重要内容，也是新时期移民工作的迫切需求，同时也是对移民管理部门能否适应时代需求、合法行使行政权力和治理社会的考量。在现行法律法规下，进一步梳理移民实施参与主体的责权，厘清依法移民合法化逻辑，梳理、明晰依法移民现实环境，对比移民安置目标，廓清实施困境，对于推进依法移民，促进移民工作，具有指导实践意义，对完善大中型水利水电工程移民安置政策具有参考价值。

（一）依法治国背景下移民行政管理面临的挑战

1. 依法治国推行进程

伴随着市场经济体制改革和完善，对依法治国的认识和实践逐步提高和深入。依法治国是基于改革开放实践和历史经验的抉择，是治国理念的重大转变。市场经济体制的确立，带来意识形态变化、利益关系变化、国家和社会关系变化、核心价值观念变化，诱致社会个体化和社会组织多元化、利益主体多元化以及行为方式随机化，社会风险加剧，对国家治理方式提出挑战。依法治国是随着市场经济深入发展，回应社会治理需求而提出的。1997年中共十五大首次提出了"依法治国是党领导人民治理国家的基本方略"，并将其写入党章。1999年召开的九届全国人大二次会议又将其写入宪法。2007年10月，党的十七大强调"全面落实依法治国基本方略，加快建设社会主义法治国家"。2013年11月，十八届中央委员会第四次会议通过《中共中央关于全面推进依法治国若干重大问题的决定》。2014年10月23日习近平总书记在中共十八届四中全会第二次全体会议上的讲话指出："我们提出全面推进依法治国，坚定不移厉行法治，一个重要意图就是为子孙万代计、为长远发展谋。"法治开始实现从"国家管理"转变为"国家治理"的必由之路和长远发展战略。

2. 依法行政的新内涵

法治是人类政治文明的重要成果,是现代社会的一个基本框架。新时期,党和政府构建了清晰的依法治国内涵和要求,那就是依照体现人民意志和社会发展规律的法律治理国家,而不是依照个人意志、主张治理国家,国家的政治、经济运作、社会各方面的活动统统依照法律进行,而不受任何个人意志的干预、阻碍或破坏。

政府是权力运行关键部门,依法治国赋予了依法行政新的内涵,那就是行政机关必须根据法律法规的规定设立,并依法取得和行使其行政的权力,对其行政行为的后果承担相应责任的行政权力运用过程。行政管理是国家社会治理的主要手段,也是国家政治目标实现的重要手段,是依法治国的重要内容。依法行政要求:健全依法决策机制,把公众参与、专家论证、风险评估、合法性审查、集体讨论决定确定为重大行政决策法定程序。这就要求政府机关在行政实施中必须改进以往"管理"思想,围绕新的要求改进工作方法、方式,同时对各级政府及其职能部门的行政能力提出新的挑战。

3. 依法治国背景下移民工作面临的挑战

依法治国和依法行政是伴随着社会经济制度变革和完善、执政理念的转变、社会观念的更新、利益关系的调整等一系列深化改革而推进的,这些改革必然对移民工作提出诸多新挑战,加之在改革进程中始终没有解决好政府和移民、市场和政府的关系,无论是政策还是实施管理体制都没有理顺,移民问题始终是困扰水利水电工程建设的关键。围绕市场经济的土地制度深化改革,农村土地产权确权、登记,势必将农民土地权利意识和期望提高,征地补偿政策实施将面临新挑战;深化改革会触及各种利益主体的利益,会引发各类矛盾,对社会稳定构成威胁,也给移民安置实施管理带来新的挑战;小康社会、精准扶贫全面推进,对移民安置和后期扶持原则、标准以及移民可持续发展能力的要求提高,给移民安置方式和后期扶持方式带来新的挑战;社会和谐、公平、公正等价值观，带来移民思想活跃和对移民政策认知的多样化，甚至带来对移民政策合理性、合法性、适应性质疑，对移民政策宣传、实施带来新的挑战；依法行政内在要求对移民管理机构体系建设、机构合法性以及移民干部政治、业务素质提出更高的要求，从而对移民机构依法管理提出新的挑战。移民安置工作涉及经济、社会、政治、技术等多个领域，本来就面临复杂、多变的环境条件，加之新的挑战，使移民行政管理任务更加艰巨和困难，从另一方面也反映了依法移民的必要性和迫切性。移民机构是政府行政的"窗口单位"，依法移民是政府依法行政的"前沿"，而且，现实经验告诉我们，水利水电工程移民领域是一个社会不稳高风险领域，依法移民必须稳妥推进。

（二）依法移民的新内涵

1. 早期依法移民的思想

依法移民源于三峡移民和经济转型。从文献角度来分析，依法移民最早提出是在三峡移民安置高峰时期，当时提出的问题导向及目的是面对复杂的三峡移民工作，以及经济转型出现的移民问题，呼吁要有明确的法律和严格地贯彻执行，依照法律进行移民，通过法律法规保障移民顺利，也提出了依法保护移民合法权益的思想，从法制途径解决移民问题。[①] 尽管 1991 年国家颁布了《大中型水利水电工程建设征地和移民安置条例》（国务院令第74 号），1993 年国家颁布了《三峡工程建设移民条例》（国务院令第 126 号），但两个条例的颁布时间均是在经济体制由计划经济向市场经济转型前，颁布的目的是强调"妥善移民安置"和"保障工程顺利实施"。国务院 74 号令是"为加强大中型水利水电工程建设征地和移民的管理，合理征用土地，妥善安置移民"，国务院 126 号令是"为了做好长江三峡工程建设的移民安置工

---

① 宋光仲：《依法移民与强化审判的几点思考》，《四川三峡学院学报》1999 年第 15 期；郭运发、张成太：《论依法保护移民主体合法权益中的六个关系》，《四川三峡学院学报》1999 年第 15 期；蒋从伦：《依法移民与规范移民》，《中国三峡建设》2000 年第 10 期；任延平：《从法治角度探讨三峡工程农村移民问题》，《重庆三峡学院学报》2003 年第 19 期。

作，保证三峡工程的顺利进行，促进三峡库区的经济发展"。主要是通过法制建设，强制实施移民，同时也强调政府对移民的责任。1992年10月召开的十四大提出了"经济体制改革的目标是建立社会主义市场经济体制"，1993年全国人大八届一次会议上，"社会主义市场经济体制"被写进宪法，1993年11月召开的十四届三中全会通过了《中共中央关于建立社会主义市场经济体制若干问题的决定》，确立由计划经济转向市场经济，围绕市场经济的经济体制改革迅速在全国推进。经济体制的转型和迅速推进，围绕市场经济的利益关系调整势在必行，利益主体多元化、利益关系直接化，使得以三峡工程为代表的移民实施面临复杂的环境条件，出现很多问题，产生了很多争议，移民继20世纪80年代中期"遗留问题"凸显后，现实问题再次成为社会热点、焦点，引起了移民管理部门和学者的关注和研究。三峡工程移民条例在广泛调查基础上，根据社会经济形势进行了修改，2001年以国务院299号令重新颁布，立法目的也修改为"为了做好三峡工程建设移民工作，维护移民合法权益，保障三峡工程建设，促进三峡库区经济和社会发展"。"维护移民权益"和"保障工程建设"成为移民工作的双重目标。国家移民条例也在"形势倒逼"下，于2006年以国务院471号令重新颁布，立法目的也修改为"为了做好大中型水利水电工程建设征地补偿和移民安置工作，维护移民合法权益，保障工程建设的顺利进行"。立法目的的变革，使移民管理部门的职责和角色也发生了根本性改变，由"国家利益至上的管理者"，转变为具有"行政"职能的"利益主体的协调者"。2017年4月根据社会经济发展形势，对移民条例进行了修订，以国务院679号令重新颁布。

    2. 依法行政下依法移民的新内涵

    按照新时期依法治国的战略要求和依法行政内涵，依法移民被赋予广泛的内涵，既包含水利水电工程移民国家立法、政府授权、移民管理部门行使权力、国家和社会监督权力，又包括国家赋权（向业主和移民授权）、移民管理部门依法维护移民权益、组织移民安置实施、协调业主和移民利益以及为业主和移民提供服务等。依法移民既包含维权（移民），也包含维稳（社会），同时也包含促进区域社会经济发展（移民与区域协调发展），因而，其合法化与其他行政事务单一的部门相比，复杂性和复合性特征明显。

（三）依法移民合法化逻辑

1. 依法移民合法化逻辑的含义

合法性是人类进入政治社会的一个基本命题。[1] 依法行政的逻辑起点也是行政的合法性，但合法性的概念在学术界以及现实社会中，都是存在争议的，比较一致的认可是合法性获取隐含了正当性保障，依法行政在取得合法性同时，正当性意味着政治秩序价值的认可，即对"强加的制度"自愿性遵从，是权力执行和服从问题。[2] 因此，依法移民是政府移民管理部门权力获取和执行的合法性、行政程序合法性、行政结果的满意度的统一。在我国现行政治和行政体制下，依法移民合法化逻辑就是政府移民管理部门合法设立、受权和行使权力，保障移民权益实现，促进移民和区域协调发展，从而实现移民管理的"合法化"和"正当化"。

2. 移民管理部门设立和受权

移民是因水利水电工程征地而失去家园和土地等生产资料的人的重新安置活动，包括三个主体和三个核心任务。三个主体：政府、业主和移民；三个核心任务：征地损失影响补偿、移民安置规划和移民安置组织实施。根据现行移民管理体制，政府对移民行政管理受权应该包含三个方面：一是领导移民工作；二是保护移民权益，对移民安置负责；三是具体组织实施管理，保障移民安置和工程建设顺利开展。从"政府领导、分级负责"来看，依法移民应从中央、省级和县级移民管理部门三个层次来理解。从中央层面来看，依法移民就是政策供给、实施程序和过程监管的全面社会治理事务；就省级层面来看，依法移民包括遵照国家有关法律法规，结合省情进行地方"立法"，或针对某一具体工

---

① 王青平、范炜烽：《从合法性认同到正当性保障：基层政府民生为本理念的变迁之向》，《领导科学》2016年第1期。

② 西蒙：《正当性与合法性》，《世界哲学》2016年第2期。

程制定"政策",依法开展移民安置规划审批、下级行政权力监督和移民权益维护等事务;就县级移民管理部门来看,依法移民是根据中央和省政策,具体组织实施政策和移民安置,是依法行政的具体实施,其既包括移民行政、利益协调、下级权力监督和移民权益维护等事务,也包括移民安置组织实施和后期扶持政策实施等事务。

移民部门行政目的是依法履行水利水电工程征地补偿、安置移民、后期扶持等过程中的审批、实施、维权、监督、服务等职责,既要保障移民的合法权益,又要保障工程顺利建设。移民行政主体依法确立、受权及行政目标来源于国家移民法律法规《大中型水利水电工程移民征地补偿和移民安置条例》(1991年国务院74号令、2006年国务院471号令),从立法程序上其部门和权力的"合法性"是毋庸置疑的。

3. 依法移民合法性的逻辑

依法移民合法性理论渊源来自"依法治国"下的"依法行政"。依法行政所蕴含的行政合法化逻辑,本质上是通过要求行政活动符合法律,使行政获得形式"合法律性"。由于法律具有民主正当性,符合法律的行政便在这个意义上得到了政治意义上的合法化。① "依法行政是围绕行政权力的运行而形成的一个逻辑进程,具有内在的逻辑结构,包括逻辑缘起、逻辑进路、逻辑目标三个单元。"②

我国的现行政治体制表明,依法行政的逻辑起源是"执政为民",即政府权力来自人民权力转让,政府的权力和职责由人民代表大会确立。依法移民的逻辑起源必须厘清以下问题:一是水库移民活动中,移民有哪些权力;二是我国政治、社会和经济体制下,移民向政府转让哪些权力(从另一个方面来说,就是政府可以拥有哪些权力);三是政府如何受权。总体上就是

① 王锡锌:《依法行政的合法化逻辑及其现实情境》,《中国法学》2008年第5期。

② 张渝田、熊宇:《论依法行政的逻辑结构》,《四川师范大学学报》(社会科学版)2015年第4期。

说政府以什么样的合法组织机构和哪些范围拥有什么样的移民的行政管理权力。

在移民活动中，社会、经济以及政策环境是一个不断发生变化的动态过程，移民活动中利益相关者的利益以及利益诉求也是一个动态变化过程，政府在行使权力时，必须适时、合理地"裁量"，才能够保证权力行使的合理性。因此，依法移民的逻辑起源既包含"合法性"，又包含"合理性"，只有二者协调一致，才能够保证依法移民的实施。依法移民是一个动态过程，除了依法受权，按照权力清单静态规范行政外，还需要考虑动态过程中"自由裁量"的利益权衡和行为规范，维护区域社会稳定，保障移民安置有序推进，保障移民权益和推进工程建设。这个动态过程通常通过包括移民行政管理的方式、程序、时限和监督等来规范和制约各级移民管理行政行为，使行政行为更加规范、透明和合理，使行政权力行使既在"权力清单"范围内合法，又在"现实环境"中合理"裁量"，这便是依法移民的逻辑思路。也就是说在现实中，依照什么具体路径来实施依法移民。

依法移民的逻辑目标是依法移民逻辑起源和逻辑进路的目的，也是其结果，表现在两个方面，一是构建法治型政府，通过依法移民行政管理，合法、合理行使权力，保障政府管理职责和功能实现，提供依法行政将移民活动纳入法治化道路上，不仅政府依法行政，移民活动的相关方也要依法行事，规范和引导移民活动参与各方的行为和方向；二是构建服务型政府，即在依法移民行政中形成执行严格、行政清廉、信息公开、公众参与的依法行政机制，既合法、严格地行使权力，又使权力得到制约，不干预移民活动中业主和移民利益，从而能够"平衡"和"制衡"各方利益，形成移民活动有序、良性运行的局面。

（四）依法移民的现实环境

移民管理部门作为政府职能部门之一，其设立和行使政府授予的移民行政权力是符合法律法规的。《土地管理法》第五十一条规定："大中型水利水电工程建设征收土地的补偿费标准和移民安置办法，由国务院另行规定。"国务院颁布的移民条例授予移民行政管理机构职权："国务院水利水电工程移民行政管理机构（以下简称国务院移民管理机构）负责全国大中型水利水电工程移民安置工作的管理和监督。县级以上地方人民政府负责本行政区域内大中型水利水电工程移民安置工作的组织和领导；省、自治区、直辖市人民政府规定的移民管理机构，负责本行政区域内大中型水利水电工程移民安置工作的管理和监督。"

1. 政府负责下，移民工作的实质

政府负责下，移民工作的实质是保证征地补偿公平、保障移民生计可持续发展。一方面，水利水电工程建设必须征收（用）土地，征地尽管是国家行动、政府行为，但政府必须保证征地公平合理；另一方面，征地有两个关键环节都要涉及人的安置问题：一是土地征收，依靠土地生产的人的生计如何重新安排；二是地面附属物的拆迁，对于居民居住的房屋，必须重新择地安置，也就是移民安置中的生产和生活安置。因此，移民的根源是土地利用的多方向性和不兼容特性在征地后引起的人口迁移，目的是为移民重新安排包括生产和生活的可持续生计。从发展的角度看，移民不是一个概念化的区域范围，不是一群特征化的群体，也不是一个活动的时间节点，而是一个发展过程。从单一工程的移民活动来看，从工程建设开始产生，到工程建设结束，移民从原来经济社会状态达到另一种经济社会状态：融入社会（大社会概念，包括社会结构和经济），他们的特征就会消失；不能够融入社会，就会产生问题，成为一种社会经济现象：如水库移民。根据历史经验和近几年实践探索，工程移民所引发的社会、经济和环境问题引起了广泛的争议的实质是人的发展问题。所以在现有法律法规规定下，政府分级负责，实际就是保证公平交换，保障移民生计可持续发展。

2. 移民现行制度安排

移民制度安排是指在移民领域内约束人们行为的一组规则，它支配移民安置活动中各利益主体的行动和行动方式。移民制度是国家社会基本制度和经济制度下的专项制度安排，是移民活动的规则，是由法律、法规、政策性文件和行业规程（规范）及其运行的组织体系构成的。移民制度安排包含了移民安置管理体制、征地补偿、移民安置规划、移民安置实施、后期扶持和监督几个方面的社会经济活动规则。从移民现行制度安排来看，又包括：前期规划、移民安置和后期扶持三个阶段以及征地补偿、安置规划、规划实施和后期扶持政策实施四项任务。现行移民制度安排框架见表 10-1。

表 10-1 水利水电工程移民制度安排

政策体系	政策	核心规则
法律	宪法	国家为了公共利益的需要，可以依照法律规定对公民的私有财产实行征收或者征用并给予补偿
	物权法	征收集体所有的土地，应当依法足额支付土地补偿费、安置补助费、地上附着物和青苗的补偿费等费用，安排被征地农民的社会保障费用，保障被征地农民的生活，维护被征地农民的合法权益
	土地法	征收土地的，按照被征收土地的原用途给予补偿。征收耕地的补偿费用包括土地补偿费、安置补助费以及地上附着物和青苗的补偿费 征地补偿安置方案确定后，有关地方人民政府应当公告，并听取被征地的农村集体经济组织和农民的意见。大中型水利、水电工程建设征收土地的补偿费标准和移民安置办法，由国务院另行规定
法规	大中型水利水电工程征地补偿和移民安置条例（国务院令第471号）	管理体制：政府领导、分级负责、县为基础、项目法人参与。移民安置方针：国家实行开发性移民方针，采取前期补偿、补助与后期管扶持相结合的办法，使移民生活达到或者超过原有水平。前期工作：编制移民安置规划大纲和规划。后期扶持：直接扶持和基础设施和生产条件建设。监督管理：国家对移民安置和水库移民后期扶持实行全过程监督

政策体系	政策	核心规则
政府文件	国务院关于完善大中型水库移民后期扶持政策的意见（国发17号文）	资金：国家统一后期扶持资金筹集。扶持方式：直接扶持［600元/（人·年）］、加强库区和安置区基础设施及生产条件建设。扶持政策实施管理：规划、监督和监测评估
技术规范（技术性政策）	水利水电工程建设征地移民设计规范（SL290-2009）	水利水电工程征地范围确定、影响调查、移民安置规划设计原则、内容
	水电工程建设征地移民安置规划设计规范（DL/T5064-2007）	水电工程征地范围确定、影响调查、移民安置规划设计原则、内容和概算
	大中型水库移民后期扶持规划编制规程（SL728-2015）	后期扶持规划原则、内容和投资

　　从现行制度安排的规则和市场经济客观要求来分析，依法实施移民安置要理顺和解决以下几个关键问题：①征地中补偿的原则和补偿标准；②生计重新获得方式和能力；③居住方式和居住条件（社会、经济、生态环境）；④生计风险的保障措施和能力。现行制度安排中征地补偿是按照"原用途"，然而在市场经济中土地价格不断上涨，导致土地"发展权"期望不断提升，征地补偿难以实施；农村移民生计安排以"大农业安置为主"，移民土地需求难以满足，后继发展缺乏潜力空间；生计风险没有保障措施，而且制度安排与市场经济、农地承包制和土地深化改革方向不一致、不匹配，从而导致利益主体在行为上"不遵从规则"，导致"依法"而"不正当"，或者"正当"但没有"依法"，甚至突破"法规"等现象，造成"移民难"，以致移民成为水利水电工程建设的"关键环节"，移民成为社会关注的"焦点问题"。依法移民制度安排是依法移民的基础，但制度现实确实会使依法移民陷入困境。

　　3. 移民管理部门组织机构现状
　　移民实施管理机构设置不完善。移民工作实行"政府领导、分级负责"，"国务院水利水电工程移民行政管理机构负责全国大中型水利水电工程移民安置工作的管理和监督"。那么，从理论上和现实管理需求上，移民行政管理机构应由三个层次组成：第一个层次是国务院的移民行政管理机构，第二个层次是省级政府的移民行政管理部门，第三个层次是县级移民行政管理部门。但现实情况是移民行政管理设置很不完善：一是体系不完整，国务院没有设置"移民行政管理机构"统一领导移民工作，省级移民行政管理部门不健全，一些省是独立行政单位，一些省是独立事业单位，还有一些省是挂靠在其他行政单位，县一级和省级差不多；二是移民行政管理机构人员配置和能力有限，移民机构管理人员的不断流动，难以适应移民工作任务巨大、政策性和技术性强的客观要求。上下级层级不完整和不完全匹配，政策执行和技术实施人员以及队伍不稳定，是依法移民必须面对的组织机构现实环境。而且，按照国务院行政职能部门职责分工，移民制度安排中的征地补偿、安置等涉及国土、人社等部门，解决移民安置目标需要诸多行政部门协同完成，而移民管理部门协调其他部门的职能并没有被赋予。这既是依法移民必须面对的一个制度现实，也是一个组织机构的现实。

4. 依法行政下，移民管理部门权力清单公开现状

行政职责是行政主体在行使国家赋予的行政职权，实施国家行政管理活动的过程中，所必须承担的法定义务。移民管理部门法定行政职责是安置移民，保障移民权益和工程建设，是集多项职权于一身，且一些职权在运作过程中相互对立，比如保障移民权益和工程建设，行使时容易错位和失位。在现行移民管理体制下，各级移民管理部门层级比较清晰，省级以上职责明确：领导、"管理和监督"，但县级移民工作由政府来"组织和领导"，没有提出移民行政管理机构，这就在行政体系上由上级行政职能部门直接对"县政府"，不仅在行政体系上上下级不对应，而且被授予不同职责，县级政府既是移民行政管理部门，又是实施主体；既要依法行政，又要协调各方利益。尤其是在"双重目标"制约下，既要维护移民权益，又要保障工程建设；既要"依法"行政，又要扮演移民的"利益代言人"，还要扮演公共利益"维

持者"，职责和角色不断转换，现实中就容易错位和失位。尽管有移民任务的县都设置了移民管理机构，但这种多角色扮演，对于移民机构和行政人员的行动有很大制约。

各地移民管理部门权力清单和职责不一致，与法定职责不匹配。按照各地公开的权力清单行使权力，难以实现行政目标，且容易禁锢移民实施与管理思想和行动。权力清单就是对于各级政府及其各个部门权力的数量、种类、运行程序、适用条件、行使边界等予以详细统计，形成目录清单，为权力划定清晰界限。[①]十八届三中全会提出推行权力清单制度，2015 年 3 月，党中央、国务院就发布了《关于推行地方各级政府工作部门权力清单制度的指导意见》，要求分门别类进行全面彻底梳理行政职权，逐项列明设定依据，公布权力清单。权力清单制度的目的是依法清权、依法减权、依法制权、公开晒权接受监督。权力清单有利于让政府工作部门及其工作人员清楚自身到底有多少职权，厘清不同层级、部门之间的职责关系，更好地履职尽责，解决多年来部门职责交叉、相互推诿扯皮等问题。[②] 移民部门权力清单是移民实施和管理的行政权限和服务职责。在推行地方依法行政的指导下，目前移民规模大的省基本上都公开了移民权利清单。从各省公开的信息来看，存在不少问题，如同级别移民管理部门受于权力不同、权力类别多样，不同层级之间权力一致、不同类。移民部门权力呈现"权力理不清""职责对不清""类别划不清"的"三不清"现象，致使上级监督下级或者监督依法行政工作很难判断是否依法开展，或者监督者认为存在的问题，在现实中又是移民部门必须解决的问题，移民部门解决的方法或者手段和规则不一致，或者规则没有规定，监督部门都认为是"问题"，如移民补偿资金预算和运用就经常出现审查（审计）和移民部门的矛盾。表 10 - 2 给出了几个省公开的权力清单信息，

---

① 程文浩：《国家治理过程的"可视化"如何实现——权利清单制度的内涵、意义和推进策略》，《人民论坛·学术前沿》2014 年第 5 期上册。

② 罗亚苍：《权力清单制度的理论与实践——张力、本质、局限及其克服》，《中国行政管理》2015 年第 6 期。

从表中可以看出以上所说的"三不清"问题。而县级公开的权力清单更是多样，和国务院471号令赋予的职责大部分对不上，如某县仅给移民管理部门授予2项"行政监督检查权"，这和"县级以上负责组织和领导"的职责很难匹配，如果按照这个权力清单，本县移民安置实施谁来组织。目前这种职责和权力难以厘清的现状，一方面阻滞依法移民推进，另一方面影响移民安置，容易产生消极行政，影响行政效率，使依法移民陷入困境。

表 10 - 2　部分省移民部门权力清单

省份	权力类别
四川	行政许可1项、行政处罚3项
广西	行政检查1项、行政处罚3项
福建	行政审批2项、行政处罚3项、行政监督检查3项、其他行政权力1项
云南	其他权力2项
贵州	行政许可1项、行政服务5项

全面推进依法移民将面临制度不完善，机构不健全，移民管理部门职能定位不准，权力清单与职责不对等、不统一和上下级不一致等现实环境，而且还有面临全面深化改革、农村综合改革、土地深化改革其他相关法规变革和执政理念的变化引致的未来环境变化。

（五）依法移民的困境

在现行依法移民现实环境制约和改革不断深入推进下，依法移民面临诸多困境，这些困境需要通过一系列改革措施来解决。

移民是一个局部社会经济重新组合，涉及社会经济方方面面的一个复杂的系统工程。在依法移民现实环境中，涉及"法"的多元化，管理活动的"行政""服务""经济"等的职能多样性，以及行政的政治化，使依法移民合法化的逻辑起点和基本思路不能合理配置、协调，不能为移民行政部门提供充分的合法化资源去实现"移民安置目标"的职责，依法移民面临"合法化能力危机"，从而陷入实施困境，主要表现在以下几个方面。①征地补

偿、移民就业安置、移民住房安置等行政资源分别在土地、劳动
与就业保障和住建等多个行政部门，移民部门难以有"获取充分
行政资源能力"，而且，移民大多数是农村居民，迁出于偏远地
区，其所拥有的文化资本并不足以"知法""懂法""用法"，致
使"法权模式"虚构假设失去基础。移民更多的是从乡土社会的
"理"作为判断标准并据其选择行动策略①，从而使依法移民陷入
不断协调事务，而不是依照"权力清单"来"依法行政"的困
境。②依法移民基本逻辑是法律法规对移民管理部门行政行为的
控制，要求移民管理部门行政管理和"法"的规定保持"一致
性"。但从国务院 471 号令授予的权力和行政目的看，移民行政
又是以"保障移民权益"和"保障工程顺利建设"双重目标为导
向、积极的行政管理活动。每一个工程移民活动都是在不同的
"资源禀赋"和"社会经济发展水平"下所开展的，这就意味着
在具体行政活动中，为实现目标，移民行政管理部门具有"目标
界定""安置方式决策""服务方式选择"等权衡和抉择的权力，
也就是说，依法移民的推进需要的"具体路径"和"行政模式"
是在现实环境条件下产生的。况且，验证依法移民行政作为的效
果是"正当性"和"目标实现程度"，具体体现在法定权威维护
程度和移民满意程度上。移民部门的权衡和抉择，在很大程度上
受移民条例"双重目标"制约，移民部门行政过程中处于不断平
衡、协商和决策之中，而利益主体的不同利益诉求和冲突，使得
移民部门在"合法性"行政下，并不一定能够实现行为的"正当
性"和"满意度"；"正当性"的权衡决策，利于移民安置或者
保障移民权益，但对照权力清单和法定规则，不一定"合法"。
移民部门职责和权力清单界定的"行政权力"与移民对移民部门
的"行政管理"和"服务需求"职能形成不对称，甚至"偏
离"，使依法移民陷入"行政许可"、"行政服务"和"行政处
罚"等认知困境以及实践误区，使依法移民陷入"严格执法"与
"自由裁量"难以抉择的困境。③与移民安置有关的政策法规不

---

① 程军、陈绍军：《水库移民社会冲突的过程模型探讨——"理"与"法"冲突的视角》，《河海大学学报》（哲学社会科学版）2015 年第 2 期。

够完善，与市场经济规律和政策执行环境不协调、不一致，使依法移民陷入"依法行政"还是依据实际情况"变革"的矛盾困境。④十八届三中全会提出"市场在资源配置中起决定性作用"，以及农村综合性改革方案和农村土地制度改革，使移民面临着解决问题的方法和形式的转变，使依法移民陷入"遵法守旧"还是"创新改革"的困境。

（六）深入推进依法移民的对策

党的十八届四中全会决定指出，把公众参与、专家论证、风险评估、合法性审查、集体讨论决定确定为重大行政决策法定程序，确保决策制度科学、程序正当、过程公开、责任明确。这种带有实践与改革的行政思想，对水利水电工程移民行政管理改革具有很强、很明确的指导意义。面对复杂、多变的移民工作环境和实践困境，依法移民必须强化综合性改革，渐进推行。依法移民必须推进以下改革。①深刻反思水利水电工程征地补偿和移民安置立法的初衷和指导思想，原来为了工程建设，实行"低补偿""重安置""政府负责"的指导思想，在市场经济和深化改革的"强化资源市场配置"和"切实保护农民土地权益"的现实环境下，已不能成立，在土地法修改的基础上，强化"征地合理补偿"和"失地农民多元保障"，可以取消移民安置条例，形成统一征地补偿和失地农民安置制度。同时，尽快出台农村土地房屋征收和补偿条例，和土地征收制度改革配套，形成统一、完善的征收法律法规。②研究出台"大中型水利水电工程移民安置方案编制与实施管理条例"，保障移民安置方案落实和顺利实施。移民安置的特点是工程征地范围大、移民规模大、移民安置任务重、对局部区域社会经济影响大，移民安置没有切实方案和实施保障体系，会产生社会问题，既影响工程建设，也影响社会经济发展，使"发展项目"产生"发展问题"。在条例中明确移民安置及安置目标的确立的原则、指导思想，明确方案编制的内容、程序和技术要求，明确项目业主、地方政府和社会咨询单位的职责，明确移民参与程序和方式，明确安置方案公示和审批程序和方式，明确和细化分级负责和县为基础的实施管理体制。③取消移民行政管理机构，根据国务院行政机关职能定位，将大中型水利水电工程涉及的征地补偿、移民安置、信访等职能回归到政府相应职能部门。完善移民工作程序和实施监督机制，动员和规范社会机构参与实施管理。④完善现行大中型水利水电工程移民工作领导小组制度，进行综合改革，引入"整合性的合法化"行政模式和"参与性的合法化"行为模式，来构建"多部门联合"以及"移民广泛的参与"的移民实施模式，走一条复合的依法移民合法化行动路径，突破依法移民的现实困境。⑤赋予县级政府更多"裁量权"，使移民安置方案符合当地实际，并可以结合发展实际及时修编安置方案，实现移民从形式合理性到实质合理性。①

依法移民是一个复杂的、系统的工程，不仅仅是"单纯"的行政管理事务，既涉及依法行使权力，更涉及合理性"权衡决策"，还涉及"技术规范"，不是通过"权力清单"就可以顺利推进的，尤其是不能在过程中形成形式主义。根据依法移民新内涵和内在要求，完善相关法律法规，改变过去移民行政管理权力自上而下的运行逻辑，要动员社会力量和移民参与，要给县级政府"自由裁量权力"，同时还要建立制度规范、制约其裁量，使其裁量合法、合理，要形成多部门联合、上下级协调、政府与移民互动的主动解决问题机制，而不是就问题"倒逼式"解决机制。由此，才能够突破现实困境，构建逻辑起源清晰、路径可行、目标可以实现的依法移民机制，政府才能回归正确位置，才能改善政府在移民眼中的形象。

二 水库移民安置的特殊问题及解决思路

之所以要单独安排水库移民政策，是基于水库移民的"特殊问题"，政策要解决这个特殊问题就必须将问题的特殊性搞清楚，尤其是问题的实质。从国家角度来看，解决安排水库移民独立政策，一是保障工程建设，二是保障移民安置。而第一个问题解决的前提是第二个问题能够顺利解决，所以，水库移民问题的核心问题是移民安置问题。

---

① 孙良顺：《水库移民社区发展中的精准扶贫：从形式合理性到实质合理性》，《河海大学学报》（哲学社会科学版）2017年第3期。

（一）水库移民安置难题的特殊性

水库移民的难点在于补偿和生产安置。补偿之难在于利益主体各方对补偿标准认识的不统一，安置之难在于失去生产资料和收入来源的移民重新获得生产资料和就业的困难性，而难点的重点在于农村移民生产安置。移民难的根本原因，一是在于移民制度安排的不合理；二是在于现阶段我国面临的两大矛盾的制约，即人地矛盾和城乡矛盾。制度安排不合理在于水库移民制度出发点的"不公平性"和制度与制度之间的协调性和互补性差。人地矛盾使我们面对失地移民对土地的刚性需求却无能为力，很难开辟出新的土地安置移民，只能在有限的土地上"调整"；城乡矛盾阻碍失地农民进城或从事非农生产。农村和城市分割而治，导致农村和城市收入、劳动技能、文化知识、习惯等差异巨大。使移民想"进城"，却不敢进城，也没有能力在城里，而且水库影响区域的城市发展水平也没有能力容纳大量移民进城。具体来讲，移民难的根本原因有以下几个方面。

（1）土地资源约束。水利移民区多为山区或者丘陵地区，水库淹没前的河滩地以及两岸的阶梯地均为优质耕地。水库淹没后，局部耕地资源急剧下降，可供调剂利用的耕地数量有限，剩余耕地质量较低，使得移民生产生活安置和恢复非常困难。由于移民对耕地的依赖性，土地资源约束是一个刚性约束，如果降低土地安置标准，势必造成移民经济下降，诱致贫困，这在我国20世纪五六十年代水库移民中已有沉痛的教训，移民遗留问题至今还在解决。但是寻求新的土地资源又是一个难题。尽管农业抗市场风险能力差，比较利益的获得能力也小，但农业具有很强的吸收低素质劳动力的潜力，面对城乡经济、文化水平、劳动技能的巨大差异，农业安置仍然是我国现阶段水利移民比较稳妥的安置方式。

（2）生态环境的制约。随着经济社会的发展，人们对环境重要性认识和需求水平不断提高，同时人类活动对生态环境的影响也在不断加大，导致环境质量下降。水库区域一般是以农业为主的生产结构，淹没后耕地损失较大，剩余土地资源一般都是坡耕地或者是高山（垣）上无水的旱地，环境容量有限，加之水库运行对环境的需求，环境对移民安置有着巨大的制约。如三峡库区人多地少矛盾突出，重庆库区有 6.3 万人后靠农业安置，人均耕地不足 0.5 亩、2.8 万人人均耕地不足 0.3 亩。产业空虚问题突出，移民稳定就业困难。重庆库区 15 个区县城镇调查失业率仍高达 8.1%，有 21.9% 的城镇移民吃低保。地质灾害与生态环境亟待解决的问题也不少。地质灾害的严重程度比当初的估计要严重。重庆库区的隐患达 10792 处，前两次 175 米实验性蓄水后，已发生地质灾害（险情）252 处，其中新发生 172 处。[①]

（3）农村移民文化水平和劳动技能的约束。水库移民一般位于农村山区，单一的农业生产活动、落后的经济以及闭塞的交通，使其文化水平和非农业劳动技能都比较低，受此制约，无法从事或很难从事第二、三产业生产活动，基本都靠农业维持生计，非农业就业能力较低，给多样化安置带来一定的困难。

（4）土地制度制约。我国土地实行的是国家、农民集体二元土地所有制度，现实中实行所有权和使用权分离政策，所有权不能买卖（国家征收除外），使用权可以流通。实行市场经济以来，国有土地使用权转让已形成市场体系，不同地区、不同地类的价格体系的基本形成，可以按照市场经济基本规则进行交换；农村土地实行用途管理制和家庭联产承包责任制。随着城乡统筹发展对经济水平的提高，近年来国家虽然允许和鼓励一部分地区实行承包权流转，但由于管制和流转规模有限，形不成市场，缺少价格体系。在这种高土地制度体系下，两个问题便凸显：一是被征地补偿公平合理的价格很难确定，国家按照农地体系征地，被征地农民看到的却是土地的市场价格。近年来，很多专家学者提出征地补偿标准低，但是谁也没有说出合理的标准是多少，征地补偿标准是征地矛盾和冲突的一个根本原因。二是土地调整很难，失地移民需要新的土地，但在承包制和人地矛盾制约下，大部分水库在安置移民时，很难从其他农民手中调剂土地或者再开辟新

---

① 黄豁、汤耀国：《"后移民时期"任重道远》，《瞭望》2010 年第 9 期。

的耕地来满足移民的要求，造成现实中"上级政府"逼着"下级政府"强迫农民调整土地，尽管安置了水库移民，但也带来被调地农民的问题，以及土地所有权问题。

（5）大中型水利水电工程征地制度的制约。我国实行独立的大中型水利水电工程征地及移民安置制度，《土地法》第五十一条规定：大中型水利水电工程建设征收土地的补偿费标准和移民安置办法，由国务院另行规定。国家颁布了《大中型水利水电工程建设征地补偿和移民安置条例》。该条例规定了移民安置的职责，规定"大中型水利水电工程建设征收耕地的，土地补偿费和安置补助费之和为该耕地被征收前三年平均年产值的 16 倍。土地补偿费和安置补助费不能使需要安置的移民保持原有生活水平、需要提高标准的，由项目法人或者项目主管部门报项目审批或者核准部门批准。征收其他土地的土地补偿费和安置补助费标准，按照工程所在省、自治区、直辖市规定的标准执行"。这个制度不仅导致水利征地明显低于其他行业征地，而且也导致现实中有些省征收非耕地比耕地补偿标准还高，引起移民的不满和抵触，从而影响到水库移民。

（6）地方习俗的制约。区域习俗差异是安置区社会经济可持续发展不可忽视的一个重要因素，尤其对于外迁的移民。习俗使移民对安置区自然环境、文化以及生产生活习惯产生一系列自身的标准，如果安置区条件与标准相差很远，就会拒绝搬迁或返迁，给水库移民带来困难。由于区域文化之间存在差异，搬迁移民和迁入地老居民双方可能不融合，产生冲突，他们用各自原有的观念去看待对方的区域文化，比如在耕地方式、饮食习惯、审美情趣、价值观念及生活习惯等方面，可能会无法适应新的环境，导致文化融合产生问题，无法融入当地的生产、生活。更有甚者可能产生文化冲突，互不相容，形成敌对状态。多有这些因素，如果处理不善，会使移民产生抵触情绪，拒绝搬迁，甚至返迁，造成资金浪费和社会不稳。如云南省昭通市永善县境内的溪洛渡水电站，有 1096 户 4386 名移民被外迁安置到普洱市孟连县，孟连县位于滇南，自然环境、社会关系和生产生活环境与移民世代所居的滇东北有较大的差异，生活环境的过大变化，导致很多移民难以适应，选择返迁。①

（7）补偿投资的约束。补偿投资的约束来自两个方面，一是合理标准是什么，移民在现行制度安排的补偿标准下，能否实现"使移民生活达到或者超过原有水平"的安置标准，实现此安置目标的资金规模是否符合现有的法律法规，能否列入工程投资概算。也就是说，现有制度下，土地补偿标准统一补偿到土地前3年平均产值的16倍的补偿标准与安置移民的方案是个变数是有矛盾的，所以导致很多移民安置规划不是从移民得到妥善安置出发，而是从投资盘子大小出发的，从而使安置目标成为空谈。比如房屋，是按照原来居住地的房屋类别和重置价作为标准补偿，而实际政府会安排移民到另一个地方安置，安置地的房屋重建标准就会成为移民考虑是否搬迁的因素，而现行制度又没有给移民选择的权利，从而也导致部分移民拒迁或向政府提出更高的补偿条件。二是移民安置后由于土地减少或者没有土地，补偿资金就会结余，而库区经济落后和市场不发达，这部分资金往往缺乏投资途径，最后"吃光用光"，生计陷入困难。

（二）安置难题破解思路

水库移民难是我国自然资源、人口、经济发展以及制度等因素共同作用的结果，对其破解也将是一个复杂的系统工程，需要利用法律、经济、社会等手段协同治理。从发展的眼光来看，水库移民难题是能够被破解的，但需要进行一系列改革与配套措施。

（1）废除水利水电征收制度，还权于水库移民。一开始政府强制性推出水库移民政策的出发点就有失公平，是为了讲究水利

---

① 王地、倪慧芳：《关注大中型水电站引发的民生问题》，《检察日报》2010年3月8日，第7版。

水利部关于《大中型水利水电工程建设征地补偿和移民安置条例（草案）》的说明中指出"移民立法是水利水电事业的需要。目前水利水电工程能否上马，能否按期完工，往往不是技术问题，而是受到移民工作的制约。有些工程遇上征地补偿和移民安置问题时地方群众要价太高，不满足其要求，工程就难以按照计划进行，进而造成损失和浪费""在目前财政困难情况下……规定采取前期补偿与后期扶持相结合的办法，既能减少国家投资，又能解决移民的后顾之忧，于国于民都有利。"（《中国水利》1991年第4期）

工程建设效率以及行政效率，而牺牲了水库移民的利益。尽管该制度在市场经济改革进程中不断变迁，但它的变迁属于需求回应性的强制性变迁，并不是市场经济下对"成本—收益"的自发反应，所以其变迁结果并没有消除不公平。随着经济发展，土地价值不断提升，这种行政官形式的水库移民制度已不适应市场经济的基本要求，当政府在行政范围讨论土地征收价格时，被征地农民看到的是市场上的土地价格和未来的土地的价值，所以，无论政府将征地补偿定为多少倍，只要市场上还有其他的土地价格，移民就不会满意给定的标准，就会想方设法去追求更高的标准。当农民面对公共权力的时候，他们很难有对等的地位进行表达，因此农民会根据具体的情况而采取不同的表达形式，而决定表达方式最主要的影响因素之一就是他们的要求与外界所赋予标准的吻合程度，同时他们会考虑他们支付的成本。① 所以，水库移民征地冲突在此制度下就会不断产生。随着市场经济的完善，经济社会的发展以及国家对私人利益的保护（以物权法实施为标志），公民对公平的认识以及追求公平的愿望在不断提升。在此情景下，仍然实行牺牲移民利益而追求水利水电工程建设速度已是不可能的，西部水电建设速度的放慢，既是政府决策的结果，更是水库移民抗争的结果。"公共利益"下的征收，并不代表着"公共利益"可以剥夺或者损害少部分人的基本权益（生存权和发展权）。公平是利益的合理而平等的分配，它意味着权利的平等、分配的合理、机会的均等和司法的公正，出发点公平的制度是保证水库移民实施的基础。有人总是从公共利益出发，强调现在水库移民制度的合理性，其实公共选择理论的论证正是建立在一般人都认为值得追求的某些基本目标——例如社会繁荣和政治稳定——以及经历过无数次实践考验的利己主义行为假定之上，从而避免了价值主观性及其所引起的无谓争论，并在此基础上进一步对制度的合理性提出有积极意义的建议。总的来说，公正补偿要求的主要功能在于迫使政府将行使权力的成本内部化，从而不仅保证政府行为在经济学意义上的理性，而且有助于约束政府滥

---

① 景天魁：《社会公正理论与政策》，社会科学文献出版社，2004，第110~113页。

用权力并限制政治冲突，且由于公正补偿的宪法要求不可能完全通过政治过程实现，因而还要求有效的司法保障。[①] 公平强调政府对公众的要求做出积极的回应而不是以追求行政组织自身的满足为目的。也就是说，行政管理者不是中立的，他们应该把出色的管理和社会公平作为自己的最高准则。这意味着对传统行政的根本改变。[②] 所以，经济发展到现有水平，只有废除现有水利移民征地补偿制度，实行各行业一致的征地补偿标准（当然也要符合我国经济发展水平的、合理的标准），还水库移民以平等、公正的权利，还水利移民发展和享受发展的权利，才能够保证水利移民的土地权益，才能够重构信任，才有利益均衡的基础，才有破解水库移民难的基础。

（2）政府归位，还责于移民。政府归位是理顺移民与政府关系的基础。政府归位首先要将征地与移民安置阶段划分清楚，征地是政府依法行政，是公共管理领域的行政行为；移民安置是资源重新配置和生产重新组织的经济行为，是经济领域的生产行为，政府在这个阶段不能完全以行政手段来管理移民安置，应该主要以经济手段和调节手段来管理移民安置活动。我国水库移民安置强调政府负责制，"移民安置工作实行政府领导、分级负责、县为基础、项目法人参与的管理体制"。但规定的政府职责并不是很明确，现实中过分强调政府负责制，实际实行的是政府"包干制"。政府"包干"移民的结果是，既导致强制移民现象，又导致移民依赖政府现象。强制移民安置后，无论出现什么问题，移民不去分析造成的客观原因，首先就是找移民管理部门来解决，不解决就上访或者阻止施工。包干的结果还会产生另一种心理效应，即移民区县级政府官员工作压力和移民心理压力"同时增大"，县级政府官员既担心完不成移民安置任务，又怕移民安置出问题（这两个问题都会被上级政府追责）；而移民则担心政府不能合理安置自己，不会保证自己的合法权利，自己是否能够

---

① 张千帆：《"公共补偿"与征收权的宪法限制》，《法学研究》2005 年第 2 期。
② 陈干全：《论公共管理的基本原则与价值取向》，《中山大学学报》（社会科学版）2003 年第 1 期。

平稳发展。"同时增大"的心理效应在现实中导致移民和政府沟通的困难，一方面移民知道要依靠政府，另一方面又对政府心存戒心，影响移民安置实施进度和安置效果；现实中也形成了政府最怕"移民闹"，使水库移民形成一个"特殊群体"，当地政府"敬他们三分"，当地非移民"让他们三分"，这种现象长期下去，移民问题将更难解决。解决的首要条件就是政府退出责任主体地位，改"政府负责制"为"政府责任制"。在移民安置活动中让移民承担起恢复生产生活的主体责任，政府有责任对不能安置和不能恢复生产的移民给予必要的帮助，如调剂土地资源、提供信息服务、给予社会保障、提供技能培训、进行后期扶持等，而不是政府负责移民的生计恢复。"政府首要作用是界定和保护产权，通过立法和司法，调剂利益纠纷，使经济行为主体的合法权益得到保护。"发挥政府分配资源、调节利益、依法行政的功能。政府"作为国家强制力的垄断提供者应该以公允的第三方出现代表公民整体利益来界定和保护其他经济主体的产权"，否则就会出现"经济发展中政府角色的变异"，导致"从保护产权到践踏产权"以及"为利益集团开展寻租活动提供了可能性"。① 所以，政府在水库移民安置中应退出负责的位置，回归到协调、监督的位置，发挥公共服务的功能，而不是直接参与或干预。关系不顺，气就难顺，理就难行，因此，在公平、合理的补偿下，进一步理顺、调整政府与移民在水库移民活动中的关系，明确各自职责，是解决水库移民难的重要任务。

（3）强化前期工作，切实做好移民安置规划。移民安置规划是为实现水利水电工程移民安置目标，调查、摸清工程影响范围和程度，分析水库淹没影响，依据法律法规、技术规程和规范论证消除影响的措施，依据区域社会、经济、环境、资源，对移民未来经济和社会发展做出系统安排，并借助合法权威对移民系统各主体行为及其变化做出控制性安排，为水库移民顺利、有序实施提供依据的工程过程，是保证移民生产生活恢复和发展的关键性工作。移民安置报告是水库移民能否得到妥善安置的论证文

① 孟建军：《经济发展中政府角色的导入及变异》，《改革》2005 年第 11 期。

本，是项目从移民角度是否可行的技术文件，是项目业主向移民以及政府做出的承诺，是移民安置实施的依据。现有水库移民制度规定："未编制移民安置规划或者移民安置规划未经审核的大中型水利水电工程建设项目，有关部门不得批准或者核准其建设，不得为其办理用地等有关手续。""移民安置规划应当与国民经济和社会发展规划以及土地利用总体规划、城市总体规划、村庄和集镇规划相衔接。""编制移民安置规划应当广泛听取移民和移民安置区居民的意见；必要时，应当采取听证的方式。"但在实际执行中很少做到位，存在调查不细致和深入、影响分析不透彻、安置方案不切合实际、没有征求移民意见、没有和地方经济社会发展规划相结合等问题，导致移民不满意安置方案，产生拒绝搬迁、安置反复、资金不足、安置方案不断变更等现象。移民问题除了制度因素外，在很大程度上还是安置方案不细致、不深入引起的。国外为了做好移民安置规划，规划工作会持续 1~2 年，不仅全面评估影响，而且安置方案能够细致地落实到户，甚至落实到人。我国水利水电项目论证审批（核准）持续时间也比较长，但仅是因为项目审批程序时间长，移民规划工作是停顿的而非连续的，一旦项目可行性报告批了，恨不得立马开工建设，实施移民搬迁，而这时移民安置规划还没有做好。查一下档案资料就可以发现，三峡工程、南水北调工程移民安置规划均存在这些问题，甚至很多水库移民安置规划报批时使用的资料数据还是前两年，甚至是前 4~5 年的，这样的规划是不符合实际的。我国水库移民实践也证明，凡是结合当地经济社会发展和资源实际，做出合理移民安置规划的，其移民安置效果都比较好，很少产生移民问题，如浙江温州的珊溪水库移民、黄河小浪底水库移民等都是很好的例子。移民安置规划必须在切实调查清楚影响及资源状况的前提下，将移民安置规划融入移民安置区国民经济和社会发展计划之中。在资金上，除了移民补偿费外，还应安排一定数量的其他资金，充分利用移民机会，因地制宜地充分论证移民安置方案，切实征求移民意见，多途径地安置移民。安置方案不能由"政府安排"，要切实摸清当地的生产、生活状况，对当地的社会、经济、教育、人口、文化及科技等因素充分掌握和深入分析，除了要对当地的经济影响充分分析外，还必须对水库移民的社会影响进行分析。只有在所有情况了解清楚和充分论证的情况下，才能做出正确的、符合实际的移民安置规划，才能使得移民搬迁后的经济恢复具有针对性和可行性。以农为主安置时应充分考虑移民生产发展的需求，安排充足的土地等资源。[①] 强化移民前期工作，不仅能够合理、有效安置移民，而且也有利于项目的实施，应有严格、明确的程序和监督手段保证安置规划的科学性、合理性和可操作性。重视移民，就应该先做好移民安置，再开工建设工程。做好移民安置规划是解决移民难的关键性工作，为保证规划深入、切合实际，必须给予资金、时间的保证，必须对现有的规划报告审批制度进行改革，采用独立评估机构评估。

（4）强化信息公开，引导公众参与。市场经济提高了人们对信息的需求，通信现代化加速了信息的交流，致使信息的效果急剧放大。信息公开以及公开程度，成为公众的基本要求，也成为国家行政管理绩效提高的关键。水库移民涉及移民生产和社会的重新建构，影响数据、安置政策以及安置方案等信息，是移民从经济、文化和个人生活来决策是否迁移、移向何处的基本依据，如果信息不畅或者不全，就会导致移民决策优柔寡断和决策反复，甚至决策错误，而这种决策状态或者结果都是"移民难"产生的根源。有关移民影响实物指标、政策、安置规划等信息公开既是实现移民权利的前提，也是主动行动的前提。信息公开，第一能够体现政府安置好移民的信心和决心，取得移民的信任感；第二则可以缓解移民的抵触情绪和各种猜测，促使移民积极主动地参与到安置决策和活动中；第三有利于政府与移民关系的确立和调整，促进安置工作顺利开展；第四有助于对行政权力的制约，有助于行政机关工作人员合理地行使行政权力，合理处理矛盾，减少社会冲突。

引导公众参与就是通过沟通、协商，以及移民积极参与决策

---

① 刘灿、崔慧斌等：《水库移民工作中的难点及对策》，《河北水利》2009 年第 2 期。

过程和专家的指导，使移民在安置活动中真正地拥有自我发展的
选择权、参与决策权和受益权。引入移民参与的方法，可以提升
移民安置政策的改进，可以协商解决当前移民安置中的问题，可
以提升政策的透明度，可以提高移民权利保护和自力更生的意
识。[1] 良好的、有序的公众参与不仅有利于移民安置时效性，也
有利于移民安置实施的顺利进行，对水库移民的经济发展也有着
相当重要的作用。鼓励移民有序地参与进来，可以切实了解移民
的想法和担忧，获得移民的建议，可以和当地居民分享资源、文
化等信息，也使当地居民知晓相关法律和政策信息，可以真实理
解移民安置愿望，沟通交换补偿、安置意见，可以完善规划和提
高实施效果；鼓励有关中介机构或者非政府组织参与进来，可以
更加全面、科学地论证水库淹没影响和安置方案，减少漏项以及
完善安置规划。公众参与其实质是赋权的过程，在规则既定的情
况下，赋权也是还责的过程，通过权责明晰、沟通和协商，减少
矛盾和冲突。信息公开和公众参与是解决"移民难"的重要
措施。

（5）建立保障体系，多样化安置移民。建立水库移民保障体
系是解决水库移民稳定和发展的根本途径，是保障移民共享发展
的基本措施，保障体系应该包括：最低生活保障、劳动就业培训
保障、后期扶持保障。完善的保障体系是消除移民心理障碍的体
制保障，也是移民发展权益的体现，是解决"移民难"的体制性
措施。随着城乡经济、社会的发展，以及城乡户籍关系隔离的破
除，农村劳动力从业构成和收入来源也日趋多样化，农民利益诉
求也多样化，农村土地流转也在不断推进，为多样化移民安置创
造了经济和社会基础。对确有生存技能或者已从事非农生产的农
村移民进行非农安置，因地制宜、切合实际的多样化安置移民是
缓解人地矛盾的可行途径，是长远解决水库"移民难"的有效
途径。

---

① 余文学：《水库移民引入参与机制的障碍》，《水利经济》2006 年第 1 期。

三 构建新时期水库移民政策创新框架

在我国改革开放和社会经济发展进程中，很多领域的问题都得到了妥善解决，水库移民问题始终是时重时轻，难以解决，不仅新建水库移民存在问题，而且已建成水库的移民问题仍然不断出现，并不断演化。综合其他领域解决问题的经验以及水库移民实践经验和教训，水库移民问题得不到有效解决的核心问题是领域内重视解决现实问题，不重视研究前瞻性问题；重视实践探索，不重视理论研究，甚至理论研究与现实脱离，不深、不透，缺乏对未来形势的判断，没有转变政策解决问题的"价值观"和"指导思想"，没有形成科学、合理的"顶层设计"，没有和政府其他政策协调、整体推进，政策"立山头"现象难以消除。城乡一体化下的一系列政策调整和改革，从征地补偿、利益关系、安置规划、安置方式、实施管理等全方位、系统性地对水库移民工作提出要求，十八大以来的改革思路也为水库移民政策改革提供了良好基础和路径。

（一）城乡一体化改革对水库移民政策创新提出需求

改革路径一：全面深化改革。"经济体制改革是全面深化改革的重点，核心问题是处理好政府和市场的关系，使市场在资源配置中起决定性作用和更好发挥政府作用。"这就意味着：调整利益关系和利益分配关系。在完善产权保护制度上，提出公有制经济财产权不可侵犯，非公有制经济财产权同样不可侵犯；在市场建设上，提出建立公平、开放、透明的市场规则；在农村土地资产上，提出允许农村集体经营性建设用地出让、租赁、入股，实行与国有土地同等入市、同权同价；在城乡发展上，提出推进城乡一体化，让广大农民平等参与现代化进程、共同分享现代化成果。

改革路径二：全面依法治国。就是通过全面法治建设，依照体现人民意志和社会发展规律的法律治理国家，而不是依照个人意志、主张治理国家；要求国家的政治、经济运作，社会各方面的活动均依照法律进行，而不受任何个人意志的干预、阻碍或破坏；形成科学立法，严格执法，公正司法，全民守法的法治国家。

改革路径三：农村土地改革。这就是"三块地改革试点"的推进和农村土地深化改革方向确立。2014 年 12 月，深化改革领导小组审议通过《关于农村土地征收、集体经营性建设用地入市、宅基地制度改革试点工作的意见》，2015 年 1 月进行试点。2015 年 11 月中共中央办公厅、国务院办公厅印发了《深化农村改革综合性实施方案》。这一系列改革措施，提出农村土地改革方向和具体推进路径，明确界定农民的集体成员权，明晰集体土地产权归属，实现集体产权主体清晰；依法公正地将集体土地的承包经营权落实到本集体组织的每个农户；允许承包农户将土地经营权依法自愿配置给有经营意愿和经营能力的主体，发展多种形式的适度规模经营；健全耕地保护和补偿制度。提出了按照建立城乡统一市场的集体经营性建设用地入市的改革；按照"城乡建设用地扩展边界外的传统农区和城乡建设用地扩展边界内两类"分类处理的宅基地制度改革，按照缩小土地征收范围；完善对被征地农民合理、规范、多元保障机制的征地改革的"三块地"改革方向，提出了建立兼顾国家、集体、个人的土地增值收益分配机制，合理提高个人收益、推进土地确权和登记、保持土地承包关系稳定并长久不变，第二轮土地承包到期后再延长 30年、承包地"三权分置"、宅基地"三权分置"的改革措施。明确了在厘清产权、确权、登记，改革试点完成后，再进一步推进深化改革的具体路径。

土地改革为政策创新提出需求。随着城乡一体化和农村土地改革推进，土地价值预期提高，主要源于以下几个方面：①随着城镇化快速发展，城市土地价格不断推高，城乡接合部的农村土地价格也随之升高，而价格的传导机制由城郊向逐渐向远郊、农村传导；②随着"三块地"的改革试点，尤其是建设用地统一市场，同地同价的市场理念普及，土地流转的加速，农村各类土地价格也在逐步增长；③随着确权、登记工作的推进，农地三权分置和宅基地三权分置的改革，30 年承包期再次延长，农民土地产权意识被强化；④从新农村建设到乡村振兴，资本已经下乡，农村的农地、宅基地、建设用地的资产属性已显现。以上几个方面，决定着农村土地由生产资料、场所转向了资源、资产、资本，加之市场推进，这就决定着衡量农村土地的价值不再是"原用途"的价值，而是资产的价值，不仅体现土地的使用价值（产出），而且体现了土地的发展价值（未来价值增加和土地用途管制解除后的增加值）。移民对土地价值期望的提升，对征地补偿原则和标准提出挑战，同时也对过去"开发性移民"政策方针提出挑战，如何处理"补偿"和"安置"的关系，如何调整移民政策目标、原则和方针，不仅是未来政策改革的问题，也是水库移民实施的现实问题。

市场经济深入发展带来的利益关系调整，不仅给水库移民政策创新提出需求，也提供了条件和方向。市场经济深入和经济体制的深化改革，促使经济领域各利益关系将不断调整，交易直接化。正如中央文件所说，改革就是利益调整，每一次制度改变、政策改变，都是调整利益关系。新时代改革最大的特征，也是最重要的任务，就是工业反哺农业，城乡一体化发展。农村改革的重点要放在农村集体产权制度改革、土地改革，释放农村土地红利，振兴农村经济，实现城乡协调发展。围绕这个重大任务的改革，制度变革、政策调整将会不断推进，每一次推进都带来利益关系调整，都带来利益分配的调整，从而导致移民活动中各个利益主体的思想观念变化、行为动机变化和行为方式变化，加之"市场在资源配置中起决定性作用和更好发挥政府作用"的市场与政府关系的改革，市场交易的直接性，促使移民活动中各利益主体的利益诉求更加直接，利益诉求方式更加多样化。土地市场化改革，带来的最大价值观念变化是国家、集体、农民利益兼顾面临新的调整，移民利益诉求从追求损失补偿转为发展权赔偿。这些观念变化对移民政策、移民规划、移民安置实施管理带来极大挑战。

移民政策实施环境处于不断变化中，水库移民政策必须创新才能够适应环境变化，才能够切实落实和解决问题。政策是政府对社会成员或者公共部门自身的限制规则或引导措施，不仅具有符号特征，而且是一个行为过程；它是非私人物品（价值）的权威性分配方案。现代社会政策的特征，一是政策的合法性受到更多重视，体现在政策的法律程序和由法定的公共部门执行上，以及公共部门自身在政策系统的合法性；二是政策问题日益复杂，体现在导致政策问题的原因可能是复杂的，解决问题的办法是否能够成功是不确定的，解决问题的设想常常因为"牵一发而动全身"而难以付诸实施；三是政策目标及内容上的冲突，结果与预期之间的重大偏差。移民政策是各利益主体的行为规范和利益分配规则，但在政策环境变化下，存在诸多问题尚没有得到解决。一是现实中移民部门执行政策的利益倾向和能力缺陷凸显，表现在利益和行为经常调整，既代表政府分配利益，又代表政府保障工程建设，还要保障移民权益；二是移民对抗政策或投机行为频繁，政策的不完善，以及与政策环境的不一致、不协调，使移民在争取自身利益时，形成自己独特的抗争方式，过度投机现象频繁，成为一种独特的社会群体和社会现象；三是政策本身的质量不高，存在很多不完善和不适应，尤其是政策与政策环境不协调、不一致，移民政策难以落地和落地异化问题严重。这些问题交织在一起，使移民问题显得异常复杂。政策环境是指决定或影响政策制定和实施的自然条件和社会条件的总和，自身就具有复杂性、多样性、差异性、动态性的特征。在新的形势下，政策环境参与不断变动是"新常态"，移民政策的生成、运行、发生作用的过程中一切条件都将处于变动中，如果移民政策还是维持原来政策制定的出发点，不做深层次的改革，那么政策与政策环境不协调势必增加。历史经验告诉我们，水利水电工程移民政策的改革，往往滞后于政策环境变化，如1986年《土地法》颁布，授权国务院颁布《大中型水利水电工程征地补偿和移民安置条例》，条例至1991年才颁布，而颁布时，经济体制已确立由"计划"向"市场"转型；1998年《土地法》修订，征地补偿标准、基本农田保护等发生变化，尽管有关部门也着手修改条例，但直到2006年才修改颁布。水利水电工程政策只好靠文件的"修修补补"执行，由于缺乏法律法规支撑，很多条款没有规范，政府、业主和移民都在自己"裁量"政策，投机行动大增，利益矛盾、摩擦、冲突不断，相互信任关系"断裂"，政策执行成本增加，政策实施效果下降。在农村土地改革、依法治国等改革环境下，农村土地产权将重新构建，集体所有权、农户（集体成员）

承包经营权、土地流转权、土地经营权、国家农地补贴收益权、抵押权和发展权将被确立和依法保护，土地补偿范围、内容和对象，以及失地安置对象将发生变化；依法行政的"权力清单"，将考量移民行政管理部门在政策执行中的"合理裁量"，更考验政策执行能力；移民安置规划如何与区域发展规划、小康目标、精准扶贫、乡村振兴等一系列规划融合、协调，移民安置目标是"恢复原水平"，还是达到"小康"，如何保证移民有持续能力，达到"富裕"目标，农村移民安置点是否、如何达到"美丽、宜居"都是实践将面临的挑战。

（二）城乡一体化发展为水库移民政策创新提供条件

多元保障机制，带来补偿和安置的新内涵，为水库移民安置政策创新提供条件。在征地改革上，国家提出"缩小征地范围，规范征地程序，完善对被征地农民合理、规范、多元保障机制"。"建立兼顾国家、集体、个人的土地增值收益分配机制，合理提高个人收益。"多元保障机制的提出，改变了过去以"基本生活保障"方式来针对失地农民进行基本生存保障的情况，转向了发展保障和可持续能力保障，改变了"以土地换保障"的错误做法，要给失地农民更多的补偿，要将其纳入区域社会保障体系，要进行非农业就业能力培训，促进失地农民就业，增加收入。多元保障和过去提出的"多途径安置"的内涵也有很大区别。多途径安置是针对一个项目，失地农民群体可以根据实际情况，采取多种安置方式使其就业，保障失地农民群体能够就业；而多元保障是针对单个失地农民，要在资金、资本、社会保障、就业多方位进行保障，保障其持续发展能力和抗风险能力。这个改革方向，给移民征地补偿和安置政策的改革提供了方向指引，要抓住机遇对政策进行前瞻性研究。

多项惠农政策和农村发展规划为水库移民规划政策提供条件。未来农村投入将增加，从移民新村建设和生产投资上来讲，可以整合其他资金，使移民资金发挥更大作用。精准扶贫、小康社会、乡村振兴，给农村带来更多发展机会，也带来多方投资，工程移民安置规划要和区域发展规划、扶贫规划、乡村振兴规划相融合，发挥资金"合力"和规划"合力"，达到最优安置效果。

城乡一体化发展，农民非农就业能力不断提高和就业规模不断扩大，为水库移民安置方式政策创新提供了条件。移民安置对土地的依赖性减弱，移民安置需求多样化，有土安置的重要性降低，土地经营权流转，农村生产方式变革，为生产安置方式创新带来机遇。城乡一体化发展，工业反哺农业，劳动力非农就业增加，使农民对农业收入依赖趋弱，缓解了土地安置压力。农民人均可支配收入由 1985 年的 398 元（工资性收入占18.1%，经营性收入占74.4%，财产性和转移性收入占7.5%）发展到 2017 年的 13432 元（工资性收入占40.9%，经营性收入占37.4%，财产性收入占2.3%，转移性收入占19.4%），而农业经营性收入大幅下降，可以说大部分农民的主要收入来源已不是农业。这些变化，使"多元安置保障"具备"落地"条件，关键是要尽快研究多元安置保障的内涵，明晰安置方法，规范安置形式。

社会发展环境向有利于移民生计可持续发展的方向转变，为政策解决生计发展提供创新途径。城乡一体化发展，小康社会和精准扶贫，以及乡村振兴，都以农民生计发展为核心，提高了农民收入，这些改革与建设，有利于移民生计的可持续性建设；各地社会保障供给制度的完善，使移民生活有了基础保障；公平原则下的利益共享理念，使移民分享项目成果变为可能，给移民带来收入增加的机会。如江苏省 2013 年颁布的《江苏省征地补偿和被征地农民社会保障办法》（省政府 93 号令）以及 2016 年颁布的《江苏省大中型水利工程建设项目征地拆迁和安置补偿意见》（苏政办发〔2016〕106 号），明确社会保障包含失业、最低生活、医疗和养老等保障，土地补偿费不能用于社会保障资金，70% 以上要发给失地农民，城乡统一社会保障标准，保障资金不足部分纳入工程投资，通过培训促进失地农民就业。另外，乡村振兴规划与建设将激活农村土地市场，对移民来说，是挑战，但更多是机遇，尤其是针对农村的规模化、现代化农业产业发展、乡村旅游建设、农村环境建设、工业与服务业向农村转移等建设活动，对移民就业和发展而言都是机遇。

改革与发展为水库移民政策"价值观"和"指导思想"创新

提供了方向。深化改革和农村综合改革方案的指导思想和原则，为移民政策提供了改革方向，农村一系列改革和发展政策供给，给移民政策改革提供了环境条件。

（三）水库移民政策创新框架构建

1. 水库移民政策创新的动力

征地有两个前提，一是存在两种土地所有制形式；二是为了公共利益。在市场经济下，征地制度的存在是解决公共产品供给和对土地所有者进行保护，所以，征地的主体是国家（中央政府）。征地的外延就是原有土地的人们失去现有生产生活方式，需要重新安排，即移民安置，就是对迁出人口的生产生活做出安排，简单地说就是解决住哪里、后继可持续生计依靠什么。所以，征地和移民安置是一个事件的两个问题。相对于其他工程，水库移民具有的特征：规模大、影响大、异地安置、非自愿、被动性、复杂性。这些特征和我国社会制度、经济体制、土地制度、人口与资源特征、经济社会发展特征密切相关。我国是在土地公有制基础上建立起来的征收制度，征收土地的对象是集体，但在农村土地"两权分立"和农村家庭联产承包制下，安置的对象却是移民，这就导致征地补偿的内涵和安置的内涵都随农村土地制度改革而变化。农村土地产权的复杂化是水库移民安置政策问题复杂化的根本原因。城乡一体化下，相对于计划经济时期，征地补偿的对象和安置资源要素已发生根本性变化：土地补偿上，已从"集体"转向"集体＋农户"，安置对象上由"集体"转向"农户"，安置资源配置上由"政府"转向"市场＋政府"。由计划经济转型市场经济，由集体生产组织方式转为家庭联产承包制生产组织方式，这种转变在现行条例中没有完全体现。另一方面，征地的主体是国家（政府）这是毫无疑问的，但移民安置的主体是由政府决定还是市场决定，政府在移民安置中应该起到什么作用，现行政策没有随问题性质的改变而改变解决问题的策略，这是水库移民政策创新的驱动力和开拓地。

2. 水库移民创新要解决的核心问题

面对新时代的改革，现行移民政策存在三大局限性：一是征地补偿政策局限性，表现在政策不完善，与现行已改革的制度、政策不协调，与其他相关政策的互补性差；二是安置方式受到局限，调整分配农地、进行大农业安置在人多地少、人地矛盾突出的我国，已不是解决移民安置的有效方式，加之农村确权登记，强化农户的承包经营权，未来调整土地几乎是不可能的；三是安置规划的局限，现在规范要求和各技术单位在编制移民安置规划时，没有很好地和地方发展规划及一些相关专题规划相衔接，或者说衔接不够，为了安置而规划，使移民安置规划成为一个"孤立的规划"，要么不完善，要么不接地气，发挥不了"规划的融合性和合力"。这不是设计单位单方面的问题，是现在体制导致的结果。所以，现在的移民安置规划编制在现实中，受到多种因素的制约，基本上是先批准一个本子，实施中再不断"变更"。因此，新形势下，要紧紧围绕深化改革和农村综合性改革带来的挑战和机遇，思考解决移民问题的方向和路径。一是要思考征地补偿原则如何确立；二是移民安置如何开展，无论是补偿还是安置，其核心是移民生计可持续发展和当地同步发展。以下几个方面的问题是政策改革方向和路径选择要深入思考的：①政策安排中交换关系和分配关系；②生产资料重新获取方式及使用方式；③生计资本的获取方式和能力；④生计风险的保障措施和能力。

3. 水库移民政策改革框架

新时代改革方向、措施和路径，尤其是城乡发展一体化、改革征地制度、要素平等交换、公共资源均衡配置等措施，给水库移民政策创新打开了思路，水库移民政策改革框架必须和政策环境以及变化保持一致，解决问题的指导思想和原则必须一致。

在征地补偿上，未来征地补偿原则应该是和国有土地上房屋征收原则一致，即"公平补偿"，所谓公平补偿就是市场化补偿。当前，在农村土地确权登记已基本完成、农村土地改革试点工作基本完成、土地管理法修改很快就会出台的形势下，农村土地市场也在逐渐建立和完善，各类农村土地价格体系也将逐步形成。新形势下，"市场配置主导作用""同地同价"的改革方向，使"按照原用途补偿"既不利于改革推进，也不利于社会和谐稳定。补偿标准的市场化、补偿标准和当地市场一致，符合市场经济交换原则，可以解决现在"区片综合地价"定价和相互攀比的弊端，促进政策价值观和社会价值观接近，保障征地平稳进行。应当在水库建设上明确公共利益属性，明确国家征地的主体性，明确征地的强制性，取消土地管理法关于"大中型水利、水电工程建设征收土地的补偿费标准和移民安置办法，由国务院另行规定"的授权，实行统一土地征收征地，必要时可以单独制定土地征收法。

在水库移民安置上，实施"市场为主，发挥政府作用"，将安置以移民意愿为主，政府提供多元保障，形成"资源＋能力＋保障"的安置模式。资源获得方式为：尊重移民意愿，需要土地的移民，可以通过土地流转，合理配置土地资源。生计资金获得方式为：获得更多的土地补偿资金，保障有一定的资本实力。资本能力获取方式为：房屋及不动产的重建和生计发展紧密结合，使移民在住房和环境得到保障的同时，有一定生计资产（资本）保障，有资产、有机会就能够转化为生计资本。加强就业能力建设方式为：将移民纳入当地人社部门的就业培训体系，通过培训增加就业能力。社会保障获得方式为：将移民纳入政府的社会保障体系，强化社会保障，稳定移民社会，降低移民生计风险，使其后顾无忧。

在移民安置规划上，强调移民安置规划与区域发展、扶贫、小康、乡村振兴等专题规划相衔接，给移民参与规划的机会，设置参与程序，实施参与能力培训，尊重移民意愿，做实安置方案。将水库移民规划主体还于政府，将移民安置职责真正落实到地方政府。现在的业主负责移民安置规划大纲和安置规划编制，存在很多弊端，一是业主不掌握区域社会经济和资源数据资料，通过指标确定的规划设计部门调查，资料的完整性和真实性难以保证；二是安置方案实际还是政府确定，业主和设计部门为安置方案要和地方政府多次、多级协商，规划成本太高，地方发展和移民安置各种关系的矛盾、摩擦，甚至是冲突时有发生；三是业主和政府在如何与地方发展规划衔接上存在分歧，尤其是移民项目和投资，难以整合其他资金、资源。同一个条例，水电和水利出现的不同移民安置现象和后果，也说明水库移民安置规划由业主为主体是有问题的。

政策框架方面建议：①颁布"土地征收法"，主要明确征收补偿原则、补偿范围、补偿内容；②颁布"农村土地征收房屋拆迁安置条例"，主要明确土地征收范围内，房屋影响调查和评价方法、房屋拆迁安置指导思想和原则、房屋拆迁安置方法；③颁布"水库移民安置条例"，主要明确水库移民安置指导思想和原则，明确水库淹没范围及影响调查评估的技术性条款，明确水库移民安置规划责任主体，明确水库移民安置规划的程序性、建议性和约束性条款，明确水库移民安置规划实施监督管理程序性和责任性条款。

建议：梳理深化改革和农村综合改革的方向措施，分析对征地补偿和移民安置的影响；调查分析现行政策执行情况，分析现行政策的问题与原因，梳理出政策解决的核心问题，在新形势下应该达到什么样的目标，对解决问题和实现目标进行价值分析，结合改革提出政策方案。尤其是梳理清楚各个利益主体的利益关系和地位，根据各自的地位确定水利水电工程移民工作中的职责。梳理各种政策条款，减少约束性条款，增加原则性、建议性、技术性和规范性条款。

参考文献

白永秀、王颂吉、鲁能：《国际视野下中国城乡发展一体化模式研究》，中国经济出版社，2013。

保罗·A. 萨巴蒂尔编《政策过程理论》，彭宇超等译，生活·读书·新知三联书店，2004。

毕宝德：《土地经济学》（第七版），中国人民大学出版社，2016。

卞苏徽：《入世背景下的公共政策创新》，《中国行政管理》2002年第11期。

蔡频：《国外及世界银行对非自愿移民的基本做法》，《水力发电》2002年第4期。

陈东：《机理与模型：公共政策创新的规范理论研究》，《理论与改革》2014年第3期。

陈和午：《土地征用补偿制度的国际比较与借鉴》，《世界农业》2004年第8期。

陈建西、何明章：《论工程移民后期扶持与可持续发展》，《华东经济管理》2009年第5期。

陈杰：《公共政策创新的困境分析与路径选择》，硕士学位论文，湖南师范大学，2009。

陈美球、刘桃菊：《城乡发展一体化目标下的农村土地制度创新思考》，《中国土地科学》2013年第4期。

陈明生、康琪雪：《我国城乡产业转移的路径研究》，《新疆社会科学》（汉文版）2010年第1期。

陈萍等：《谈水利水电工程建设征地农村移民生产安置规划》，《水力发电》2006年第8期。

陈干全：《论公共管理的基本原则与价值取向》，《中山大学学报》（社会科学版）2003 年第 1 期。

程军、陈绍军：《水库移民社会冲突的过程模型探讨——"理"与"法"冲突的视角》，《河海大学学报》（哲学社会科学版）2015 年第 2 期。

程念高、王应政：《水电开发与移民安置共赢模式研究》，安徽人民出版社，2015。

程文浩：《国家治理过程的"可视化"如何实现——权利清单制度的内涵、意义和推进策略》，《人民论坛·学术前沿》2014 年第 5 期上册。

丛俊良等：《我国现行水库移民后期扶持政策刍议》，《黑龙江水利科技》2011 年第 3 期。

戴维·L. 韦默、艾丹·R. 瓦伊宁：《公共政策分析理论与实践（第四版）》，刘伟译，中国人民大学出版社，2013。

道格拉斯·诺斯：《制度、制度变迁与经济绩效》，刘守英译，上海三联书店，1994。

邓曦东、段跃芳：《中国非志愿移民的补偿制度创新研究——基于利益相关者视角的分析》，《经济学家》2008 年第 3 期。

丁文、于水：《宅基地使用权确权及路径指向——基于多源流理论的分析范式》，《西北农林科技大学学报》（社会科学版）2017 年第 1 期。

段跃芳等：《投资型补偿与安置模式：概念、制度创新及应用前景》，《湖南社会科学》2009 年第 1 期。

段跃芳、孙永平：《南水北调中线工程丹江口库区外迁移民安置策略探析》，《三峡大学学报》（人文社会科学版）2010 年第 5 期。

费孝通：《中国城乡发展的道路——我一生的研究课题》，《中国社会科学》1993 年第 1 期。

冯雷：《中国城乡一体化的理论与实践》，《中国农村经济》1999 年第 1 期。

弗吉尼亚·格雷：《竞争、效仿与政策创新》，《经济社会体制比较》2004 年第 1 期。

傅秀堂、李世荣：《我国水库移民政策的回顾与思考》，《人民长江》2007 年第 12 期。

傅志华、刘德雄：《国外水库移民与开发的经验和启示》，《经济研究参考》2001 年第 36 期。

冈部守、章政：《日本农业概论》，中国农业出版社，2004。

贵州省发展和改革委员会：《贵州省扶贫生态移民工程规划（2012—2020 年）》，2013。

郭运发、张成太：《论依法保护移民主体合法权益中的六个关系》，《四川三峡学院学报》1999 年第 15 期第一版。

国家发展和改革委员会、贵州省人民政府：《贵州省水利建设生态建设石漠化治理综合规划》，http://news.xinhua08.com/a/20130204/1119362.shtml。

洪银兴、陈雯：《城市化和城乡一体化》，《经济理论与经济管理》2003 年第 4 期。

胡宝柱、周金存：《水库移民长期补偿安置实施方式与效果分析》，《人民长江》2011 年第 7 期。

胡宁生：《体制转轨过程中公共政策创新的实现机制》，《南京社会科学》2004 年第 1 期。

胡宁生：《现代公共政策学》，中央编译出版社，2007。

胡仙芝：《政策科学学科建设研讨会综述》，《中国行政管理》2000 年第 10 期。

胡兴球、赵楠：《世界银行及国外水库移民管理经验总结》，《水利规划与设计》2008 年第 3 期。

黄东东：《征地补偿制度变迁与交易成本——以水库移民为例》，《中国政法大学学报》2015 年第 1 期。

黄豁、汤耀国：《"后移民时期"任重道远》，《瞭望》2010 年第 9 期。

黄健荣、向玉琼：《论政策移植与政策创新》，《浙江大学学报》（人文社会科学版）2009 年第 2 期。

黄健荣、向玉琼：《论政策移植与政策创新》，《浙江大学学报》（人文社科版）2009 年第 2 期。

黄莉、柯娜：《贵州水库移民与移民安置型城镇建设》，河海大学出版社，2013。

蒋从伦：《依法移民与规范移民》，《中国三峡建设》2000 年第 10 期。

蒋建东、吕涛：《三峡工程移民安置规划创新性总结》，《人民长江》2012 年第 17 期。

蒋永穆、安雅娜：《我国农村土地制度变迁的路径依赖及其创新》，《经济学家》，2003 年第 3 期。

景安磊等：《多源流理论视域下的异地高考政策议程分析》，《全球教育展望》2014 年第 3 期。

景天魁：《社会公正理论与政策》，社会科学文献出版社，2004。

李爱：《新时期我国农村社会结构变迁研究》，《东岳论丛》2004 年第 5 期。

李冰：《城乡一体化：二元经济结构理论在中国的延续》，《人文杂志》2014 年第 2 期。

李萍：《统筹城乡发展中的政府与市场关系研究》，经济科学出版社，2011。

李庆钧：《公共政策创新的动力系统分析》，《理论探讨》2007 年第 2 期。

李全喜：《新形势下农村劳动力转移对农村反贫困的助推与挑战》，《农村经济》2014 年第 2 期。

李泉：《全球化时代的城乡一体化发展——兼论中国城乡一体化发展中的新型城乡形态》，《贵州社会科学》2014 年第 3 期。

李若瀚、甄璐：《我国水利工程移民补偿存在的问题及出路》，《人民长江》2013 年第 19 期。

梁冰凌：《探析龙滩水电站库区移民实行淹没耕地长期补偿问题》，《红水河》2011 年第 2 期。

梁福庆：《中国水库移民补偿政策演变及创新》，《三峡大学学报》2009 年第 5 期。

廖明辉：《中外征地补偿制度比较分析》，《学习与实践》2008 年第 10 期。

廖蔚：《当前我国水库移民的社会冲突与整合研究》，《农村经济》2004 年第 11 期。

林苇：《法治视角下水库移民类群体性事件的思考——以云南绥江"3.25 堵路事件"为例》，《中国人民公安大学学报》（社会科学版）2011 年第 3 期。

刘灿、崔慧斌等：《水库移民工作中的难点及对策》，《河北水利》2009 年第 2 期。

刘东、孔文斌：《农村移民安置规划优化设计》，《人民长江》1995 年第 11 期。

刘灵辉等：《潘口水电站移民安置区土地流转补偿标准研究》，《中国人口·资源与环境》2011 年第 5 期。

刘培民、卢建峰：《国外土地征收补偿制度的比较及对中国的借鉴》，《世界农业》2011 年第 11 期。

刘永强等：《城乡一体化发展背景下中国农村土地管理制度创新研究》，《经济地理》2013 年第 10 期。

刘永新、罗政：《关于贵州省水利水电工程农村移民安置人口确定的实例分析与探讨》，《贵州水力发电》2011 年第 12 期。

罗来军、王永苏：《城乡一体化实践的可操作"节点"：观照英法美》，《改革》2014 年第 3 期。

罗亚苍：《权力清单制度的理论与实践——张力、本质、局限及其克服》，《中国行政管理》2015 年第 6 期。

罗用能：《我国水利水电工程移民安置主题变迁》，《武汉理工大学学报》（社会科学版）2013 年第 6 期。

马德峰：《中国水库外迁移民置换安置模式研究——来自大丰市三峡移民安置点的考察》，《华东理工大学学报》2006 年第 1 期。

马福全：《论水电工程移民安置规划目标拟定条件和方法》，《水电移民政策技术管理理论坛论文集》，2012。

马军成等：《城乡一体化土地市场下的征地补偿标准研究》，《中国农学通报》2016 年第 1 期。

马巍等：《水电工程移民安置方式研究综述》，《中国水能及电气化》2011 年第 4 期。

孟建军：《经济发展中政府角色的导入及变异》，《改革》2005 年第 11 期。

宁光杰、李瑞：《城乡一体化进程中农民工流动范围与市民化差异》，《中国人口科学》2016 年第 4 期。

朴贞子：《政策执行论》，中国社会科学出版社，2010。

朴振焕：《韩国新村运动——20 世纪 70 年代韩国农村现代化之路》，潘伟光等译，中国农业出版社，2005。

齐美苗等：《三峡工程移民安置规划工作总结与启示》，《人民长江》2015 年第 19 期。

桥本寿郎等：《现代日本经济》，戴晓芙译，上海财经大学出版社，2001。

秦勃：《公共政策创新的实现机制及影响因子分析》，《行政论坛》2011 年第 1 期。

任保平、林建华：《西部城乡经济社会一体化新格局的模式选择及其实现路径》，《贵州社会科学》2009 年第 8 期。

任金玲：《价值链分割生产、不完全转移与我国的产业转移》，《中国科技论坛》2011 年第 10 期。

任延平：《从法治角度探讨三峡工程农村移民问题》，《重庆三峡学院学报》2003 年第 19 期。

任远、邬民乐：《城市流动人口的社会融合：文献述评》，《人口研究》2006 年第 3 期。

石忆邵：《城乡一体化理论与实践：回眸与评析》，《城市规划汇刊》2003 年第 1 期。

宋光仲：《依法移民与强化审判的几点思考》，《四川三峡学院学报》1999 年第 15 期第二版。

宋红霞：《库区移民后期扶持思路与对策》，《湖南水利水电》2013 年第 1 期。

孙浩进、樊欣：《我国产业转移的现状分析、模式构建与政策支持》，《河南师范大学学报》（哲学社会科学版）2013 年第 2 期。

孙来斌、姚小飞：《中国城乡一体化研究述评》，《湖北社会科学》2016 年第 4 期。

孙良顺：《水库移民社区发展中的精准扶贫：从形式合理性到实质合理性》，《河海大学学报》（哲学社会科学版），2017 年第 3 期。

孙自铎：《城乡一体化新析》，《经济地理》1989 年第 1 期。

谭明方：《论农村社会结构与农村体制改革》，《中南民族大学学报》（人文社会科学版）2005 年第 1 期。

陶学荣、陈霞：《浅议政策制定中的"软化"过程》，《企业家天地·理论版》2008 年第 7 期。

托马斯·R. 戴伊：《理解公共政策》，中国人民大学出版社，2011。

汪永成：《试论政策创新能力》，《广东行政学院学报》2002 年第 4 期。

王地、倪慧芳：《关注大中型水电站引发的民生问题》，《检察日报》2010 年 3 月 8 日，第 7 版。

王桂新：《城乡一体化发展的一般规律与中国困境——当前我国城市化的六大主要问题与健康发展建议》，《人民论坛·学术前沿》2014 年第 2 期。

王浦劬、赖先进：《中国公共政策扩散的模式与机制分析》，《北京大学学报》（哲学社会科学版）2013 年第 6 期。

王青平、范炜烽：《从合法性认同到正当性保障：基层政府民生为本理念的变迁之向》，《领导科学》2016 年第 1 期。

王琼雯：《移民为何贫困——非自愿移民补偿制度的规范分析》，《云南行政学院学报》2009 年第 2 期。

王思斌：《社会学教程》（第三版），北京大学出版社，2010。

王锡锌：《依法行政的合法化逻辑及其现实情境》，《中国法学》2008 年第 5 期。

王湘琳、夏雅俐：《城乡一体化视野下的农村发展——基于上海宝山的实践与思考》，《人民论坛》2010 年第 8 期。

《王秀莲农村土地改革的成都实践》，http：//www.cnepaper.com/zgtd/html/2015－03/15/content_ 40_ 1. htm。

王一铭、王中原：《荆州区城乡一体化的现状及发展对策》，《经济研究导刊》2015 年第 3 期。

王应政、戴斌武：《民族地区生态移民社会适应性研究——以贵州扶贫生态移民工程为例》，《贵阳学院学报》（社会科学版）2014 年第 1 期。

王应政、吴贵胜：《对贵州省"大分散、小集中"水库移民安置模式的理性思考》，《贵州水力发电》2005 年第 3 期。

王正立：《国外土地征用补偿标准及支付时间》，《国土资源情报》2004 年第 1 期。

魏后凯：《新常态下中国城乡一体化格局及推进战略》，《中国农村经济》2016 年第 1 期。

魏淑艳、路稳玲：《我国的政策转移与公共政策创新》，《理论探讨》2015 年第 6 期。

吴春华：《政策创新中的政策规划与传输》，《中国行政管理》2002 年第 2 期。

吴怀娟、于静：《土地征用制度的国际比较与借鉴》，《青岛行政学院学报》2005 年第 4 期。

吴敬琏：《路径依赖与中国改革》，上海人民出版社，1995。

吴庆：《中国青年政策执行过程的初步研究——史密斯模型的一个解释》，《中国青年政治学院学报》2001 年第 6 期。

伍新木：《城乡一体与区域生态经济系统》，《武汉大学学报》1990 年第 5 期。

武光太：《农村土地征收补偿标准比较及借鉴》，《农业经济》2012 年第 1 期。

西蒙：《正当性与合法性》，《世界哲学》2016 年第 2 期。

肖金萍：《农村社会养老保险制度变迁路径依赖及创新》，《人口与经济》2004 年第 3 期。

肖平、秦朝钧：《城市化背景下中国水电移民安置的政策选择——以龙滩水库为例》，《长江流域资源与环境》2010 年第 4 期。

熊彼特·约瑟夫：《经济发展理论——对于利润、资本、信贷、利息和经济周期的考察》，何畏等译，商务印书馆，1990。

薛明川：《农用征地补偿方法和标准的和化探讨》，《安徽农业科学》2009 年第 18 期。

严荣:《公共政策创新与政策生态》,《上海行政学报》2005年第 4 期。

杨芳:《现阶段我国公共政策创新的动力》,《管理科学文摘》2008 年第 3 期。

杨桓:《空间融合:城乡一体化的新视角》,《社会主义研究》2014 年第 1 期。

杨荣华等:《水利水电工程建设征地移民安置工作的几点思考》,《人民长江》2013 年第 2 期。

杨文健:《中国水库农村移民安置模式研究》,云南美术出版社,2004。

杨文静:《国外土地征收补偿制度的比较及借鉴》,《科技情报开发与经济》2006 年第 9 期。

杨玉珍:《城乡一体化下人地挂钩的制度创新与运行模式》,《经济地理》2014 年第 7 期。

尤琳、陈世伟:《城乡一体化进程中的户籍制度改革研究》,《社会主义研究》2015 年第 6 期。

余文学:《水库移民引入参与机制的障碍》,《水利经济》2006 年第 1 期。

余文学、范云:《城乡统筹背景下的水库移民安置方式》,中国水利水电出版社,2010。

约翰·W. 金登:《议程、备选方案与公共政策》,丁煌、方兴译,中国人民大学出版社,2004。

曾建生:《现代水利水电工程移民安置的趋势》,《广东水利水电》2002 年第 8 期。

张春美、施国庆:《对水库移民后期扶持范围问题的探讨》,《江西社会科学》2007 年第 9 期。

张国庆:《论政策科学的缘起及其主要研究范畴》,《北京大学学报》1992 年第 5 期。

张俊生:《国外水库移民的费用补偿》,《世界经济与政治论坛》2002 年第 6 期。

张千帆:《"公共补偿"与征收权的宪法限制》,《法学研究》2005 年第 2 期。

张强：《中国城乡一体化发展的研究与探索》，《中国农村经济》2013 年第 1 期。

张术环：《浅谈国外征地补偿的方式和原则》，《农业经济》2007 年第 6 期。

张昕：《安置补助费的改造及政府安置责任的定位》，《合肥师范学院学报》2014 年第 32 期。

张渝田、熊宇：《论依法行政的逻辑结构》，《四川师范大学学报》（社会科学版）2015 年第 4 期。

章荣君：《公共政策创新中合法性要素的制度分析》，《公共管理学报》2006 年第 1 期。

赵人骧等：《中国水库移民工作展望》，《河海科技进展》1993 年第 9 期。

赵姚阳：《我国水库移民权利保障发展评析》，《中国农村水利水电》2011 年第 2 期。

支雪莲：《新时期水利水电移民安置方式研究》，《商品与质量·建筑与发展》2014 年第 1 期。

《中共中央、国务院关于加大改革创新力度加快农业现代化建设的若干意见》。

《中共中央、国务院关于加快发展现代农业进一步增强农村发展活力的若干意见》。

钟水映、刘驰：《移民长期补偿模式及其风险分析》，《人民长江》2011 年第 17 期。

仲秋、施国庆：《安徽 J 县水库移民后期扶持政策实施的调查与思考》，《河海大学学报》（哲学社会科学版）2010 年第 3 期。

周加来：《城市化·城镇化·农村城市化·城乡一体化——城市化概念辨析》，《中国农村经济》2001 年第 5 期。

周望：《政策扩散理论与中国"政策试验"研究：启示与调适》，《四川行政学院学报》2012 年第 4 期。

周志山：《从分离与对立到统筹与融合——马克思的城乡观及其现实意义》，《哲学研究》2007 年第 10 期。

朱春芳、颜扬：《丹江口水库农村移民安置对接方法简介》，《人民长江》2011 年第 21 期。

朱东恺、施国庆:《水利水电移民制度研究》,社会科学文献出版社,2010。

朱红恒:《熊彼特的创新理论及启示》,《社会科学家》2005年第 1 期。

Berry F. S. , Berry W. D. , State Lottery Adoptions as Policy Innovations: An Event History Analysis, *American Political Science Review*, 1990, 84 (2): 395 – 415.

Boehmke, F. J . & R. Witmer, " Disentangling Diffusion : The Effects of Social and Economic Competition on State Policy Innovation and Expansion," *Political Research Quarterly*, 2004, 57 (1) .

Mohr, L. B . , " Determinants of Innovation in Organizations," *The American Political Science Review*, 1969, 63 (1) .

Savage R. L. , Diffusion Research Traditions and the Spread of Policy Innovations in a Federal System, *Acoustics Speech & Signal Processing Newsletter IEEE*, 1985, 15 (4): 1 – 27.

Stone D. , Learning Lessons and Transferring Policy across Time, Space and Disciplines *Politics*, 1999, 19 (1): 51 – 59.

Thompson, V . A. , " Bureaucracy and Innovation," *Administrative Science Quarterly*, 1965, 1.

T. B. Smith, "The Policy Implementation Process," *Policy Sciences*, Vol. 4, No. 2 (1973): 203.

Virginia G. , Innovation in the States: A Diffusion Study, *American Political Science Review*, 1973, 67 (4): 1174 – 1185.

Walker J. L. , The Diffusion of Innovations among the American States, *American Political Science Review*, 1969, 63 (3): 880 – 899.

图书在版编目（CIP）数据

城乡一体化背景下水库移民政策创新／余文学著
. -- 北京：社会科学文献出版社，2018.11
（移民研究文库. 水库移民系列）
ISBN 978 - 7 - 5201 - 3852 - 9

Ⅰ.①城…　Ⅱ.①余…　Ⅲ.①水库工程 - 移民安置 -
研究 - 中国②城乡一体化 - 研究 - 中国　Ⅳ.①D632.4
②F299.21

中国版本图书馆 CIP 数据核字（2018）第 257190 号

移民研究文库·水库移民系列
城乡一体化背景下水库移民政策创新

著　　者／余文学

出　版　人／谢寿光
项目统筹／胡　亮
责任编辑／胡　亮　杨鑫磊

出　　　版／社会科学文献出版社·社会学出版中心（010）59367159
　　　　　　地址：北京市北三环中路甲29号院华龙大厦　邮编：100029
　　　　　　网址：www.ssap.com.cn
发　　　行／市场营销中心（010）59367081　59367083
印　　　装／三河市尚艺印装有限公司

规　　　格／开　本：787mm × 1092mm　1/16
　　　　　　印　张：20.75　字　数：307千字
版　　　次／2018 年 11 月第 1 版　2018 年 11 月第 1 次印刷
书　　　号／ISBN 978 - 7 - 5201 - 3852 - 9
定　　　价／89.00 元

本书如有印装质量问题，请与读者服务中心（010 - 59367028）联系